TEN
MYTHS
ABOUT
ISRAEL

TEN MYTHS ABOUT ISRAEL

이스라엘에 대한 열 가지 신화

유대인 역사학자의 통렬한 이스라엘 비판서

1판 1쇄 발행	2024년 5월 31일
1판 2쇄 발행	2024년 9월 6일

지은이	일란 파페
옮긴이	백선
감수	이희수

펴낸이	이민선, 이해진
편집	홍성광
디자인	박은정
홍보	신단하
제작	호호히히주니 아빠
인쇄	신성토탈시스템

펴낸곳	틈새책방
등록	2016년 9월 29일 (제2023-000226호)
주소	10543 경기도 고양시 덕양구 으뜸로110, 힐스테이트 에코 덕은 오피스 102-1009
전화	02-6397-9452
팩스	02-6000-9452
홈페이지	www.teumsaebooks.com
인스타그램	@teumsaebooks
페이스북	www.facebook.com/teumsaebook
유튜브	www.youtube.com/틈새책방
전자우편	teumsaebooks@gmail.com

ISBN   979-11-88949-64-9 03910

유대인 역사학자의
통렬한 이스라엘 비판서

일란 파페 지음

이스라엘에 대한 열 가지 신화

백선 옮김

이희수 감수

틈새책방

차례

PART I.   잘못된 신화: 과거

PART II. 잘못된 신화: 현재

PART III. 잘못된 신화: 미래

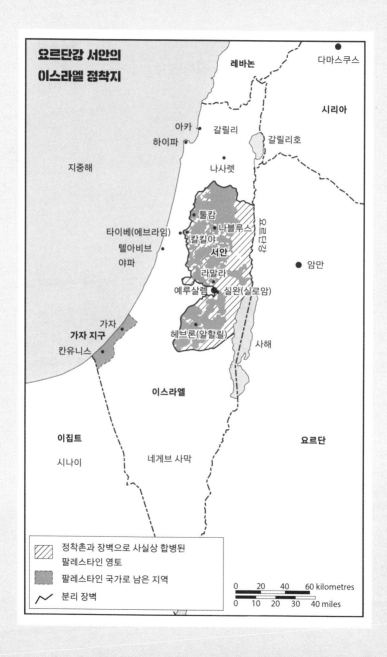

요르단강 서안의
이스라엘 정착지

레바논
다마스쿠스
시리아
아카   갈릴리
하이파   갈릴리호
지중해
나사렛
툴캄
타이베(에브라임)   나블루스
칼킬야
텔아비브   서안
야파
라말라   암만
예루살렘 실완(실로암)
가자
가자 지구   헤브론(알할릴)
칸유니스   사해
이스라엘
이집트   요르단
시나이   네게브 사막

정착촌과 장벽으로 사실상 합병된
팔레스타인 영토

팔레스타인 국가로 남은 지역

분리 장벽

0   20   40   60 kilometres
0   10   20   30   40 miles

이스라엘 문제의 본질을 짚어낸
단비 같은 길잡이

이스라엘과 팔레스타인의 갈등은 해결될 수 있을까. 2000년 전의 신화적 레토릭을 앞세우며 국제 정치의 현실론을 고집하는 침입자와, 2000년간의 역사적 정통성을 호소하며 물과 전기, 양육과 일자리라는 천부적 생존권 보장을 위해 목숨을 걸고 투쟁하는 선주민. 당사자들의 시선이 이렇게 매우 엇갈려서 둘 사이의 접점은 갈수록 찾기 힘들어 보인다.

　우리 눈앞에 펼쳐지고 있는 이스라엘-팔레스타인 문제야말로 20세기 홀로코스트의 최대 피해자가 21세기 무소불위의 가해자가 되는 역사적 아이러니의 결정판이다. 무엇이 정의이고 글로벌 상식인지 헷갈릴 정도로 이 문제는 복잡하게 얽혀 있다. 편견과 왜곡이 화석화돼 가는 절망의 시기에 팔레스타인 역사와 오늘날 이스라엘 문제의 본질을 적확하게 안내하는 단비 같은 길잡이 책을 만났다. 《오리엔탈리즘》의 저자 에드워드 사이드 이후 가장 냉철하고 지성적인 작가로 평가받는 일란 파페의 용기 있는 책 《이스라엘에 대한 열 가지 신화》다.

이 책은 팔레스타인 문제의 본질에 대한 비판적이고 사실적 논증을 통해 관성에 길들여져 왔던 우리의 잘못된 지성에 서늘한 질타를 퍼붓는다. 반유대주의anti-Semitism의 가해자였던 유럽과 서구 사회가 홀로코스트에 침묵하면서 떠안게 된 태생적인 원죄 의식은 1948년 독립 이후 이스라엘에 보내는 무조건적인 지지와 연대로 나타났고, 이를 피해자에 대한 연민과 배려로 포장하면서 팔레스타인인의 기본권 침해에는 침묵하는 서구의 도덕적 이중성을 고발하고 있다.

신화적-성서적 복음주의를 남의 땅을 차지하려는 역사적 맥락으로 치환하는 정교한 계획을 통해 시온주의자들은 서방의 주류 미디어와 친유대계 정치 엘리트들을 총동원해 팔레스타인에 유대 국가를 건립하려는 시도를 구체화했고, 자신들의 생존 공간을 지키려는 팔레스타인인의 저항 운동을 폭력적 테러로 규정하는 교묘한 전략을 구사해 왔다. 2023년 10월 7일 하마스의 이스라엘 민간인을 향한 공격은 용납하기 어렵지만, 그 행위 하나만으로 1929년에 시작되어 100년 가까이 지속돼 온 기나긴 생존권 투쟁의 연장선이라는 엄연한 사실을 왜곡하거나 덮을 수는 없는 일이다.

"2007년 고립 장벽이 세워지고 그해 국제사법재판소의 불법 판결에도 불구하고 17년간 물과 전기가 통제받고, 거주 이동이 봉쇄당하는 집단 감옥 상태에 대한 국제 사회의 관심과 해결이 없는 상황에서 팔레스타인 시민들이 선택할 수 있는 길은 무엇이어야 했나?" 이 처연하고도 당면한 질문에 우리가 그 입장이라면 뭐라 답하고 다르게 행동할 수 있었을까? 더욱이 '땅과 평화'의 교환이라는 1993년 '오슬로 평화 협정' 바로 이듬해인 1994년에 이스라엘이 철조망을 치고 팔레스타인의 두 자치 지역인 가자 지구와 서안이 차단되면서 서로 오갈 수 없게 됐고, 팔레스타인 국가가 들어설 점령지에 60만명 이상의 유대인들이 들어와서 수백 개의 정착촌을 짓고 실효적 지배를 하고 있다면 과연 저항하지 않을 민족이 어디 있을까? "그럼에도 '두 국가 해법'"이라는 서구 사회의 달콤한 말장난에 우리는 그냥 노출되어 있는 것은 아닌가.

나는 이 책이 이스라엘-팔레스타인 문제의 핵심에 자리 잡은 모순과 진실을 동시에 조망함으로써 진지한 공론의 장으로 끄집어 낸 역작이라고 말하고 싶다. 올바른 역사 인식과 진실의 장에서만 진정한 화해와 평화의 길이 조금이라도 앞당겨질 수 있다는 신념을 이 책이 던져 주기 때문이다.

이희수 (성공회대학교 석좌 교수 겸 이슬람문화연구소 소장)

가자 지구의
탈맥락화와 탈역사화

2023년 10월 7일 하마스의 '알아크사 홍수' 작전*과 이스라엘의 잔혹한 보복인 '칼의 전쟁'**을 힘겹게 바라보며 '이스라엘에 대한 열 가지 신화'를 다시 검토하게 됐다.

---

* 알아크사 홍수(al-Aqsa Flood) 작전은 2023년 10월 7일 팔레스타인 무장 정파 하마스(Hamas)가 이스라엘 영토를 향해 5,000발 이상의 로켓을 발사하고, 가자 지구 국경 장벽을 훼손하며, 이스라엘을 공격한 일을 말한다. 알아크사는 예루살렘에 있는 이슬람 모스크다.

** 알아크사 홍수 작전 직후 이스라엘 방위군은 철검 작전(Operation Iron Swords)이라고 명명한 대테러 작전을 개시했고, 이스라엘은 전쟁을 선포했다. 이는 2014년 7월 가자 지구 분쟁 이후 9년 만에 발발한 이스라엘-하마스 간의 전면전이며, 1973년 제4차 중동 전쟁 이후 역대 최대 규모의 충돌이다. 초기 사망자수만 제4차 중동 전쟁 사망자를 넘어섰다.

알아크사 홍수 작전은 가자 지구의 장벽을 뚫고, 이스라엘 군사 기지를 점령하며, 군인들을 포로로 잡는 등 하마스의 군사적 성공으로 시작됐다. 가자 지구 근처 유대인 정착촌에 진입한 하마스 대원과 가자 지구 민간인이 잔혹한 행위를 하고, 전쟁 범죄를 저지르면서 상황은 악화됐다. 이들은 가자 국경 근처의 페스티벌에 참여한 많은 민간인들을 살해하기도 했다. 이날 사망한 1,200명 가운데 이스라엘 방위군IDF 군인은 약 300명으로 추정된다.

이스라엘은 가자 지구에 대한 대량 학살 공격으로 보복했다. 이로 인해 2023년 말까지 2만 2,000명 이상의 팔레스타인인이 목숨을 잃었다. 그 가운데 많은 수가 어린이였다.

지상에서 이뤄지는 전투와 별개로 '내러티브 전쟁'도 시작됐다. 나는 이것을 '구실pretext과 맥락context의 충돌'이라고 부르고 싶다. 그리고 맥락이라고 할 때는 2023년 12월에 벌어진 사건에 대한 역사적, 도덕적 맥락 모두를 의미한다. 이 책은 그 두 가지 맥락을 상기시키는 데 도움이 될 것이다.

유엔 사무총장은 10월 7일 아침에 하마스가 저지른 학살에 대해 최대한 강력한 어조로 규탄*하면서도, 이것이 진공

---

* 안토니우 구테흐스(António Guterres) 유엔 사무총장은 2023년 10월 25일

상태에서 일어난 행위가 아님을 전 세계에 상기시키고 싶다고 말했다. 그는 이날 벌어진 비극을 지난 56년간 이스라엘의 점령과 분리해서 생각할 수 없다고 설명했다.

이스라엘은 빠르게 반응했다. 이스라엘 정부는 유엔 사무총장의 사임을 요구하며, 그가 하마스를 지지하고 이스라엘에서 일어난 학살을 정당화했다고 주장했다.

이런 이스라엘의 반응은 이 책에서 다루는 반시온주의를 반유대주의와 동일시한다는 신화와 밀접한 관련이 있다. 여기에서 우리는 새로운 반유대주의 혐의가 제기됐음을 알 수 있다. 10월 7일까지 반유대주의의 정의는 이스라엘 국가에 대한 비판이나, 시온주의의 도덕적 기반에 대한 의문, 홀로코스트를 부정하는 주장과 관련이 있었다. 이제 팔레스타인인의 행동을 맥락화하고 역사화하는 행동은―바로 이 책의 내용인데―반유대주의 혐의의 기반이 될 뿐만 아니라, 일부 국가에서는 테러를 정당화했다는 혐의로 기소될 가능성까지 생겼다.

팔레스타인 문제를 의제로 열린 유엔 안전보장이사회 회의에서 "하마스의 공격이 '진공' 상태에서 일어난 게 아니라는 걸 인정해야 합니다. 팔레스타인 사람들은 56년 동안 숨 막히는 지배에 시달려 왔습니다."라고 말하여 이스라엘의 반발을 샀다.

이러한 사건들의 탈역사화는 이스라엘 정부가 기존에 윤리적, 전술적, 전략적인 고려로 기피했던 정책들을 밀고 나갈 구실을 제공한다. 그리하여 10월 7일의 공격은 이스라엘이 가자 지구에서 대량 학살 정책을 추진할 구실로 사용됐다. 이를 명목으로 미국은 수년간 떠나 있었던 이 지역에 다시 주둔하려 들고, 일부 서방 국가에서 '새로운 테러와의 전쟁'이라는 이름으로 민주적 자유를 침해하고 제한한다.

또한 이런 역사적 탈맥락화로 인해 서방 정부가 이스라엘에 보내는 지지와 연대의 메시지와, 이스라엘이 이를 해석하는 방식에 차이가 있다는 사실이 드러났다. 서방 정부는 연민과 배려를 보여 주려 했을지 모르지만, 이스라엘은 이를 과거 국제법과 팔레스타인인의 기본권을 침해한 것에 대한 사면장으로 받아들였고, 현재 가자 지구에서 대규모 파괴 행위를 지속해도 된다는 백지 위임장으로 이해했다.

이 책에서 보여 주듯이, 이 지역의 역사적 맥락은 유엔 사무총장이 언급한 것보다도 더 깊다. 사실 기독교 복음주의가 '유대인의 귀환' 사상을 천년 왕국* 이라는 종교적 사명으로

---

*   예수가 최후의 심판 이전에 지상에 재림하여 직접 통치하는 천 년의 기
      간을 의미한다. 이는 예수의 제자 사도 요한이 쓴 〈요한계시록〉 20장

바꾼 19세기 중반까지 거슬러 올라갈 수 있다. 이들은 죽은 자의 부활, 메시아의 재림, 세계의 종말로 이어지는 단계 중 하나로 팔레스타인에 유대 국가 건립을 지지했다.

19세기 말과 제1차 세계 대전이 발발하던 무렵에 신학 이론이 정책이 된 데에는 두 가지 이유가 있다. 오스만 제국을 해체하고 그 일부를 대영 제국에 편입시키고 싶어 했던 영국의 희망에 딱 들어맞았기 때문이며, 중부 및 동유럽의 반유대주의 문제에 대한 만병통치약으로써 시온주의 사상에 매료된 영국 귀족, 유대인, 기독교인 사이에서 반향을 일으켰기 때문이다(중부와 동유럽의 반유대주의 때문에 달갑지 않은 유대 이민 물결이 영국으로 흘러 들어갔다). 이 두 가지 이해 관계가 만나면서 영국 정부가 그 유명한, 혹은 악명 높은 1917년 밸푸어 선언

4~5절의 다음 내용에서 비롯됐다.

"내가 또 보니, 보좌에 사람들이 앉아 있는데, 그들은 심판할 권세를 부여받은 사람들이었습니다. 그들은 예수를 증거하고 하나님의 말씀을 선포한 것 때문에 목 베임을 당한 사람들의 영혼들이었고, 또 그 짐승과 그 짐승의 우상에게 절하지 아니함으로써 자신들의 이마나 손에 짐승의 표를 받지 않은 사람들이었습니다. 이제 그들은 모두 다시 살아나서, 그리스도와 함께 천 년 동안 왕 노릇하며 다스렸습니다. 이것이 첫째 부활입니다. (그러나 그 나머지 죽은 자들은 천 년이 끝날 때까지 살아나지 못했습니다.)"

성서원 편집부,《성서원 쉬운말성경》, 성서원, 2015.

Balfour Declaration[*]을 발표하게 된 것이다.

난해한 신학적 예언에서 정치 프로젝트로 변화하는 이 과정은 19세기 중반에 시작해 1917년에 무르익었다. 유대인 사상가와 활동가들은 유대교를 민족주의로 재정의하고, 이것이 '유대 국가가 재탄생'하기 딱 좋은 지역인 팔레스타인에서 연마되어 유럽 내 실존적 위험으로부터 유대인 공동체를 보호해 주기를 바랐다.

이 과정에서 문화적이고 지적인 프로젝트였던 시온주의는 정착 식민지 사업으로 변모했다. 역사적 팔레스타인[**]을 유대화하는 것이 목표가 됐다. 원주민이 거주하고 있음에도 불구하고 말이다. 시온주의가 식민주의가 아니라는 이 신화도 이 책에서 중요하게 다루는데 고전적 식민주의와 시온주의 같은 정착 식민주의의 차이점을 보다 자세히 분석했다.

---

[*] 영국 외무 장관 밸푸어는 제1차 세계 대전 당시 전쟁 비용을 제공해 준 유대인 로스차일드 가문에 편지를 보냈는데, 여기에 시온주의자들의 오랜 염원을 이뤄주겠다는 약속이 있었다. 팔레스타인 땅을 유대인들의 고향으로 인정하는 선언이었다. 이로 인해 영국은 이스라엘 독립의 후원자가 됐고, 이스라엘-팔레스타인 분쟁의 서막이 열렸다.

[**] '역사적 팔레스타인(Historic Palestine)'은 1920년대 영국 위임 통치령으로 정의한 팔레스타인 전체 영토를 가리키는 말로, 가자 지구 및 서안은 포함하지만 시리아 골란 고원은 포함하지 않는다.

이 신화는 시온주의 정착 식민지 사업에 대한 팔레스타인인의 저항 운동이 반식민주의 조직이 아닌 테러 조직이라는 신화와 밀접한 연관이 있다.

매우 유목적이면서도 근대화와 국가 정체성 구축의 초기 단계에 있었던 팔레스타인 사회는 스스로 반反식민지 운동을 만들어 냈다. 시온주의 식민지 사업에 반대하는 의미 있는 활동은 1929년에 시작됐고, 그 후 중단된 적이 없다.

현재의 위기와 관련된 보다 최근의 역사적 맥락은 1948년 팔레스타인 종족 청소[*]다. 2023년 10월 7일의 공격으로 파괴된 이스라엘의 정착촌 중에는 1948년에 팔레스타인인을 강제로 가자 지구로 추방하고 폐허가 된 마을 자리에 건설한 곳도 있다. 그해에 500개 이상 마을의 75만 명의 팔레스타인인이 그때까지 살던 집을 잃고 난민이 됐다. 이 나크바Nakbah와 관련된 신화 역시 이 책의 중요한 부분인데, 학술적이고 전문적인 연구를 바탕으로 신화와 현실을 비교한다.

---

[*] 유대 군대가 1948년 4월 9일 데이르 야신(Deir Yassin) 마을 학살 사건을 포함하여 6개월 동안 학살과 파괴를 지속해 최소 75만 명의 팔레스타인인이 자신의 집과 땅에서 강제로 쫓겨났고, 마을 531곳이 파괴됐다. 이스라엘 건국 전후에 있었던 이 종족 청소와, 이로 인한 팔레스타인인의 고통을 아랍어로 '대재앙'이라는 뜻의 '알 나크바(Al Nakbah)'라고 부른다.

세계는 이러한 종족 청소에 주목했지만 비난하지는 않았다. 그 결과 이스라엘은 역사적 팔레스타인에 최소한의 원주민만 거주하도록 만들기 위해 종족 청소라는 수단에 계속 의존했다. 1967년 전쟁과 그 이후 추방된 팔레스타인인이 30만 명이고, 그 이후 서안, 예루살렘, 가자 지구에서 추방된 팔레스타인인은 60만 명 이상이다.

우리 시대에 훨씬 가까이 다가와서 지난 50년 동안의 이스라엘과 팔레스타인의 역사를 다시 살펴봐야 한다. 이스라엘이 요르단강 서안을 장기 점령하면서 팔레스타인인 수십만 명이 순식간에 투옥되거나, 재판도 없이 억류됐고, 연좌제와 정착민의 괴롭힘에 노출됐으며, 미래에 대한 아무런 발언권도 없이 살게 됐다. 2022년 11월* 이스라엘에 근본주의 메시아주의 정부가 선출된 이후 이런 모든 가혹한 정책들로 인해 팔레스타인인 사망자수, 부상자수, 체포자수가 전례 없는 수준에 이르렀다. 게다가 새 정부하에서 예루살렘의 기독교 및 이슬람 성지에 대한 새로운 공격적인 정책도 펼쳐졌다.

15년이 넘는 봉쇄 공격에는 역사적 맥락이 있다. 역사상

---

* 2022년 11월 7일 시행된 제25대 이스라엘 총선 결과, 베냐민 네타냐후 총리의 리쿠드당이 2개의 극우 정당 등 5개 정당과 연립해 집권했다.

가장 긴 포위 공격이며, 거의 절반이 어린이들인 이 사회의 역사이기도 하다. 2005년 이스라엘이 가자 지구에서 철수한 뒤 이어진 봉쇄는 이스라엘의 너그러운 처사인 듯하지만, 사실상 다른 종류의 점령을 위한 계략이었다. 이 책에서 오슬로 협정에 대한 신화를 분석할 때 자세히 설명한 것처럼, 오슬로 협정과 아주 흡사하다.

이미 2020년에 유엔은 이것이 인도적으로 지속 가능한 생활이 아니라고 경고했다. 이스라엘이 일방적으로 철수한 뒤, 가자 지구 주민들이 민주적인 선거에서 팔레스타인 자치 정부보다 하마스를 선호한 데 대한 반응이 봉쇄 정책으로 나타났음을 기억하는 것이 중요하다. 1994년으로 돌아가보는 것은 더 중요하다. 이때 이미 가자 지구는 철조망으로 둘러싸였고, 서안과의 연결이 끊어졌다. 이스라엘은 유기적 연결을 통제하고 부정하면서 어떤 면에서는 '두 국가 해법'*이라는 생각 자체를 무너뜨렸다. 이는 '두 국가 해법'으로 이 지역에 평

---

*　　오슬로 협정에서 이스라엘-팔레스타인 분쟁 종식을 위한 해법으로 확립된 것으로, 1967년 제3차 중동 전쟁 이전 국경선을 기준으로 이스라엘과 팔레스타인이 각각 정부를 세우고 국가 대 국가로 평화롭게 공존하자는 내용이다.

화를 가져오자는 오슬로 협정에 서명한 지 1년 뒤의 일이다. 장벽이 세워지고 서안의 유대화가 확대된 현실은 이스라엘 사람들의 눈에 오슬로 협정이 평화 추구의 진정한 몸짓이기보다는 점령의 다른 수단이었음을 여실히 증명한다.

이스라엘은 가자 게토*의 출입 지점을 통제하고, 음식의 종류(때로는 열량을 통제하기도 했다), 상품, 의약품, 기본 생필품을 감시했다. 하마스는 이스라엘의 민간인 지역에 로켓을 발사하며 대응했다. 이스라엘은 나크바와 200만 명에 대한 비인간적이고 야만적인 봉쇄 공격이나 역사적 팔레스타인의 다른 지역에서 억압받는 팔레스타인인들 같은 맥락은 무시하고, 하마스의 공격이 마치 나치즘의 연장인 것처럼 간주하며, 이를 유대인을 죽이려는 이념적 소망에 따른 것이라 주장했다.

하마스는 여러 방식으로 이런 정책에 복수하거나 대응하겠다고 약속한 유일한 팔레스타인 단체다. 비록 이제는 하마스의 대응 방식이 적어도 가자 지구에서는 스스로 궤멸하고, 추가

---

*   게토(ghetto)는 과거 유대인 거주 지역을 가리키던 말이다. 유대인들을 바깥 사회와 격리시키는 강제 격리 구역을 의미하던 것이 소수 민족이나 종교 집단을 격리시키는 구역을 가리키는 대명사가 됐다. 현재 팔레스타인인을 강제 격리시킨 가자 지구도 게토로 평가된다.

탄압의 구실을 제공하게 됐다는 사실이 분명해졌다. 하마스의 일부 행동의 잔인성은 어떤 식으로도 정당화될 수 없지만, 그렇다고 해서 설명하거나 맥락화할 수 없다는 뜻은 아니다.

하마스의 행동은 끔찍하고 이에 대한 이스라엘의 반응은 야만적인데, 그 막대한 인적 손실에도 불구하고 양쪽 모두 판도를 바꿀 만한 사건이 아니라는 점이 안타깝다. 이스라엘은 '정착 식민 운동'으로 건국된 국가로 남을 것이다. 이 역사는 이 책의 첫 부분에서 설명하는 것처럼 정치적 DNA에 영향을 미치고 이념적 성격을 결정한다. 이 책에서 알아보는 또 다른 신화처럼 중동의 유일한 민주주의라고 스스로 의미를 부여했음에도 불구하고, 유대인 시민만을 위한 민주주의로 남게 된다는 뜻이다.

10월 7일까지 이스라엘 내부에서 벌어졌던 유대 국가(이스라엘이 더욱 신정주의적이고 인종 차별적이기를 바라는 정착민 국가)와 (현재 이스라엘을 현상 유지하고자 하는) 이스라엘 국가 사이의 갈등이 또한 다시 폭발할 것이다. 사실 이미 그 논쟁이 복귀할 조짐이 나타나고 있다.

가자 지구와 그 너머에서 무슨 일이 일어나더라도 이스라엘을 "아파르트헤이트 국가"로 언급한 국제앰네스티 같은 인권 단체의 정의는 여전히 유효하다. 팔레스타인인들은 사라지지 않을 것이며, 해방 투쟁을 계속할 것이다. 세계 여러 나라의 정부가 계속해서 이스라엘을 지원하고 예외적인 면책 특권을 제공하더라도, 그 시민 사회는 팔레스타인 편에 서 있다.

탈출구는 같다. 정권이 바뀌고 '강에서 바다까지'* 모든 사람에게 동등한 권리가 주어지며 난민들이 귀환하는 것이다. 그렇지 않으면 이 유혈 사태는 끝나지 않을 것이다.

2023년에 일어난 사건들이 새로운 신화를 만들었을 가능성이 있다. 하마스의 행동은 이스라엘을 파괴하려는 이란이 지시했고, 10월 7일의 작전은 본질적으로 나치이고 ISIS보다 더 나쁜 조직이 저지른 또 다른 홀로코스트라는 신화다.

이는 몇 가지 이유에서 신화다. 이란의 반응, 그리고 레바논의 헤즈볼라**에게 하마스와 협력하지 말라고 한 이란의 지시로 보아 이란은 사전에 이를 몰랐음이 분명하다. 둘째,

---

*   '요르단강에서 지중해까지'를 의미하며, 팔레스타인의 영토를 가리킨다. 팔레스타인의 민족주의자들과 반시오니즘 지지자들이 사용하는 구호다.

**   레바논의 이슬람주의 시아파 정당이자 레바논 내 최대 군사 세력. 호메이니의 이슬람 원리주의에 영향을 받았으며, 이란과 시리아로부터 재정 지원을 받고 있다. 미국을 비롯한 서방 국가들은 헤즈볼라를 테러 단체로 규정한다.

1,200명(그중 수백 명이 점령군 병사들)이 사망한 사건을 홀로코스트의 산업적 대량 학살만큼 끔찍하다고 비교한다면, 전 세계에서 홀로코스트를 부정하는 이들이 더없이 기뻐할 것이다. 마지막으로, 하마스는 명확한 비전이 없는 세계 지하드 테러의 일환이 아니다. 팔레스타인 해방 운동은 최초부터 그 안에 정치적 이슬람 단체가 있었다. 사실 아랍과 이슬람 세계의 반식민주의 운동에는 모두, 전반적인 활동에 정치적 이슬람 집단이 있었다.

역사상 팔레스타인 해방 운동은 여러 해 동안 더욱 세속적이고 좌파적이었으며 항상 강력한 기독교적 요소가 있었다. 세속 세력이 해방을 가져오지 못하자 어떤 사람들은 이슬람 정치 단체로 이동했고, 일부 기독교인들도 그 교리를 지지하지는 않아도 다른 선택의 기회를 주는 쪽으로 움직였다.

앞으로 어떤 신화가 추가될지 누가 알 수 있을까?

2024년 5월
일란 파페

모든 분쟁의 중심에는 역사가 있다. 과거를 편견 없이 진실되게 이해하면 평화의 가능성과 마주하지만, 반대로 역사를 왜곡하거나 조작하면 재앙이 싹틀 뿐이다. 이스라엘-팔레스타인 간의 갈등 사례에서 볼 수 있듯이, 아주 가까운 과거에 대해서조차 역사에 관한 허위 정보는 어마어마한 피해를 가져올 수 있다. 이렇게 의도적으로 역사를 곡해하면 억압을 촉진하고, 식민지와 점령 체제를 유지할 수 있게 된다. 그런 까닭에 허위 정보와 왜곡이 현재까지 정책적으로 계속돼 갈등을 지속시키는 중요한 역할을 하며, 그로 인해 미래에 대한 희망이라곤 거의 남지 않게 된 것도 놀랍지 않다.

이스라엘과 팔레스타인의 과거와 현재에 대한 허위 사실

이 켜켜이 쌓인 탓에 우리는 그 갈등의 기원을 직시하기가 어렵다. 한편, 관련 사실이 지속적으로 조작되면 계속되는 유혈 사태와 폭력으로 다친 모든 피해자들에게 불리해진다. 어떻게 해야 할까?

이 분쟁의 땅이 어떻게 이스라엘 국가가 됐는지에 대한 시온주의적 역사 서술은 일련의 신화에 바탕을 두고 있다. 이 신화들은 분쟁의 땅에 대한 팔레스타인 사람들의 도덕적 권리를 미묘하게 의심하게 만든다. 서방의 주류 미디어와 정치 엘리트들은 종종 이들 신화를 주어진 사실로 받아들이면서, 지난 60여 년 동안 이스라엘이 보여 준 행위를 정당화한다. 대개 암묵적으로 수용된 이러한 신화들을 살펴보면, 이스라엘 건국 이래 계속되는 갈등에 서방 정부가 의미 있는 개입을 꺼리는 이유를 알 수 있다.

이 책은 이러한 신화들에 도전한다. 이 신화들은 공개적으로 논란의 여지가 없는 진실처럼 보인다. 내 눈에는 이러한 진술이 역사적 기록을 자세히 조사하면 반박할 수 있고, 그래야만 하는 왜곡과 조작으로 보인다. 이 책은 잘 알려진 가설과 역사적 현실을 대조하며 연결한다. 각 장마다 하나의 신화를 진실과 나란히 배치하면서, 최신 역사 연구를 통해 기존에 알려진 지식의 약점을 드러낸다.

이 책은 이스라엘-팔레스타인 문제와 어떠한 방식으로든 관련된 사람이라면 대개 알고 있는 열 가지 기본적인 신화, 또는 신화의 집합을 시대순으로 다룬다.

1장은 19세기 후반 시온주의가 도래하기 직전의 팔레스타인을 다룬다. 신화는 팔레스타인이 비어 있는 불모지였으며 거의 사막 같은 땅이어서 시온주의자들이 도착해 개척했다고 말한다. 반론은 기존 사회가 이미 번창해 있었고 근대화 및 국민 국가 형성에 속도를 더하던 중이었음을 보여 준다.

팔레스타인이 '사람이 없는 땅'이었다는 신화는 '땅이 없는 민족'이라는 유명한 신화와 서로 연관돼 있는데, 이것이 2장의 주제다. 유대인들은 정말로 팔레스타인의 원래 주민이었으며, 그들의 '고향'으로의 '귀환'은 가능한 모든 방식으로 지원받아 마땅한 걸까? 신화는 1882년에 도착한 유대인들은 서기 70년에 로마인에 의해 추방된 유대인의 후손이라고 주장한다. 반론은 이러한 혈통적 연관성에 의문을 제기한다. 상당한 학문적인 노력에 의해, 로마 시대 팔레스타인의 유대인들이 그 땅에 남아 기독교로, 그리고 나중에는 이슬람교로 개종했다는 사실이 드러났다. 이 유대인들이 누구였는가라는 질문에는 아직 답을 찾지 못했다—9세기에 유대교로 개종한 하자르Khazars족*이었을 수도 있고, 천 년에 걸쳐 여러 인종이 혼합됐기에 답을 찾기가 불가능할 수도 있다. 더 중요한 것은, 나는 이 장에서 시온주의 이전 시대에는 세계의 유대인 공동체와 팔레스타인이 종교적이고 영적인 연결을 가지고 있었을 뿐, 정치적인 연결은 없었다고 주장한다. 시온주의 이전에 유대인의 귀환을 국가 차원의 일로 연결하려는 시도는 16세기까지는 기독교의 프로젝트였고, 그 후에는 명확히 개신교(특히 성공회) 프로젝트였다.

3장은 시온주의와 유대교를 같은 것으로 보는 (그래서 반시온주의를 반유대주의로 보는) 신화를 자세히 검토한다. 나는 시온주의에 대한 유대인의 태도를 역사적으로 평가하고, 시온주의가 식민 차원의 이유로, 나중에는 전략적 이유로 유대교를 어떻게 조작했는지를 분석하여 이 등식을 반박하려고 한다.

4장은 식민주의와 시온주의가 관련이 없다는 주장을 다룬다. 신화는 시온주의가 진보적인 민족 해방 운동이라고 묘사하는 반면, 반론은 시온주의를 남아프리카, 아메리카, 호주에

---

* 튀르크족 유목 민족으로 6~9세기 남러시아 초원에서 활동한 것으로 추정된다. 8세기 중반부터 하자르 제국의 황족과 귀족이 유대교를 받아들이기 시작하여, 9세기 중반에는 국교로 유대교를 받아들였다.

서 볼 수 있는 식민주의, 정확히는 '정착 식민주의 프로젝트'로 규정한다. 이 반론은 시온주의와 이후 이스라엘에 대한 팔레스타인의 저항을 어떻게 볼 것인지를 반영하기에 중요하다. 이스라엘을 단순히 자신을 방어하는 민주주의 국가로 보면, 팔레스타인해방기구PLO 같은 팔레스타인 조직은 순전히 테러 조직이다. 하지만 팔레스타인의 투쟁이 식민주의 프로젝트에 대한 저항이라면, 이는 반식민주의 운동이며, 팔레스타인의 국제적인 이미지 또한 이스라엘과 그 지지자들이 세계 여론에 강요하고 있는 이미지와 매우 다를 것이다.

5장은 잘 알려진 1948년의 신화를 다시 살펴본다. 특히 팔레스타인인이 자발적으로 이동했다는 주장이 틀렸음을 전문 역사학자들이 증명했다는 점을 독자들에 상기시키고자 한다. 1948년 사건과 관련된 다른 신화들도 이 장에서 논의한다.

역사를 다루는 마지막 장에서는 1967년 전쟁이 이스라엘에게 강요된 것이었는지, 그래서 '선택의 여지가 없는' 전쟁이었는지를 묻는다. 나는 1967년 전쟁은 1948년 전쟁에서 거의 완성됐던 팔레스타인 점령을 완벽하게 끝내려는 이스라엘의 욕망에서 비롯했다고 주장한다. 서안과 가자 지구 점령 계획은 1948년에 시작됐고, 1967년 6월 이집트의 무모한 결정으로 역사적 기회를 잡을 때까지 중단되지 않았다. 나는 더 나아가 점령 직후의 이스라엘 정책들로 보아 이스라엘이 우연히 전쟁에 휘말린 게 아니라 전쟁을 예측하고 있었다고 말하고자 한다.

7장에서는 현재로 온다. 이스라엘은 민주주의 국가일까, 아니면 비민주주의 국가일까? 나는 이스라엘 내부와 점령 지역에 있는 (이스라엘이 통치하는 인구의 거의 절반을 차지하는) 팔레스타인 사람들의 지위를 검토하여 이스라엘은 후자임을 입증한다.

8장은 오슬로 평화안을 다룬다. 오슬로 협정이 체결된 지 거의 25년이 지난 지금, 우리는 이 평화 프로세스와 관련된 오류를 더 잘 바라볼 수 있게 됐으며, 오슬로 협정이 실패한 평화 협정인지, 아니면 점령을 심화시키려는 이스라엘의 성공적인 계략이었는지를 물을 수 있게 됐다.

가자 지구 사람들의 불행이 하마스의 테러리스트적 성격 때문이라는 여전히 널리 받아들여지는 신화에도 비슷한 관점을 적용할 수 있다. 9장에서 나는 조금 달리하여, 지난 세기말부터 가자 지구에서 일어나고 있는 일에 대해 다른 해석을 제시한다.

마지막으로 10장에서는 '두 국가 해법'이 앞으로 나아갈 수 있는 유일한 해법이라는 신화에 도전한다. 행복하게도 우리에게는 이 방식을 비판하고 대안적인 해결책을 제시하는 학술 연구와 훌륭한 활동가들이 있다. 그들은 이 마지막 신화에 대해 어마어마한 도전을 하고 있다.

독자들이 위의 논의를 맥락화하는 데 도움을 주고자 이 책의 부록으로 연대표를 제공한다.

나의 바람은 이 분야에 처음 입문하는 사람이나 배경지식이 있는 학생들 모두에게 이 책이 유용한 도구가 됐으면 하는 것이다. 이 책은 주로 이스라엘-팔레스타인 문제라는 늘 뜨거운 주제에 대해 토론하는 모든 이를 대상으로 한다. 이 책은 균형 잡힌 책이 아니다. 오히려 이스라엘과 팔레스타인 땅에서 식민지화되고, 점령당하고, 억압받는 팔레스타인인들을 대신해 권력의 균형을 바로잡으려는 또 하나의 시도다. 시온주의를 옹호하는 사람들이나 이스라엘을 충실히 지지하는 사람들까지 여기에서 다루는 논의에 기꺼이 참여해 준다면 그것은 정말 보너스일 것이다. 결국 이 책은 팔레스타인 사회만큼이나 자신의 사회에도 관심을 갖고 있는 이스라엘 유대인이 쓴 것이다. 부당한 현실을 지탱하는 신화에 대해 반박함으로써 그 나라에 사는, 또 살고 싶어하는 모두에게 도움이 되고자 한다. 이는 현재 단 하나의 특권 그룹만 접근할 수 있는 위대한 성취를 모든 주민이 누리게 하는 기반이 될 것이다.

또한 이 책이 대의에 대한 의무감만큼이나 팔레스타인에 대한 지식이 필요하다는 점을 인식하는 활동가들에게도 유용한 도구가 됐으면 한다. 이 책은 많은 학자들이 수년 동안 수행한 연구들 덕분에 가능했고, 그런 연구들을 대체할 수는 없지만, 지식의 세계로 들어가는 출발점이 돼 줄 것이다.

학생과 연구자들이 우리 시대 학계의 가장 큰 문제점 중 하나인 '의무감을 가지면 우수한 학술 연구가 어렵다'는 생각을 버린다면 이 책을 활용할 수 있을 것이다. 내가 즐겁게 가르치고 지도했던 최고의 학부 및 대학원생들은 의무감을 갖고 있었다. 이 책은 미래의 학자들에게 상아탑을 떠나 그들이 연구를 수행하는 사회와 다시 연결되기를 바라는 하나의 겸손한 초대일 뿐이다. 그들이 지구 온난화, 빈곤, 팔레스타인 등 어느 주제로 글을 쓰더라도 학술적 의무감을 자랑스럽게 표현해야 한다. 그리고 대학이 아직 받아들일 준비가 되지 않았다면, 학생들은 이렇게 논란이 되는 주제에서 "편향되지 않고 객관적인 학술 연구"에 대처할 수 있을만큼 충분히 정통해야 하며, 동시에 그 거짓된 주장을 완전히 파악해야 한다.

이 책은 일반 대중에게 굉장히 복잡해 보일 때가 많은 (일부는 실제로 굉장히 복잡한) 주제를 간단한 버전으로 제시한다. 그러나 정의와 인권이라는 보편적 관점에서 쉽게 설명하고 연관 지을 수 있는 주제다.

  마지막으로, 나는 이 책이 과거와 현재 이스라엘-팔레스타인 문제의 핵심에 자리한 깊은 오해를 명확히 해명할 수 있기를 바란다. 이런 왜곡과 전해 내려오는 가설들에 의문을 제기하지 않는 한, 현재 팔레스타인 땅의 비인간적인 정권은 계속해서 보호받을 것이다. 최신 연구를 바탕으로 이들 가설을 검토함으로써, 우리는 이 가설들이 역사적 진실과 얼마나 멀리 떨어져 있는지, 그리고 이런 역사적 기록을 바로잡는 일이 어째서 이스라엘과 팔레스타인의 평화와 화해의 기회에 영향을 주는지 알 수 있다.

일란 파페

PART I.

잘못된 신화 : 과거

오늘날 이스라엘 또는 팔레스타인으로 불리는 지정학적 공
간은 로마 시대부터 국가로 인식됐다. 먼 옛날 이 지역의 상
태와 상황은, 성서 같은 자료에 역사적 가치가 없다고 믿는
사람들과 성서를 역사적 기록으로 간주하는 사람들이 격렬
하게 논쟁하고 있는 주제다. 로마 시대 이전 이 지역 역사가
가지는 중요성은 이 책의 다음 몇 장에서 다룰 예정이다. 그
러나 이 땅에 처음으로 "팔레스티나Palestina"라는 이름을 부
여한 것이 로마인들이라는 데에는 연구자들 사이에 폭넓은
합의가 있는 듯하다. 로마 제국과 이후 동로마 제국이 통치하
는 동안 이 지역은 황제의 땅이었으며, 로마와 콘스탄티노플
의 성쇠에 따라 이 지역의 운명도 좌우됐다.

7세기 중반 이후 팔레스타인의 역사는 (중세에 십자군에게 이양된 짧은 기간 빼고는) 아랍 및 이슬람 세계와 밀접하게 연관돼있다. 북쪽, 동쪽, 남쪽의 여러 이슬람 제국과 왕조들이 이 지역을 지배하려 들었다. 메카와 메디나 다음으로 이슬람교에서 두 번째로 성스러운 장소였기 때문이다. 물론 비옥한 땅이기도 하고, 전략적 위치여서 갖는 다른 매력도 있었다. 이 지역을 다루는 고고학이 로마와 유대 유산에 우선순위를 두는 탓에, 맘루크Mamelukes*나 셀주크Seljuk** 같은 풍요롭고 번영한 중세 이슬람 왕조의 유산은 아직 발굴되지 않았지만, 지금도 이스라엘과 팔레스타인 일부 지역에서 이런 과거 지배자들의 풍요로운 문화를 엿볼 수 있다.

현대 이스라엘과 팔레스타인을 이해하는 데 더 연관성이 높은 시기는 오스만 제국 시대다. 오스만 제국은 1517년부터 이 지역을 400년 동안 점령하며 머물렀고, 오늘날에도 여러 측면에서 그들의 유산을 느낄 수 있다. 이스라엘의 법체계,

---

* 맘루크(Mamluk)는 아랍어로 '노예'라는 뜻으로, 9세기부터 19세기까지 이슬람 세계에 존재했던 '노예 군인' 또는 '노예 출신 지배자'를 일컫는다. 여기서는 1250년부터 1517년까지 이집트와 시리아 일대를 통치하던 맘루크 왕조를 지칭한다.

** 튀르크계의 셀주크 왕조가 11~12세기 팔레스타인 지역을 지배했다.

종교 재판소의 기록sijjil, 토지 등기부tapu, 몇몇 뛰어난 건축물들이 오스만 제국의 영향력을 증명한다. 오스만 제국이 이 땅에 도착했을 당시 이곳은 대부분 수니파 이슬람이 사는 촌락이었으나, 아랍어를 쓰는 도시 엘리트도 소수 있었다. 유대인은 인구의 5퍼센트 미만이었고, 10~15퍼센트가 기독교인이었던 것 같다. 요나탄 멘델Yonatan Mendel은 이렇게 설명한다.

> "시온주의가 부상하기 전의 유대인 비율은 알려진 바가 없다. 그러나 오스만 제국 기록에 따르면, 1878년에는 오늘날의 이스라엘/팔레스타인 지역에 총 46만 2,465명이 살았다. 그중에서 40만 3,795명(87퍼센트)은 이슬람교도였고, 4만 3,659명(10퍼센트)은 기독교도였으며, 1만 5,011명(3퍼센트)은 유대인이었다."[1]

당시 전 세계의 유대인 공동체는 팔레스타인을 성스러운 성서의 땅으로 여겼다. 유대교에서 성지 순례는 기독교나 이슬람교에서와 같은 역할은 아니지만, 일부 유대인들은 순례를 의무로 보았고, 소수의 순례자들이 팔레스타인을 찾았다. 다음 장에서 다룰 테지만, 시온주의 등장 이전에 유대인이 팔레스타인에 영구히 정착하기를 바라는 이들은 주로 기독교인이었고, 종교적인 이유에서였다.

이스라엘 외교부의 공식 웹사이트에서 16세기 이후 팔레스타인 역사를 설명하는 내용을 보면, 이것이 오스만 제국이 400년간 통치하던 당시의 팔레스타인이라고 알아보기 어려울 것이다.

"1517년 오스만 제국의 정복 이후 이 땅은 네 개의 지구로 나뉘어서 행정적으로 다마스쿠스 지방에 편입됐으며 이스탄불에서 통치했다. 오스만 제국 시대 초기에는 이 지역에 약 1,000가구의 유대인이 거주했으며, 주로 예루살렘, 나블루스Nablus(세겜Schechem), 헤브론Hebron, 가자Gaza, 사페드Safed(제파트Tzfat)와 갈릴리Galilee 마을에 살았다. 이 지역 공동체는 예전부터 이 지역에서 살았던 유대인 후손과 북아프리카 및 유럽에서 온 이민자들로 구성됐다.

술탄 쉴레이만 대제Sultan Suleiman the magnificent가 사망할 때 (1566)까지 오스만 제국은 질서 있는 통치로 이 지역을 발전시켰고 유대인의 이민을 독려했다. 이민자들의 일부는 예루살렘에 자리를 잡았지만, 대부분은 사페드로 갔다. 16세기 중반 무렵 사페드는 유대인 인구가 약 1만 명으로 늘어났고, 직물 산업이 번성하는 중심지가 됐다."[2]

이 글만 보면 16세기 팔레스타인에는 주로 유대인이 거주했고, 이 지역의 상업적 생명력도 이들 도시의 유대인 공동체에 집중된 것처럼 보인다. 그다음에는 어떻게 됐을까? 이스라엘 외교부 웹사이트에 따르면 다음과 같다.

> "오스만 제국의 지배가 점차 쇠퇴하면서 방치되는 범위가 늘어났다. 18세기 말 무렵에는 이 땅의 대부분을 부재지주(不在地主)가 소유했고, 가난한 소작농들에게 빌려줬으며, 세금은 변덕스러워 감당하기 어려웠다. 갈릴리와 카르멜산 지역의 큰 숲의 나무가 사라졌고, 농지는 습지와 사막에 잠식됐다."

이 이야기대로라면 1800년에 팔레스타인은 사막이 됐고, 사막화되지 않은 지역에서는 농부들이 메마른 땅을 빌려 어떻게든 경작하고 있었다. 바로 그 땅에서 상당수의 유대인이 마치 섬처럼 거주했고, 오스만 제국이 외부에서 통치하면서 토양을 황폐화시켰던 것처럼 보인다. 해가 갈수록 땅은 더욱 황폐해지고, 산림 벌채는 심해지고, 농지는 사막으로 변했다. 공식 국가 웹사이트에서 이런 식의 조작된 묘사는 전례가 없는 일이다.

이런 서사를 작성한 이들이 이스라엘 학계에 의존하지 않았다는 점이 꽤나 아이러니하다. 이스라엘 연구자들 대부분은 이런 서사가 타당하다고 인정하거나 지지하기를 몹시 주저할 것이다. 다비드 그로스만David Grossman(인구통계학자, 유명 작가와 이름이 동일하지만 다른 사람이다), 암논 코헨Amnon Cohen, 예호수아 벤아리에Yehoushua Ben-Arieh 등 많은 학자들이 실제로 여기에 정확하게 이의를 제기했다. 그들의 연구에 따르면, 수 세기 동안 팔레스타인은 사막이라기보다는 번창하는 아랍 사회였다. 인구 대부분은 무슬림이고, 주로 농촌이지만 활기찬 도시 중심지도 존재했다.

그러나 이런 논쟁에도 불구하고 위의 서사는 여전히 미디어는 물론, 이스라엘 교육 과정을 통해 전파되고 있다.[3] 명성은 떨어지지만 교육 체계에 더 큰 영향을 미치는 학자들이 이런 서술을 뒷받침한다. 이스라엘 외부, 특히 미국에서는 시온주의 도래 이전에 약속의 땅이 비어 있었고, 황량하고 메마른 땅이었다는 가정이 여전히 유행하고 있으므로 주목할 가치가 있다.

우리는 사실을 조사할 필요가 있다. 다른 쪽의 역사 서술은 오스만 제국 시대에 팔레스타인이 주변의 다른 아랍 사회와 마찬가지였음을 보여 준다. 전체적으로 지중해 동쪽의 다른 나라들과 다르지 않았다. 팔레스타인 사람들은 둘러싸여 고립돼 있기보다는, 광범위한 오스만 제국의 일부로서 다른 문화와 서로 영향을 주고받기 쉬운 위치에 있었다. 둘째로, 변화와 근대화에 열려 있던 팔레스타인은 시온주의 운동이 도래하기 훨씬 이전에 국가로서 발전하기 시작했다. 자히르 알우마르Daher al-Umar, 1690~1775 같은 강력한 지역 지도자의 지배 아래 하이파Haifa, 셰파므르Shefamr, 티베리아스Tiberias, 아크레Acre 등의 도시가 새로이 보수되고 활력을 되찾았다. 항구와 마을로 이어지는 해안 지역 네트워크는 유럽과 무역으로 연결되어 번성했으며, 내륙 평원은 인근 지역과 무역을 했다. 사막과는 정반대로, 팔레스타인은 번창한 빌라드 알샴Bilad al-Sham(북쪽 땅)*, 즉 당시 레반트Levant 지역이었다. 동시에 풍요로운 농업, 작은 마을들과 역사적인 도시들 덕분에 시온주의 도래할 즈음에는 인구가 50만 명에 달했다.[4]

19세기 말에 50만 명이라는 인구는 상당한 규모였다. 앞서 언급했듯이 그 가운데 적은 비율만이 유대인이었다. 주목할

---

* '샴(sham)'은 아랍어로 '왼쪽'이라는 뜻인데, 해가 떠오르는 동쪽을 바라볼 때 왼쪽이 북쪽이기에 '북쪽'이라는 뜻도 있다. 사우디아라비아 서쪽 지역인 헤자즈(Hejaz) 사람들 기준으로 이 지역을 북쪽 땅이라는 뜻의 빌라드 알샴이라고 불렀는데, 레반트가 헤자즈 북쪽에 있어서다.

점은 이 집단이 당시에는 시온주의 운동이 추진한 사상에 반기를 들었다는 사실이다. 팔레스타인인들은 대부분 마을에 살았는데, 마을의 수는 1,000여 개에 이르렀다. 한편, 점차 부유해진 도시 엘리트들은 해안을 따라 내륙 평야와 산악 지역에 거주했다.

이제 우리는 시온주의 식민지화 직전에 이 지역에 살던 사람들이 자신을 어떻게 정의했는지 훨씬 더 잘 이해하게 됐다. 중동 및 그 밖의 다른 지역에서와 마찬가지로, 팔레스타인 사회에도 19~20세기에 강력하게 정립된 '국가'라는 개념이 유입됐다. 지역 안팎에 스스로를 규정지으려는 이 새로운 방식을 촉진하는 동력이 있었는데, 이는 세계 다른 지역과 마찬가지였다. 중동에 민족주의 사상이 유입된 데에는 어느 정도 미국 선교사들의 역할이 있었다. 그들은 19세기 초, '선교'와 함께 '자결권'이라는 새로운 개념을 전파하려는 열망을 갖고 이 지역에 발을 디뎠다. 자신들이 기독교뿐 아니라, 세계에서 가장 최근에 독립한 국가인 미국을 대표한다고 생각했다. 팔레스타인 지식인들은 다른 아랍인들과 함께 이런 사상을 소화하고 진정한 민족주의 이념을 형성했다. 그리하여 더 많은 자치권, 궁극적으로는 오스만 제국으로부터의 독립을 요구했다.

19세기 중후반 오스만 제국의 지식인과 정치 엘리트들은 오스만주의Ottomanism*를 튀르크성Turkishness과 동일시하는 낭만적 민족주의 사상을 받아들였다. 이는 대부분이 아랍인인 비튀르크인들이 오스만 제국으로부터 소외되는 결과를 낳았다. 19세기 후반 튀르크의 민족주의가 발현되는 과정에서는 세속화 경향**이 생겨나, 이스탄불이 종교적 권위와 중심지로서 가지는 중요성이 감소했다.

아랍 세계에서는 세속화도 국가화 과정의 일부였다. 당연하게도 주로 기독교도와 소수 집단들은 점유 영토shared territory, 언어, 역사, 문화를 기반으로 하는 세속적인 국가 정체성 개념을 반색하며 수용했다. 팔레스타인에서는 민족주의에 동참한 기독교인들이 이슬람교도 엘리트들 사이에서 열성적인 협력자를 찾았고, 그 결과 제1차 세계 대전이 끝날 무렵에는 팔레스타인 전역에 이슬람교-기독교 단체가 급격히 증가했다. 아랍 세계에서 유대인들은 이렇게 서로 종교가 다른 활동가들 간의 동맹에 합류했다. 시온주의가 현지 유대

---

* 　1870~1880년대 유행했던 정치 트렌드. 술탄에 대한 충성을 오스만 제국 및 조국에 대한 충성으로 대체한 것을 지칭한다.
** 　국민 대부분이 이슬람교도, 즉 무슬림이지만 정치와 종교를 분리하려는 경향이 생겼다.

인 공동체에 절대적인 충성을 요구하지 않았다면 팔레스타인에서도 같은 일이 일어났을 것이다.

시온주의 도래 이전에 팔레스타인에서 민족주의가 부상한 과정에 대한 상세하고 포괄적인 연구는 무함마드 무슬리Muhammad Muslih와 라시드 할리디Rashid Khalidi 같은 팔레스타인 역사가들의 저서에서 찾을 수 있다.[5] 이들의 연구는 1882년 이전에 팔레스타인 사회의 엘리트 계층과 일반 대중 모두가 민족 운동과 민족주의 정서 발전에 깊이 관여하고 있었음을 명확하게 보여 준다. 특히 할리디는 애국심, 지역 충성도, 아랍주의, 종교적 정서, 높은 수준의 교육과 문해력이 어떻게 새로운 민족주의의 주요 구성 요소가 됐는지를 보여 준다. 아울러 팔레스타인 민족주의를 정의하는 데 있어 시온주의에 대한 저항이 추가적으로 중요한 역할을 하게 된 것은 나중 일임을 설명한다.

할리디는 무엇보다도 시온주의가 1917년 영국으로부터 유대인의 고향을 약속받으면서 팔레스타인에 영향을 끼치기 이전에, 근대화나 오스만 제국의 붕괴, 탐욕스러운 유럽인들의 중동 영토에 대한 욕망이 팔레스타인 민족주의를 확고하게 굳히는 데 어떤 영향을 끼쳤는지 보여 준다. 이 새로운 자기 정의를 가장 명확하게 드러내는 표현은 팔레스타인을 지리적이고도 문화적인 실체로, 나중에는 정치적인 실체로서 언급하는 것이다. 팔레스타인이라는 국가는 없었지만 팔레스타인의 문화적 위치는 매우 분명했다. 하나라는 소속감이 있었다. 20세기 초에 창간된 신문인 〈필라스틴Filastin〉은 팔레스타인 사람들이 자신들이 사는 지역을 부르는 이름에서 따왔다.[6] 팔레스타인인들은 자기만의 방언을 사용했고, 자기만의 관습과 의식이 있었다. 그리고 세계 지도에는 '팔레스타인'이라는 나라에 거주한다고 표기했다.

오스만 제국의 수도인 이스탄불에서 시작된 행정 개혁의 결과로, 19세기에 팔레스타인은 주변 지역과 마찬가지로 하나의 지정학적 단위로 더욱 명확하게 정의됐다. 그 결과 팔레스타인 지역의 엘리트들은 '통합 시리아', 심지어는 (미합중국과 약간 비슷한) 아랍 연합 내에서 독립을 추구하기 시작했다. 이 범아랍 민족주의 운동은 아랍어로 '까우미야qawmiyya'*라고 불리며, 팔레스타인을 비롯한 아랍 세계 전체에서 유행했다.

그 유명한, 정확히 말하자면 악명 높은 사이크스·피코 협정Sykes-Picot Agreement**은 1916년 영국과 프랑스 사이에 체

---

* 아랍을 중심으로 하는 언어 및 문화적 공동체 의식. 아랍 민족주의.
** 1916년 영국 외교관 마크 사이크스와 프랑스 외교관 프랑수아 조르주

결됐는데, 두 식민 세력이 팔레스타인 지역을 새로운 국가들로 분할하는 내용이었다. 그러면서 새로운 정서가 형성됐다. 아랍어로는 '와타니야wataniyya'*라고 불리는, 보다 지역적으로 변종된 민족주의다. 결과적으로 팔레스타인은 스스로를 독립된 아랍 국가로 인식하기 시작했다. 시온주의가 문 앞에 나타나지 않았다면 팔레스타인도 아마 레바논, 요르단, 시리아와 같은 길을 걸어 근대화와 성장의 과정을 받아들였을 것이다.[7] 사실 19세기 후반 오스만 제국의 정책에 따라 1916년 즈음에 이미 이런 현상이 시작됐다. 이스탄불 정부는 1872년 예루살렘에 산자크Sanjak(오스만 제국의 행정 구역)를 만들면서 팔레스타인을 응집시키는 지정학적 공간을 마련했다. 이스탄불의 실세들은 오늘날 우리가 알고 있는 팔레스타인 대부분과, 나블루스와 아크레의 하위 지역들을 그 산자크에 포함시킬 가능성도 잠시 고려했다. 오스만 제국이 그렇게 했더라

피코가 비밀리에 맺은 협정. 영국과 프랑스가 제1차 세계 대전의 상대였던 오스만 제국을 무너뜨린 뒤 레반트와 아라비아반도 일부 지역을 어떻게 분할해 관리할지 약속하는 내용이다.

* 와타니야는 '고향, 조국'을 의미하는 '와탄(watan)'에서 파생된 말로, 단일 아랍 국가에 대한 충성을 의미한다. 범아랍주의자들에게 '지역주의'라고 비판을 받기도 한다.

면, 이집트 같은 지리적 단위가 만들어져서 특정 민족주의가 훨씬 더 일찍 발생했을 것이다.[8]

행정 구역은 결국 베이루트에서 통치하는 북부와 예루살렘에서 통치하는 남부로 나뉘었지만, 그럼에도 불구하고 이러한 변화로 인해 팔레스타인 전체의 위상은 작은 하부 지역으로 나뉘어 있던 이전에 비해 더 높아졌다. 1918년 영국이 통치하기 시작하면서는 북부와 남부가 하나의 행정 단위가 됐다. 같은 해에 영국은 비슷한 방식으로 오스만 제국의 모술Mosul, 바그다드Baghdad, 바스라Basra 등 세 지방을 하나의 근대 국가로 통합해서 현대 이라크의 기초를 마련했다. 이라크와는 다르게, 팔레스타인에서는 혈족 관계와 지리적 경계(북쪽의 리타니강, 동쪽의 요르단강, 서쪽의 지중해)가 함께 영향을 주어서 남부 베이루트, 나블루스, 예루살렘의 하위 지역들이 하나의 사회 문화적 단위로 결합됐다. 이 지정학적 공간에는 고유한 방언과 관습, 민속과 전통이 있었다.[9]

그리하여 1918년까지 팔레스타인은 오스만 제국 시대보다 더 통합돼 있었지만, 그 후 더 많은 변화가 있었다. 1923년 팔레스타인의 지위에 대한 최종적인 국제 승인을 기다리는 동안 영국 정부는 이 땅의 국경을 다시 협상했다. 그 결과 민족 운동이 투쟁할 수 있는 지리적 공간이 더욱 명확히 정의됐고,

거기에 사는 사람들은 더욱 분명한 소속감을 느끼게 됐다. 이제 팔레스타인이 무엇인지는 명확했다. 누구에게 속하는지가 분명하지 않았을 뿐이다. 팔레스타인 원주민인가, 아니면 새로운 유대 정착민인가? 이 행정 체제의 마지막 아이러니는 경계가 재편성되면서 시온주의 운동에 도움을 줬다는 사실이다. 지리적으로 팔레스타인 지역이 "에레츠 이스라엘Eretz Israel, 이스라엘의 땅"이라는, 말하자면 유대인만이 그 땅과 그곳의 자원에 권리를 가지는 이스라엘의 땅이라는 사실을 개념화하는 데 도움을 줬다.

결론적으로 팔레스타인은 빈 땅이 아니었다. 19세기 팔레스타인은 근대화와 민족 국가화 과정이 진행 중인 풍요롭고 비옥한 지중해 동쪽 세계의 일부였다. 꽃이 피어나기를 기다리는 사막도 아니었다. 20세기 근대 사회로 접어들기 직전의 유목 국가였으며, 그 변혁에 따르는 이점과 폐해도 모두 가지고 있었다. 시온주의 운동에 의한 식민지화로 인해 이 근대화 과정은 팔레스타인 원주민 대부분에게 재앙이 됐다.

02 —————— 유대 민족에게는
땅이 없었다

앞 장에서 살펴본 '팔레스타인은 사람이 없는 땅이었다'는 주장은 '유대인은 땅이 없는 민족이었다'는 주장과 밀접하게 연관돼 있다.

그런데 유대 정착민들은 민족이었을까? 최근 학계에서는 이 오래된 의문을 다시 제기하고 있다. 이 비판적 관점의 일반적 주제를 가장 잘 요약한 책은 슐로모 산드Shlomo Sand의 《만들어진 유대인The Invention of the Jewish People》이다.[10] 산드는 근대사의 특정한 시점에 기독교 세계가 자신들의 이익을 위해, 유대인은 언젠가 성지로 돌아가야 하는 '민족'이라는 생각을 지지했음을 보여 준다. 이에 따르면, 유대인의 귀환은 죽은 자의 부활과 메시아의 재림과 더불어 세상의 끝을 계획한 신의 뜻의 일부다.

16세기 이후 종교 개혁에 따른 신학적·종교적 격변이 일어나면서, 특히 개신교도들 사이에서 천년 왕국의 끝과 유대인의 개종 및 이들의 팔레스타인으로의 귀환 사이에 명확한 연관성이 만들어졌다. 16세기 영국의 성직자인 토마스 브라이트먼Thomas Brightman은 이 개념을 다음과 같이 적었다. "유대인들이 다시 예루살렘으로 돌아가야 할까? 이보다 더 확실한 일은 없다. 구약의 예언서들은 곳곳에서 이 점을 확인하고 계속 이야기한다."[11] 브라이트먼은 이 신성한 약속이 이뤄지기를 바랐을 뿐 아니라, 이후의 많은 이들처럼 유대인들이 기독교로 개종하거나 유럽에서 모두 떠나버리기를 바랐다. 100년 뒤, 독일의 신학자이자 자연 철학자인 헨리 올덴부르크Henry Oldenburg는 이렇게 썼다. "만약 인간사에 변화가 있어 특정한 기회가 생긴다면 [유대인들은] 심지어 새로 제국을 세울 수도 있습니다… 하나님께서 그들을 한 번 더 선택하실 수도 있습니다."[12] 18세기 후반 오스트리아-헝가리 제국의 육군 원수였던 샤를조제프 라모랄Charles-Joseph Lamoral de Lign은 이렇게 말했다.

나는 유대인이 동화될 수 없으며, 어디에 있든 항상 국가 안에

국가를 세우리라 생각한다. 내 생각에는 그들이 쫓겨난 고향으로 돌아가는 게 가장 간단하다.[13]

이 마지막 문장에서 아주 확실히 알 수 있듯이, 시온주의를 형성하는 사상과 이보다 더 오래 지속된 반유대주의 사이에는 분명한 연관성이 있다.

프랑스의 유명 작가이자 정치가인 프랑수아 르네드 샤토브리앙François Renéde Chateaubriand도 대략 같은 시기에 유대인들이 "유대Judea의 합법적인 주인"이라고 썼다. 그는 나폴레옹 보나파르트에게 영향을 줬는데, 나폴레옹은 19세기 초 중동 점령을 시도할 때 팔레스타인의 다른 주민들뿐 아니라 유대 공동체의 도움도 얻고 싶어 했다. 나폴레옹은 그들에게 "팔레스타인으로의 귀환"과 국가 건설을 약속했다.[14] 이상에서 볼 수 있듯이 시온주의는 유대인의 식민지화 프로젝트 이전에, 기독교의 식민지화 프로젝트였다.

이렇듯 겉보기에 종교적이고 신화적인 믿음이 실제 식민지화 프로그램과 강탈 계획으로 전환될 징조가 1820년대 초 빅토리아 시대 영국에서 이미 나타났다. 팔레스타인을 점령하여 기독교 사회로 편입시키려는 전략적 계획에 유대인의 팔레스타인 귀환을 그 핵심에 두는 강력한 신학적, 제국주의적 운동이 등장한 것이다. 19세기에 이러한 정서는 영국에서 더욱 퍼졌고 제국의 공식 정책에 영향을 미쳤다. "팔레스타인의 땅… 추방당했던 자녀들이 돌아와, 비옥한 토양에 걸맞은 산업을 일으켜 다시 한 번 솔로몬 시대의 풍요를 누리기를 기다린다."[15] 스코틀랜드 귀족이자 군사령관이었던 존 린지John Lindsay의 글이다. 영국의 철학자 데이비드 하틀리David Hartely도 이런 정서에 동조해 이렇게 적었다. "유대인들이 팔레스타인에서 다시 일어설 가능성이 크다."[16]

이 과정은 미국의 지원을 받은 후에야 완전히 성공할 수 있었다. 여기에도 유대 민족이 팔레스타인으로 돌아가 시온을 건설할 권리가 있다는 생각을 지지하는 역사적 경향이 있었다. 유럽 개신교도들이 표명하던 견해가 같은 시기에 대서양 건너편에서도 비슷하게 출현한 것이다. 미국 대통령이었던 존 애덤스John Adams, 1735~1826는 이렇게 말했다. "나는 유대 민족이 독립 국가가 되어 다시 유대 땅에 돌아가기를 진심으로 바랍니다."[17] 이런 생각은 이 운동을 전파한 창시자들로부터 팔레스타인의 운명을 바꿀 힘이 있는 자들에게로 직접 전해진다. 그중에서도 영국의 선도적 정치가이자 개혁가인 섀프츠베리 백작Lord Shaftesbury, 1801~1885은 유대인의 고향 팔레스타인을 위해 활발한 운동을 벌였다. 팔레스타인에

서 영국의 존재감을 더욱 키워야 한다는 그의 주장은 종교적이면서도 전략적이었다.[18]

곧 설명할 테지만, 종교적 열정과 개혁적 열망의 이 위험한 조합은 19세기 중반 섀프츠베리의 노력에서 1917년 밸푸어Balfour 선언으로 이어졌다. 섀프츠베리는 유대인의 귀환을 지지하는 것만으로는 충분치 않고, 초기 식민지화 과정에서 영국의 적극적인 지원이 필요함을 깨달았다. 섀프츠베리는 그러한 동맹의 첫 발걸음으로 유대인들이 오스만 제국이 지배하는 팔레스타인으로 이동하도록 물질적 지원을 해야 한다고 주장했다. 그는 성공회 주교 센터와 예루살렘 대성당을 설득하여 이 프로젝트를 위한 초기 자본을 마련하도록 했다. 섀프츠베리가 그의 장인이자 영국 외무 장관이었으며 나중에 총리가 된 파머스턴 자작Lord Palmerston을 끌어들이는 데 성공하지 못했다면 불가능했을 일이다. 섀프츠베리는 1838년 8월 1일자 일기에 이렇게 썼다.

파머스턴과 저녁을 먹었다. 저녁 식사 후 둘만 남았을 때 내 계획을 꺼내 놓았는데, 그의 마음에 들었나 보다. 그는 몇 가지를 물어본 다음, [유대인의 팔레스타인 귀환과 수복을 돕는 프로그램] 고려해 보겠다고 흔쾌히 약속했다. 하나님의 질서는 어찌나 오묘한지… 인간의 눈으로 바라보면 오묘하다. 파머스턴은 이미 하나님의 선택을 받았다. 하나님의 고대 백성들이 물려받은 유산에 경의를 표하고, 그들의 운명은 믿지 않아도 권리를 인정하는 선한 도구가 되었다. 하지만 그는 아직 갈 길이 먼 것 같다. 동기는 선하지만 현명하지는 않다. 나는 정치적, 재정적, 상업적 문제를 두고 논쟁을 벌여야만 했다. 파머스턴은 그의 주님처럼 예루살렘을 두고 울지도 않는다. 뿐만 아니라 예루살렘이 이제, 마침내 아름다운 옷을 입게 해 달라고 기도하지도 않는다.[19]

샤프츠베리는 파머스턴을 설득해, 첫 단계로 자신의 동료인 복원주의자(유대인의 팔레스타인 회복을 믿는 사람) 윌리엄 영 William Young을 첫 예루살렘 주재 영국 부영사로 임명하도록 했다. 샤프츠베리는 나중에 자신의 일기에 이렇게 썼다. "이 얼마나 놀라운 일인가! 하나님 백성의 고대 도시가 열방 가운데에 다시 자리를 잡으려 한다. 그리고 영국은 그 땅을 '짓밟지 않는' 최초의 이방인 왕국이다."[20] 한 해 뒤인 1839년, 샤프츠베리는 《런던 쿼터리 리뷰 The London Quarterly Review》에 〈유대 국가와 회복〉이라는 제목으로 30쪽짜리 글을 썼다. 여기서 그는 하나님의 선택을 받은 민족에게 새로운 시대가 열릴 것이라고 예언했다.

더 많은 유대인이 돌아와 다시 한 번 유대와 갈릴리의 농부가 되도록 장려해야 한다… 비록 널리 알려진 대로 그들이 목이 곧고, 마음이 어두우며, 도덕적으로 타락하고, 고집스러우며, 복음에 대해 무지하지만, [그들은] 구원받을 가치가 있을 뿐만 아니라, 기독교적 구원에 대한 희망 차원에서도 필수적이다.[21]

새프츠베리가 파머스턴에게 한 부드러운 로비는 성공적이었다. 종교적인 이유보다는 정치적인 이유로 파머스턴 역시 유대인의 '회복'을 옹호하게 됐다. 파머스턴에게 영향을 준 다른 요인 중 하나는 "유대인이 무너져 가는 오스만 제국의 버팀목으로 쓸모가 있고, 따라서 이 지역에서 영국 외교 정책의 핵심 목표를 달성하는 데 도움이 될 것이라는 견해"였다.[22]

파머스턴은 1840년 8월 11일 이스탄불 주재 영국 대사에게 유대인의 팔레스타인 회복을 허용하면 오스만 제국과 영국 양자 모두가 이익을 얻게 된다는 내용의 편지를 썼다. 아이러니하게도 유대인의 회복은 현 상태를 유지하고 오스만 제국의 붕괴를 피하기 위한 수단으로 여겨졌다. 파머스턴은 다음과 같이 썼다.

현재 유럽 전역에 흩어져 있는 유대인들 사이에는 그들 민족이 팔레스타인으로 돌아갈 때가 다가오고 있다는 강한 믿음이 존재합니다… 유대인들이 팔레스타인으로 돌아가 정착하도록 독려하는 게 술탄에게 분명 중요합니다. 유대인들이 가져올 부富는 술탄이 지배하는 영토의 자원을 늘릴 것이기 때문입니다. 유대인들이 술탄의 승인과 보호 아래, 그리고 초대의 형식으로 돌아온다면 모하멧 알리 Mohamet Ali 나 그의 후계자가 앞으로 펼칠 사악한 계획을 견제할 수 있을 것입니다… 나는 각하에게 [뤼르키에 정부가] 유럽의 유대인들이 팔레스타인으로 돌아가도록 모든 적절한 장려책을 쓰도록 강력히 권고해 줄 것을 당부합니다.[23]

　무함마드 알리 Muhammad Ali 로 더 널리 알려진 모하멧 알리는 19세기 전반부에 오스만 제국에서 분리된 이집트의 총독이다. 파머스턴이 이스탄불에 있는 대사에게 이 편지를 썼을 때는, 무함마드 알리가 술탄을 거의 무너뜨릴 뻔한 지 10년이 지났을 때였다. 팔레스타인으로 유입된 유대인의 부가 잠재적인 내부의 적과 외부의 적으로부터 오스만 제국을 강화하리라는 생각은 시온주의가 반유대주의, 영국 제국주의, 신학과 어떻게 연관돼 있는지 보여 준다.

　파머스턴 경이 편지를 보내고 며칠 후, 《더 타임스 The

Times》는 머리기사로 "유대 민족을 그 조상의 땅에 심는" 계획을 촉구하면서, 이것이 "진지한 정치적 고려"하에 있다고 주장하며, 그 계획을 세운 섀프츠베리의 "실용적이고 위정자다운"[24] 노력을 칭찬했다. 파머스턴 부인도 남편의 입장을 지지했다. 그녀는 친구에게 다음과 같이 썼다. "우리 편에는 광신적이고 종교적인 요소가 있고, 너도 알고 있듯이 이 나라에는 꽤 많은 추종자가 있어. 그들은 예루살렘과 팔레스타인 전체가 유대 민족이 돌아갈 땅으로 예비돼야 한다고 절대적으로 확신하고 있어. 유대 민족의 회복만이 그들이 오직 열망하는 일이지.[25] 그리하여 섀프츠베리 백작은 "19세기 기독교 시온주의의 주요 지지자이자, 유대 민족이 팔레스타인에 조국을 건설할 방법을 준비하려 한 최초의 저명 정치인"으로 묘사됐다.[26]

영국 정부가 회복 사상에 열광했던 이 시점을 초기 시온주의Proto-Zionism로 설명해야 적절할 것이다. 현대 이념으로 19세기 현상을 독해하는 데에는 주의가 필요하지만, 그럼에도 불구하고 이 사상은 나중에 팔레스타인 원주민의 기본권을 무시하고 부정하는 일을 정당화하는 수단으로 발전할 요소를 모두 포함하고 있었다. 물론 팔레스타인 주민들에게 동조하는 교회와 성직자도 있었다. 그들 가운데 주목할 만한 사람은 영국 성공회의 성직자였던 조지 프랜시스 포펌 블라이스George Francis Popham Blyth인데, 그는 팔레스타인인의 염원과 권리에 깊이 공감했다. 블라이스가 1887년에 설립한 세인트 조지 칼리지St. George College는 오늘날까지도 동예루살렘 최고의 고등학교 중 하나다(이 학교에는 20세기 전반에 팔레스타인 정치에서 중요한 역할을 하게 될 지역 엘리트의 자녀들이 다녔다). 그러나 권력을 가진 이는 이후 시온주의 운동이 될, 유대 운동을 지지하는 사람들이었다.

1883년 예루살렘에 영국 영사관이 처음으로 설치됐다. 영사관 업무에는 유대인들이 팔레스타인으로 오도록 비공식적으로 격려하고, 보호를 약속하며, 경우에 따라서는 기독교로 개종시키는 시도도 포함돼 있었다. 초기 영사 중 가장 유명한 사람은 제임스 핀James Finn, 1806~1872이다. 그의 성격과 직접적인 접근 방식 탓에 팔레스타인 주민들에게 이 업무를 숨길 수 없었다. 핀은 유대인의 팔레스타인 귀환과 이들이 팔레스타인인을 대체할 가능성에 대해 공개적으로 글을 썼다. 이렇게 공개적으로 밝힌 건 아마 그가 처음이었을 것이다.[27] 이 두 사안의 연관성이 다음 세기에 시온주의 정착 식민 프로젝트의 핵심이 될 것이었다.

핀 영사는 1845년부터 1863년까지 예루살렘에 주재했다.

후대 이스라엘 역사가들은 그가 유대인이 조상의 땅에 정착하도록 도왔다고 찬양했고, 그의 회고록은 히브리어로 번역됐다. 한 국가에서는 추앙받지만, 다른 국가에서는 범죄자로 취급되는 역사적 인물이 핀만은 아니다. 핀은 이슬람 전체와 특히 예루살렘의 명망가들을 혐오했다. 그는 아랍어를 배우지 않고 통역사를 통해 의사소통을 했는데, 이 점 역시 현지 팔레스타인 주민들과의 관계에 도움이 되지 않았다.

핀은 1841년 마이클 솔로몬 알렉산더Michael Solomon Alexander (유대교 개종자)가 이끄는 성공회 주교단 출범과, 1843년 예루살렘 야파 게이트Jaffa Gate 근처에 세워진 최초의 성공회 교회인 그리스도 교회Christ Church의 설립으로 인해 도움을 받았다. 이들 기관이 나중에는 팔레스타인인의 자결권에 긴밀하게 연대했지만, 당시에는 핀의 초기 시온주의적 염원을 지지했다. 핀은 예루살렘에 영구적인 서구 세계의 주둔지를 구축하기 위해 다른 어떤 유럽인보다도 열심히 일했고, 선교나 상업, 정부 기관을 위한 토지와 부동산 구매를 체계화했다.

이렇듯 초창기에 주로 영국에서 기독교 시온주의로 나타난 싹과 시온주의를 연결하는 중요한 연결고리는 1860년대부터 제1차 세계 대전 발발 때까지 팔레스타인 지역에서 있

었던 독일의 성전 경건주의 운동German Temple Pietist movement[*]
이었다. 나중에 템플러Templers로 알려진 경건주의 운동은 독
일의 루터교 운동에서 성장해 북미를 포함한 전 세계로 퍼졌
는데, 이들이 북미의 초기 정착 식민지에 미친 영향은 오늘날
까지 남아 있다. 경건주의자들이 팔레스타인에 관심을 보이
기 시작한 것은 대략 1860년대부터다. 1861년 독일의 두 성
직자, 크리스토프 호프만Christoph Hoffman과 게오르그 다비드
하르데그Georg David Hardegg가 성전 협회Temple Society^{**}를 설
립했다. 이들은 독일 뷔르템베르크의 경건주의 운동과 강력
한 연관이 있었지만, 자신들만의 기독교 신앙을 가장 효과적
으로 성장시킬 방법을 자체적으로 발전시켰다. 그들에게 예

---

* 17세기 중반부터 18세기 초반까지 독일에서 활발했던 종교 개혁 운동
    이다. 전통적인 교회가 복음의 생명력을 잃게 되자, 기도 모임과 성경
    공부를 강조하며 정통적인 교리와 규정 안에서 그리스도인이 순결하게
    생활할 것을 강조하는 분위기가 형성됐다. 이 운동은 루터파 교회뿐만
    아니라, 모라비아파에도 영향을 주어 복음주의적 선교 운동을 불러일으
    켰다.
** 독일 개신교파의 하나. 1858년 천년 왕국 신앙 때문에 기성 교회에서
    추방된 이들이다. 성지 팔레스타인에서 이스라엘 예언자들의 묵시적 미
    래상을 실현하는 것을 목표로 삼았기에 실제로 팔레스타인으로 집단
    이주했다.

루살렘에 유대 성전을 재건하는 일은 하나님의 구원과 죄 사함에 있어 필수적인 단계였다. 더 중요하게는 자신들이 직접 팔레스타인에 정착한다면 메시아의 재림을 앞당기게 되리라 확신했다.[28] 각 교회와 국가 기관의 모든 사람들이 경건주의를 '팔레스타인 정착민 식민주의'로 해석하는 방식을 환영하지는 않았지만, 프로이센 왕립 법원의 고위 구성원과 성공회 신학자들 가운데는 이들의 교리를 열렬히 지지하는 이들이 있었다.

성전 운동Temple movement은 주목받을수록 대부분의 독일 기성 교회로부터 박해를 받았다. 그러나 그들은 자신의 생각을 실천으로 옮겨 팔레스타인에 정착했다. 이 과정에서 서로 싸우기도 하고, 새로운 구성원을 추가하기도 했다. 템플러는 1866년 하이파에 있는 카르멜산에 첫 정착촌colony을 세우고 팔레스타인의 다른 지역으로 확장해 나갔다. 19세기 말 카이저 빌헬름 2세와 술탄 사이의 관계가 개선되자 이들의 정착 프로젝트도 더욱 강화됐다. 템플러는 1948년 새로운 유대 국가에 의해 추방될 때까지 영국의 통치하에 팔레스타인에 남아 있었다.

초기 시온주의자들은 템플러의 정착촌과 정착 방법을 모방했다. 독일 역사가 알렉산더 숄크Alexander Schölch는 템플러의 정착 노력을 "조용한 십자군"이라고 묘사했지만, 1882년 이후 설립된 초기 시온주의 정착촌은 결코 조용하지 않았다.[29] 템플러가 팔레스타인에 정착했을 무렵에는 시온주의가 이미 유럽에서 주목받는 정치 운동이 되어 있었다. 시온주의는 한마디로 팔레스타인을 식민지화하여 그 자리에 유대 국가를 건설함으로써 유럽의 유대인 문제를 해결할 수 있다고 주장하는 운동이었다. 이러한 사상은 1860년대 유럽의 여러 지역에서 싹텄고, 계몽주의와 1848년의 '국민 국가들의 봄'[*], 이후에는 사회주의에서 영감을 받았다. 1870년대 말과 1880년대 초 러시아에서 특히 악랄했던 유대인 박해 물결과 (악명 높은 드레퓌스 재판[**]이 프랑스와 독일 사회에 반유대주의가 얼마나 깊이 뿌리내렸는지를 보여 준) 서유럽의 반유대 민족주의의 부상

---

[*] 1848년 '국민 국가들의 봄'은 프랑스 2월 혁명으로 시작되어 독일, 오스트리아, 이탈리아, 헝가리, 폴란드 등 유럽 여러 지역에서 혁명과 혁신이 일어난 시기를 가리킨다. 자유와 권리 확장, 국민주의와 공화주의 등이 분출됐으며, 이러한 이념들은 유럽 전반에 영향을 미쳤다.

[**] 1894년 프랑스 군사 기밀 문서가 독일로 유출되는 사건이 발생했는데, 이 사건의 혐의자로 유대인 출신의 중위 알프레드 드레퓌스가 지목됐다. 재판에서 드레퓌스는 증거가 부족함에도 불구하고 종신형을 선고받았고, 이로 인해 프랑스에서는 큰 논쟁이 벌어졌다. 군의 부정을 탄핵하는 작가 에밀 졸라를 비롯한 인권 옹호파·공화파와 군부·우익이 심하게 대립했다. 드레퓌스는 1906년 무죄가 확정되어 군에 복직했다.

에 대응한 테오도르 헤르츨Theodor Herzl*의 비전을 통해 시온주의는 지적, 문화적 활동에서 정치적인 프로젝트로 변화했다.

헤르츨과 비슷한 생각을 가진 유대 지도자들의 노력으로 시온주의는 국제적으로 인정받는 운동이 됐다. 그에 앞서 한 동유럽 유대인 집단은 독자적으로 유럽 유대인 문제의 해결책으로 유사한 개념들을 개발했다. 그들은 국제적인 승인을 기다리지 않았다. 고국의 공동체에서 일하면서 기반을 다진 뒤, 1882년에 팔레스타인에 정착하기 시작했다. 시온주의의 용어로 이들은 '첫 번째 알리야First Aliyah'라고 부르는데, 1904년까지 이어지는 시온주의 이민의 첫 물결이다. 두 번째 물결(1905~1914)은 달랐다. 절망에 빠진 공산주의자들과 사회주의자들이 주를 이뤘는데, 이들은 시온주의가 유대인 문제의 해결책일 뿐만 아니라, 팔레스타인 집단 정착을 통해 공산주의와 사회주의를 선도할 것이라고 봤다. 그러나 두 차례의 집단 이민자들 대다수가 팔레스타인 도시에 정착하는 쪽

---

* 오스트리아-헝가리 제국 출신 유대계 언론인이다. 처음에는 시오니즘을 반대했으나, 파리 특파원 시절에 목격한 드레퓌스 사건 이후 시오니즘을 옹호하게 됐다.

을 선호했고, 팔레스타인인이나 아랍 부재지주로부터 토지를 구입해 땅을 일구려는 이는 소수였다. 초기에 이들은 유럽의 유대인 기업가에게 의존하다가 차차 경제적인 독립을 추구했다.

시온주의자들과 독일의 관계는 결국 중요하지 않은 것으로 판명됐지만, 영국과의 관계는 결정적이었다. 사실 팔레스타인 사람들이 이런 특정 형태의 이민이 그들의 미래에 좋은 징조가 아님을 깨달았기 때문에, 시온주의 운동에 강력한 지원이 필요했다. 지역 지도자들은 시온주의 이민이 그들 사회에 매우 부정적인 영향을 미치리라 생각했다. 그러한 인물 중 하나가 예루살렘의 무프티mufti* 타히르 알후세이니 2세Tahir al-Hussayni II였다. 그는 유대인의 예루살렘 이민을 이슬람 신성에 대한 유럽인의 도전으로 여겼다. 그보다 앞선 이슬람교 학자들 중에는 이미 유대인 도래와 십자군 영광의 부활을 연결하는 것이 제임스 핀의 생각이었다는 사실에 주목한 이들이 있었다. 그러니 무프티가 유대 이민 프로젝트에 토지 판매를 저지하는 데 특별히 방점을 찍고 유대 이민을 반

---

* 무슬림 종교 지도자. 샤리아의 해설자이자 통역자에 해당하는 이슬람교의 학자를 뜻한다.

대한 것도 놀랍지 않다. 그는 토지 소유가 소유권 주장을 정당화하는 반면, 정착 없는 이민은 일시적인 순례로 이해될 수 있다고 인식했다.[30]

이처럼 여러 면에서 유대인의 팔레스타인 귀환을 이용해 '성지聖地'에 더 깊이 관여하고자 했던 영국의 전략적이고 제국주의적인 충동은 유럽에서 일어난 시온주의의 새로운 문화적, 지적 비전과 일치했다. 그러므로 기독교인과 유대인 모두에게 팔레스타인의 식민지화는 귀환과 구원의 행위로 여겨졌다. 이 두 충동이 일치했기에 반유대주의와 천년 왕국 사상 간에 강력한 동맹이 만들어졌고, 팔레스타인 원주민을 희생시켜 유대인을 유럽에서 팔레스타인으로 이주시키는 실제 정착 프로젝트가 이행됐다. 1917년 11월 2일 밸푸어 선언이 선포되면서 이 동맹은 대중에게 알려졌다. 영국 외무 장관 아서 밸푸어는 영국 유대인 공동체 지도자에게 보낸 이 편지에서 사실상 팔레스타인에 유대인 국가 건설을 전폭적으로 지지하겠다고 약속했다.

영국 기록 보존소가 접근성이 좋고 효율적인 체계를 갖춘 덕분에, 감사하게도 밸푸어 선언의 배경을 탐구한 훌륭한 학술 연구들이 많이 이뤄졌다. 그중에서도 예루살렘 히브루대학교의 마이어 베르테Mayer Verte가 1970년에 쓴 논문이 가장 우수하다.[31] 그는 특히 영국 관리들이, 볼셰비키 운동에 참여한 유대인들이 시온주의자들과 비슷한 열망을 가지고 있어서 친시온주의 선언을 하면 러시아의 새로운 정치 세력과 좋은 관계를 맺을 길을 닦으리라 오판했음을 드러냈다. 더 중요한 것은 영국 정책 입안자들이 그런 제스처를 보이면 미국 정계에 큰 영향력을 끼친다고 여겨지는 미국 유대인들에게 환영받으리라 가정했다는 점이다. 천년왕국주의와 이슬람 혐오도 혼합돼 있었다. 당시 총리이자 독실한 기독교인이었던 데이비드 로이드 조지David Lloyd George는 종교적인 이유로 유대인의 귀환을 선호했고, 그와 동료들 모두 팔레스타인을 성지로 보았기에 전략적으로 이슬람교도 식민지보다는 유대인 식민지를 선호했다.

최근에 우리는 더욱 포괄적인 분석에 접근할 수 있게 됐는데, 1939년에 쓰여진 이 연구는 오랫동안 사라졌다가 2013년에 다시 나타났다. 영국 기자 J. M. N 제프리스J. M. N Jeffries의 《팔레스타인: 현실Palestine: The Reality》이라는 700쪽이 넘는 책으로서, 밸푸어 선언 뒤에 숨어 있는 내용을 설명한다.[32] 제프리스는 개인적 인맥과 이제는 존재하지 않는 광범위한 문서를 참조해서 영국 해군성, 군대, 정부에서 누가, 왜 그 선언문을 만들었는지를 정확히 밝혔다. 그의 이야기에 등장하는 친시온주의 기독교인들은 팔레스타인 식민지화 과정에서 영국의 후원에 대해 시온주의자 자신들보다도 훨씬 더 열광했던 것으로 보인다.

지금까지 밸푸어 선언을 살펴본 모든 연구의 결론은 이렇다. 영국의 다양한 의사 결정자들이 팔레스타인을 유대인의 고향으로 간주하는 게 그 지역에 대한 영국의 전략적 이해관계와 일치한다는 것이다. 영국이 팔레스타인을 점령한 후, 이 동맹 덕분에 유대인들은 영국 국왕의 총칼로 보호받는 동시에, 영국의 후원하에 유대 국가를 위한 기반을 마련할 수 있었다.

하지만 팔레스타인 점령은 쉽지 않았다. 영국은 1917년 내내 대對 튀르크 군사 작전을 계속했다. 영국군이 시나이Sinai 반도를 급습하면서 시작은 순조로웠지만, 가자 지구와 베르셰바Bir Saba 또는 Beersheba 사이의 전선에서 소모적인 참호전이 벌어졌다. 일단 이 교착 상태가 무너지자 쉬웠다. 사실 예루살렘은 아무런 저항없이 항복했다. 이어지는 군사 점령으로 시온주의, 개신교 천년왕국주의, 영국 제국주의가 팔레스타인 해안에 밀려왔고, 이 개별적인 이데올로기의 강력한 융합은 이후 30년 동안 그 지역과 사람들을 파괴했다.

1918년 이후 시온주의자로 팔레스타인에 정착한 유대인들이 과연 2000년 전 로마에서 추방된 유대인의 후손인가에 의문을 제기하는 이들이 있었다. 그 시작은 아서 쾨슬러Arthur Koestler, 1905~1983가 《제13지파The Thirteenth Tribe》(1976)에서 던진 의문이었다. 그 책에서 쾨슬러는 유대 정착민들이 하자르Khazars의 후손이라는 이론을 제시했다. 하자르는 캅카스Caucasus 지역의 튀르크 국가로서 8세기에 유대교로 개종했고, 나중에 서쪽으로 강제 이주를 당했다.[33] 이후 이스라엘 과학자들은 로마 시대 팔레스타인 유대인과 현재 이스라엘의 유대인 간에 유전적 연관성이 있다는 것을 증명하려고 노력해왔다. 그럼에도 불구하고 논쟁은 오늘날까지 계속되고 있다.

더 심도 있는 분석은 시온주의에 영향을 받지 않은 성서학자들로부터 나왔다. 키스 화이틀램Keith Whitelam, 토머스 톰슨Thomas Thompson, 이스라엘 학자 이스라엘 핀켈슈타인Israel Finkelstein 같은 이들로, 이들은 성서 내용을 중요한 사실로 받아들이지 않는다.[34] 화이틀램과 톰슨은 또한 성서 시대에 국가 같은 것이 존재했다는 점에 의심을 표하고, 다른 이들과 마찬가지로 '현대 이스라엘의 발명'을 친시온주의 기독교 학자들의 작품이라고 비판한다. 슐로모 산드가 이 개념을 가장 최근에 업데이트하여 분석한 내용이 《만들어진 유대인》과 《이스라엘 땅의 발명The Invention of the Land of Israel》에 나와 있다.[35] 나는 이러한 학문적 노력을 존중하고 높이 평가한다. 하지만 정치적으로는 팔레스타인의 존재를 부정하는 가정보다는 덜 중요하다고 생각한다(비록 그 가정의 보완일지라도 말이다). 수많은 민족 운동이 시작될 때 그랬듯이, 사람들은 스스로를 창조할 권리가 있다. 그러나 〈창세기〉의 서술이 대량 학살, 종족 청소, 억압과 같은 정치적 계획으로 이어진다면 문제가 심각해진다.

특히 19세기 시온주의의 주장에서 중요한 점은 그 주장의 역사적 정확성이 아니다. 현재 이스라엘의 유대인이 로마 시대에 살았던 유대인의 진짜 후손인지 아닌지도 중요하지 않다. 오히려 중요한 점은 이스라엘이라는 국가가 전 세계의 모든 유대인을 대표하고, 그들을 위해 모든 일을 하며, 그들을 대신한다고 주장한다는 사실이다. 1967년까지 이 주장은 이스라엘에 매우 도움이 됐다. 전 세계의 유대인, 특히 미국 유대인들은 정책이 문제가 될 때마다 주요 지지자가 됐다. 여러 가지 면에서 오늘날 미국에서도 여전히 그렇다. 하지만 이런 명확한 연관성이 다른 유대인 사회에서와 마찬가지로 오늘날 미국에서도 도전을 받고 있다.

다음 장에서 살펴보겠지만, 시온주의는 원래 유대인들 사이에서 소수 의견이었다. 유대인이 팔레스타인에 속한 국민이고 따라서 그곳으로 돌아가야 한다는 주장을 하기 위해 이들은 영국 관리들과 군사력에 의존해야 했다. 유대인과 세계 대부분은 유대인이 땅 없는 민족이라고 확신하지 않았던 것 같다. 섀프츠베리, 핀, 밸푸어, 로이드 조지 같은 이들은 영국이 팔레스타인에 발을 들여놓는 데 도움이 되었기에 이 아이디어를 좋아했다. 그러나 영국이 팔레스타인을 무력으로 점령한 후에는 의미가 없어졌다. 새로운 출발점에서 그곳이 유대인의 땅인지 팔레스타인인의 땅인지 정해야 했다. 이는 적절한 해답을 찾을 수 없는 문제였고, 그래서 30년의 절망스러운 통치 끝에 다른 사람에게 해결을 맡겨야 했다.

시온주의가 유대교와 동일하다는 명제를 제대로 검토하려면,
시온주의가 탄생한 역사적 맥락부터 시작해야 한다. 19세기
중반에 처음 생겨났을 때부터 시온주의는 그저 유대 문화 생
활을 표현하는, 핵심적이지 않은 한 형태에 불과했다. 두 가
지 자극으로 인해 중부 유럽과 동유럽 유대 공동체들 사이에
서 시온주의가 탄생했다. 첫 번째는 유대인을 동등한 사회 구
성원으로 통합하기를 거부하는 사회에서 안전을 모색하기
위해서였다. 중부 및 동유럽 사회는 때로는 법률로, 때로는
경제 위기나 정치적 동요로부터 사람들의 주의를 돌리기 위
해 권력자들이 폭동을 조직하거나 부추겨서 유대인을 박해
했다. 두 번째 자극은 당시 유럽에서 생겨나 확산되던 새로운

민족 운동을 모방하고 싶어하는 마음이었다. 바로 역사학자들이 '유럽 국민 국가들의 봄'이라고 부르는 운동이다. 무너져 가는 두 제국, 오스트리아-헝가리 제국과 오스만 제국 내에서 많은 종족과 종교 집단이 스스로를 민족으로 재정의하려 했다. 유대교라는 종교 집단에서 민족 집단으로 전환하려는 유대인들의 시도도 그중 하나였다.

현대 시온주의의 뿌리는 18세기 유대 계몽 운동에서부터 찾을 수 있다. 작가, 시인, 랍비 집단이 히브리어를 부활시키고, 전통적이고 종교적이던 유대 교육의 범위를 과학, 문학, 철학 등 보다 보편적인 학문으로 확장했다. 중부 유럽과 동유럽 전역에서 히브리어 신문과 잡지가 확산되기 시작했다. 이 집단에서 시온주의 역사서에 '시온주의의 선구자'로 알려진 몇몇 인물이 등장했다. 그들은 민족주의적 성향이 더욱 강했고, 저술에서 히브리어 부활을 민족주의와 연관 지었다. 이들은 새로운 아이디어 두 가지를 제시했다. 하나는 유대교를 민족 운동으로 재정의하는 것이었고, 다른 하나는 서기 70년에 로마인에 의해 추방된 유대인을 옛 고향으로 돌려보내기 위해 팔레스타인을 식민지화해야 한다는 것이었다. 그들은 이 "귀환"이 "농업 식민지"를 통해 이뤄져야 한다고 주장했다(유럽의 많은 지역에서 유대인에게는 토지 소유나 경작을 허용하지 않았다. 그런 까닭에 단순한 자유 시민이 아닌 자유 농민의 국가로 새롭게 시작한다는 점이 매력적으로 느껴졌다).

이러한 생각은 1881년 러시아에서 일어난 잔인한 '포그롬pogrom'*의 물결 후에 더욱 인기를 얻었고, 정치 프로그램으로 변모되어 "시온의 연인들The Lovers of Zion"**이라고 불리는 운동으로 전파됐다. '시온의 연인들'은 1882년 젊고 열정적인 유대인 수백 명을 팔레스타인으로 보내 최초의 정착지를 건설했다. 시온주의 역사에서 이 첫 번째 단계는 테오도르 헤르츨의 활동으로 정점에 이른다. 1860년 오스트리아-헝가리 제국의 페슈트Pest에서 태어나 생애 대부분을 빈에서 보낸 헤르츨은 현대 유대인의 지위와 문제에 관심이 있는 극작가로 커리어를 시작했다. 헤르츨은 처음에는 유럽 사회에 완전히 동화同化됨으로써 유대인의 곤경을 해결할 수 있다고

---

*   19세기에서 20세기 초에 제정 러시아에서 일어난 유대인에 대한 조직적인 탄압과 학살을 일컫는다.

** 1881년 제정 러시아 안에서 벌어진 반유대주의 '포그롬'에 대응하기 위해 설립된 초기 시오니스트 단체들을 지칭한다. 현대 시오니즘의 선구자라고 할 수 있다. 이들 중 대다수 조직들이 1880년대 초반에 동유럽 국가에서 설립됐고, 주로 농업을 중심으로 유대인들을 팔레스타인으로 이민을 보내 정착시키는 것을 목표로 삼았다.

주장했다. 1890년대에 헤르츨은 기자가 됐다. 그가 직접 밝힌 바에 따르면, 이 시기에 반유대주의가 얼마나 강력한지를 깨달았다고 한다. 헤르츨은 '동화'로는 희망이 없다고 결론내렸다. 그러고는 그가 "유대인 문제"라고 규정한 상황에 대한 최선의 해결책으로 팔레스타인에 유대 국가를 설립하는 방안을 택했다.

이러한 초기 시온주의 사상이 독일과 미국 등의 유대인 공동체에 전파됐을 때, 주요 랍비와 지도자들은 이 새로운 접근 방식을 반대했다. 종교 지도자들은 시온주의를 세속화 및 현대화의 한 형태로 보고 일축한 반면, 세속적인 유대인들은 새로운 사상이 그들이 살고 있는 민족 국가에 대한 유대인의 충성심에 의문을 제기하여 반유대주의를 강화할까 두려워했다. 두 그룹 모두 현대 유럽에서 일어나는 유대인 박해에 대처할 방법으로 다른 생각들이 있었다. 어떤 사람들은 (이슬람 근본주의자들이 유럽의 현대화에 직면했을 때 그랬듯이) 유대 종교와 전통을 더욱 확고히 하는 것이 해답이라고 믿었고, 다른 이들은 비유대교적 생활을 더 받아들여야 한다고 주장했다.

1840년대에서 1880년대 사이에 유럽과 미국에 시온주의 사상이 등장했을 때, 유대인 다수가 유대교를 실천하는 방법은 크게 두 가지였다. 하나는 유대교를 확고히 하는 것이었다. 이들은 매우 엄격한 종교 공동체 안에서 생활하고, 민족주의 같은 새로운 사상을 피하며, 실제로 현대화가 자신들의 생활 방식을 위협한다며 달갑지 않게 여겼다. 다른 하나는 세속적인 삶을 사는 방식으로, 비유대인 공동체의 삶과 아주 사소한 차이만 있었다. 특정 명절을 기념하고, 금요일마다 유대교 회당에 자주 가고, 속죄일인 욤 키푸르Yom Kippur 금식 중에는 공공장소에서 식사를 하지 않는 정도였다. 이러한 유대인 중 한 명인 게르숌 숄렘Gershom Scholem은 자신의 회고록 《베를린에서 예루살렘까지Berlin to Jerusalem》에서 젊은 유대인 모임의 일원으로 독일에 있을 때 욤 키푸르 기간 중에 친구들과 레스토랑에서 식사하던 방법을 회상했다. 그들이 도착하면 주인이 "금식 중인 신사분들을 위한 특별한 방이 준비되어 있습니다."라고 알려줬다.[36] 개인과 공동체는 한쪽에는 세속화, 다른 한쪽에는 정통 유대 생활이라는 양극단 사이 어딘가에 위치해 있었다. 19세기 후반에 시온주의를 대하는 그들의 입장을 더 자세히 살펴보자.

당연히 유대교 세속주의는 기독교 세속주의나 이슬람 세속주의와 마찬가지로 약간 기묘한 개념이다. 위에서 살펴본 세속적 유대인들도 종교와 연관된 정도가 사람마다 달랐다 (영국에서 세속 기독교인이 부활절과 크리스마스를 기념하거나, 아이들을 영국 성공회 학교에 보내거나, 일요일 예배에 가끔 또는 자주 참석하는 모습과 아주 비슷하다). 19세기 후반에 이 현대적인 유대교 실천 방식은 '개혁주의 운동Reform movement'*으로 알려진 강력한 운동이 됐다. 종교의 시대착오적 측면에 굴복하지 않고 종교를 현대 생활에 적응시키는 방법을 모색하는 움직임으로 특히 독일과 미국에서 인기가 높았다.

유대교 개혁주의자들이 처음 시온주의를 접했을 때는, 유대교를 민족주의로 다시 정의하고 팔레스타인에 유대 국가를 건설하겠다는 생각을 격렬하게 거부했다. 그러나 1948년 이스라엘이 건국되자 반시온주의적이었던 그들의 입장이 바뀌었다. 20세기 후반에 개혁주의자 다수가 미국에서 새로운 개혁 운동을 일으키면서, 미국에서 가장 강력한 유대인 단체 중 하나가 됐다(비록 1999년까지는 이스라엘과 시온주의에 공식적으로 충성을 맹세하지 않았지만). 그러나 많은 유대인들이 새로운 운동을 떠나 미국유대인협회ACJ, American Council of Judaism를 설립했다. 이 단체는 1993년에 시온주의가 여전히 유대인 사이에

---

*   끊임없이 변화하는 사회, 정치, 문화적 양상에 따라 전통적인 유대교의 신념, 법률, 관습 등을 수정하거나 버렸던 종교 개혁 운동. 19세기 초 독일에서 시작됐다.

서 소수 견해라는 점을 세계에 상기시켰고, 시온주의에 대한 옛 개혁주의적 견해를 유지했다.[37]

앞서 말한 분열이 있기 전, 독일과 미국의 개혁주의 운동은 시온주의에 대한 일치된 반대 의견을 강하게 피력했다. 독일에서는 유대 국가라는 개념을 공개적으로 거부하고 자신들을 '모세의 신앙을 가진 독일인들Germans of the Mosaic faith'이라고 선포했다. 독일 개혁주의자들은 일찍이 기도 의식에서 "약속의 땅"으로의 귀환이나 그곳에서의 국가 재건에 대한 언급을 삭제했다. 마찬가지로 미국 개혁주의자들은 이미 1869년에 초창기 총회 중 하나에서 다음과 같이 발표했다.

이스라엘(즉, 유대인)의 메시아적 목표는 지상 국가에서 다시 한 번 분리되어 다윗 왕의 후손 아래 유대 국가를 회복하는 일이 아닙니다. 그저 하나님의 유일하심을 고백하며 하나님의 자녀들이 연합하는 것입니다. 그리하여 모든 이성적 창조물들의 하나됨과 그들의 도덕적 성화에 대한 소명을 깨닫기 위함입니다.

1885년, 또 다른 개혁주의자 회의에서는 이렇게 밝혔다. "우리는 스스로를 더 이상 국가가 아닌 종교 공동체라고 생각한다. 그러므로 우리는 팔레스타인으로의 귀환도, 아론의 후손*이 주관하는 제사도, 유대 국가에 관한 법률의 복원도 기대하지 않는다."

랍비 카우프만 콜러Kaufman Kohler는 이런 측면에서 유명한 지도자 중 한 명인데, 그는 "유대가 유대인의 고향이라는 생각, 즉 전 세계의 유대인이 '고향을 잃었다'는 생각"을 거부했다. 19세기 말 이러한 운동의 또 다른 지도자인 아이작 메이어 와이즈Isaac Mayer Wise는 헤르츨 같은 시온주의 지도자들을 과학에 이바지한다고 주장하는 사기꾼 연금술사에 빗대며 비웃었다. 헤르츨의 도시인 빈에서는 아돌프 옐리네크Adolf Jellinek가 시온주의가 유럽 내 유대인의 지위를 위태롭게 할 것이며, 그들 대부분이 시온주의에 반대한다고 주장했다. 옐리네크는 "우리의 고향은 유럽이다."라고 선언했다.

개혁주의자들과는 별개로, 당시 자유주의 유대인들도 시온주의가 반유대주의에 대한 유일한 해결책이라는 주장을 거부했다. 월터 래커Walter Lacquer가 자신의 저서 《시온주의의 역사The History of Zionism》에서 밝혔듯이, 자유주의 유대인

---

*   아론은 모세의 형이다. 하나님이 시나이반도에서 모세에게 율법을 줄 때, 아론은 이스라엘 백성의 첫 번째 대사장으로 임명됐다. 레위인 제사장들은 모두 부계로 이어졌는데, 이 때문에 '아론의 자손'으로 여겨진다.

들은 시온주의를 유럽 유대인 문제에 아무런 해답을 제공하지 않는 비현실적인 운동으로 여겼다. 이들은 소위 유대인의 "거듭남regeneration"을 주장했는데, 조국에 절대적인 충성을 드러내고, 시민으로서 완전히 동화되려는 의지가 포함됐다.[38] 자유주의 유대인들은 보다 자유로운 세상이 유대인 박해와 반유대주의 문제를 해결할 수 있기를 바랐다. 자유주의가 영국과 미국으로 이주하거나 그곳에 살고 있던 유대인들을 구했음은 역사가 보여 줬다. 유럽의 나머지 지역에서도 그렇게 되기를 기대했던 사람들은 틀렸음이 입증됐다. 그러나 오늘날 돌이켜보면, 자유주의 유대인들은 그때나 지금이나 시온주의가 올바른 해답이라고 생각하지 않는 경우가 많다.

사회주의자와 정통주의 유대인들은 1890년대에 이르러서야 시온주의에 대해 비판의 목소리를 내기 시작했다. 헤르츨이 부지런히 노력한 덕분에 1890년대 말에 시온주의가 정치 세력으로 더욱 인정받으면서다. 헤르츨은 당대의 정치를 이해했고, 팔레스타인에 근대 유대 국가 건설을 돕는 게 유럽에 이익이 된다는 생각을 요약해서 유토피아적 소설, 정치 소책자, 신문 기사 등을 냈다. 세계의 지도자들은 그다지 큰 인상을 받지 못했다. 팔레스타인을 지배하던 오스만 제국도 마찬가지였다. 헤르츨이 거둔 가장 큰 성과는 1897년 모든 활동가들을 한 회의에 모아 두 개의 기본 조직을 구축한 것이다. 시온주의 사상을 전 세계적으로 홍보하는 세계 대회와 팔레스타인의 유대 식민지화를 확대하는 현지 시온주의자 조직이 바로 그것이다.

이렇게 시온주의 사상이 구체화되면서, 시온주의를 반대하는 유대인들의 비판도 더욱 명확해졌다. 개혁주의 운동 외에도, 좌파, 다양한 공동체의 평신도 대표들, 정통주의 유대인들이 비판을 가했다. 1897년, 첫 시온주의 대회가 바젤에서 열린 그해에 러시아에서 유대인 사회주의 운동인 분트Bund가 탄생했다. 분트는 정치 운동이면서, 동시에 유대인 노동조합이기도 했다. 분트 구성원들은 유럽의 유대인 문제를 해결하는 데 사회주의 혁명, 심지어 볼셰비키 혁명이 시온주의보다 훨씬 더 나은 해결책이라 믿었다. 그들은 시온주의를 현실 도피의 한 형태라고 여겼다. 더욱 중요하게는 나치즘Nazism과 파시즘Fascism이 유럽에서 부상하던 시기에, 분트주의자들은 시온주의가 유대인의 애국심에 의문을 제기하여 이러한 반유대주의의 원인이 된다고 느꼈다. 심지어 홀로코스트Holocaust 이후에도 분트주의자들은 유대인이 인권과 시민권을 소중히 여기는 사회에서 자리를 찾아야 한다고 확신했고, 유대 민족 국가는 만병통치약이 아니라고 생각했다. 하지만 이런 강력한 반시온주의는 1950년대 중반 무렵부터 서서히 가라앉았다. 한때 영향력이 있었던 유대인 사회주의 운동의 잔존 세력은 결국 공개적으로 이스라엘 국가 지지를 발표했다(이스라엘에도 분트 지부가 있었다).[39]

분트의 반응은 헤르츨에게 큰 문제가 되지 않았다. 오히려 영국과 프랑스 같은 지역의 유대인 정치 엘리트와 경제 엘리트의 미지근한 반응이 더 골칫거리였다. 그들은 헤르츨을 현실과 동떨어진 사상을 가진 사기꾼으로 보았다. 혹은 영국에서처럼 사회적으로 해방과 통합의 측면에서 엄청난 진전을 이룬 그들 사회에서 유대인의 삶을 훼손시킬 수 있는 사람으로까지 보았다. 빅토리아 시대의 유대인들은 세계의 다른 주권 국가들과 동등한 지위를 가진 외국 땅에서 유대인 주권을 요구하는 헤르츨의 요구에 불안해했다. 중서부 유럽 사회에서 보다 확고히 자리 잡은 유대인들에게 시온주의는 영국, 독일, 프랑스 유대인들의 자기 국가에 대한 충성심에 의문을 제기하는 도발적인 상상이었다. 이들이 헤르츨을 지원하지 않은 덕분에 시온주의 운동은 제1차 세계 대전 이전에는 강력한 행위 주체가 되지 못했다. 1904년 헤르츨이 사망한 후에야 다른 시온주의 지도자들이 주역으로 등장했는데, 특히 헤르츨이 사망한 해에 영국으로 이주하여 유력한 과학자로 활동한 하임 바이츠만Chaim Weizmann*이 그랬다. 다음 장에서 설명할 테지만, 그는 제1차 세계 대전 중 영국에 기여하면서 영국 정부와 강력한 동맹을 구축했고, 이는 시온주의에 큰 도움이 됐다.[40]

초기 시온주의에 대한 세 번째 비판은 초정통파 유대인 조직에서 나왔다. 수많은 초정통파 유대 공동체들은 오늘날까지도 시온주의를 격렬하게 반대한다. 비록 이들 공동체의 규모가 19세기 후반에 비해 훨씬 작고, 일부는 이스라엘로 이주하여 이스라엘 정치 체제의 일부가 됐지만 말이다. 그럼에도 불구하고 초정통파 유대인들은 과거와 마찬가지로 시온주의자와는 다른 유형의 유대인이다. 시온주의가 유럽에서 처음 등장했을 때, 실제로 시온주의 활동가들과 어떤 관계도 맺지 못하게 하는 전통적인 랍비들이 많았다. 그들은 메시아가 올 때까지 유대인을 유배시키려는 하나님의 뜻에 시온주의가 간섭한다고 보았다. 유대인이 '유배'를 끝내기 위해 가능한 일을 모두 해야 한다는 생각 자체를 완전히 거부하고, 대신에 이에 대한 하나님의 말씀을 기다리며 전통적인 생활

---

*   이스라엘 초대 대통령. 1874년 러시아에서 태어났다. 시온주의 리더였고, 아세톤을 만든 과학자이기도 했다.

방식을 실천해야 한다고 믿었다. 유대인이 개인적으로 순례자로서 팔레스타인을 방문하거나 연구할 수는 있었지만, 대규모 이주를 허락받았다고 해석해서는 안 됐다.

지코버Dzikover*의 위대한 하시드** 독일인 랍비는 시온주의적 접근법을 다음과 같이 씁쓸하게 요약했다. 그는 시온주의가 자신에게 수세기에 걸친 유대인의 지혜와 법을 누더기, 흙, 노래(즉 깃발, 토지, 국가國歌)로 바꾸기를 요구한다고 말했다.[41]

그러나 주요 랍비들이 모두 시온주의를 반대했던 것은 아니다. 알칼라이al-Qalay, 구트마허Gutmacher, 칼리셔Qalisher 등 유명하고 권위 있는 인물 몇몇은 시온주의 프로그램을 지지했다. 소수에 불과했지만 돌이켜 보면 시온주의 민족 종교 진영의 토대를 마련한 중요한 집단이었다. 그들의 종교적 기교는 상당히 인상적이다. 이스라엘 역사학에서는 이들을 "종교

---

* 　지코버는 오늘날 폴란드 갈리차에 있는 지역 이름이다. 예전에는 독일 영토였다.

** 　하시드는 히브리어로 '경건한 자'라는 의미다. 18세기 동유럽에서 나타난 유대교의 정통 영적 부흥 운동을 따르는 이들을 가리킨다. 이들은 무아지경의 기도와 상이한 의식을 통해 하나님을 직접 경험하고자 했다. 운동의 전성기인 19세기에는 유대인의 절반 정도가 하시드였다고 추정된다.

시온주의의 아버지"로 부른다. 종교 시온주의는 1967년부터 서안과 가자 지구를 식민지화한 메시아적 정착민 운동인 구시 에무님 Gush Emunim* 의 이념적 근간이다. 이들 랍비들은 유대인들에게 유럽을 떠나라고 촉구했을 뿐 아니라, 유대인들이 팔레스타인 땅을 경작하여 식민지화하는 일은 민족주의자의 의무일 뿐만 아니라 종교적 의무라고 주장했다(그들의 글에서는 당연히 팔레스타인 땅의 원주민에 대해서 거의 언급되지 않았다). 그들은 이런 행위가 하나님의 뜻에 간섭하는 게 아니며, 오히려 선지자들의 예언을 성취하고, 유대 민족의 완전한 구원과 메시아의 도래를 앞당길 것이라고 주장했다.[42]

정통주의 유대교 지도자들 대부분은 이 계획과 해석을 거부했다. 그들은 시온주의에 대해 또 다른 불만이 있었다. 시온주의 운동은 팔레스타인을 식민지화하기를 바랐을 뿐 아

---

* 서안, 가자 지구, 골란 고원에 유대인 정착지를 설립하기 위해 헌신한 이스라엘의 초민족주의적 우파 근본주의 종교 운동이다. 종교와 정치가 절묘하게 접합된 주장을 펼쳤다. 이들은 유대인들이 이스라엘 땅에 살 것을 하나님이 원하신다고 믿었고, 한편으로는 1967년 6일 전쟁 당시 점령한 땅을 이스라엘이 지속적으로 통제하려면 이 지역에 유대인들을 정착시켜야 한다고 생각했다. 구시 에무님은 공식적으로 더 이상 존재하지 않지만, 그 영향력은 이스라엘 정치와 사회에 여전히 남아 있다.

니라, 유대 민족을 세속화하고 유럽의 종교적인 정통주의 유대인들과 대조되는 '새로운 유대인'을 만들어 내려 했다. 이는 반유대주의 때문에 더 이상 유럽에서 살 수 없게 됐지만, 대륙 밖에서는 여전히 유럽인으로 살아가야 하는 새로운 유럽 유대인의 이미지로 이어졌다. 그러므로 시온주의는 이 시기의 다른 많은 운동들처럼 민족주의적 용어로 스스로를 재정의했지만, 이런 변화를 위해 새로운 땅을 선택했다는 점에서 근본적으로 달랐다. 시온주의자들은 정통주의 유대인들을 조롱했고, 팔레스타인에서 열심히 일해야만 구원받을 수 있는 이들로 여겼다. 헤르츨은 유토피아적 미래 소설《오래된 새 땅Altnueland》에서 이러한 변화를 아름답게 묘사했다. 이 소설은 유대 국가가 설립되고 한참이 지난 뒤, 이곳을 찾은 독일 관광객의 이야기다.[43] 한 관광객이 팔레스타인에 도착하기 전에 정통주의 유대인 거지 아이 한 명과 우연히 만난다. 그리고 팔레스타인에서 다시 그 아이와 만나게 되는데, 이제 세속화된 그 아이는 교육을 받았고, 대단히 부유하고 만족스럽게 살고 있었다.

유대인의 삶에서《성경》의 역할은 유대주의와 시온주의 사이의 또 다른 분명한 차이점을 드러낸다. 시온주의 이전 유대 세계에서는《성경》을 정치적이거나 민족적이기까지 한 의미를 담은 단일 텍스트로 가르치지 않았다. 유럽이나 아랍 세계의 다양한 유대 교육 기관 어디에서도 마찬가지였다. 주요 랍비들은《성경》에 담긴 정치사와 이스라엘 땅에 대한 유대인의 주권 사상을 영적 학습에서 아주 사소한 주제로 취급했다. 실제로 유대교가 전반적으로 그랬듯이, 그들은 신자들 사이의 관계, 그리고 특히 신자들과 하나님의 관계에 중점을 둔《성경》의 기록에 훨씬 더 큰 관심을 기울였다.

1882년 '시온의 연인들'부터 제1차 세계 대전 직전에 영국에게 팔레스타인에 대한 유대인의 요구를 지지해 달라고 호소한 시온주의 지도자들까지, 시온주의자들은 흔히《성경》을 참조했다. 시온주의 지도자들은 자신의 이익을 추구하면서 전통적인《성경》해석에 근본적으로 도전했다. 예컨대, '시온의 연인들'은《성경》을 팔레스타인 땅에서 태어나 가나안Canaanite* 정권의 지배하에서 고통받은 유대인 국가의 이야기로 읽었다. 이들은 나중에 가나안에 의해 이집트(애굽)로 추방됐다가 다시 돌아와 여호수아의 인도 아래 그 땅을 해

---

* 팔레스타인 요르단강 서쪽 지역의 옛 이름. 기원전 13세기경 먼저 거주하던 가나안족을 정복하고 고대 이스라엘이 정착한 지역으로 성경에서는 하나님이 아브라함과 그 자손에게 주겠다고 약속한 땅이다.

방시켰다. 그러나 전통적인 해석에서는 아브라함과 그의 가족을 국가와 조국보다는 유일신을 발견한 집단으로 본다. 아마 독자들도 대부분 아브라함 일가가 하나님을 발견하고, 시련과 환난을 겪으며 이집트에 이르렀다는 전통적인 이야기에 익숙할 것이다.[44] 이는 억압받던 민족이 해방을 위해 투쟁하는 이야기가 아니다. 그러나 시온주의자들은 나중에 나온 해석을 선호했고, 오늘날에도 이스라엘에서는 여전히 그 해석이 유효하다.

시온주의에서 《성경》을 가장 흥미롭게 이용한 사례는 사회주의 세력이다. 사회주의와 시온주의의 융합은 헤르츨이 사망한 1904년 이후, 다양한 사회주의 분파들이 세계 시온주의 운동과 팔레스타인 현지에서 주요한 정당이 되면서 본격적으로 시작됐다. 어느 사회주의자가 말했듯이, 《성경》은 그들에게 "그 땅에 대한 권리의 신화"[45]를 제공했다. 그들은 《성경》에서 히브리 농부, 목자, 왕, 그리고 전쟁에 대한 이야기를 읽고, 이를 유대 국가가 탄생한 고대 황금 시대를 묘사한 것으로 여겼다. 그 땅으로 돌아간다는 것은 다시 농부, 목자, 왕이 된다는 의미였다. 그들은 유대인의 삶을 세속화하고 동시에 팔레스타인 식민지화에 정당성을 얻는 수단으로 《성경》을 이용하고자 했기에 어려운 역설에 직면하게 됐다. 다시 말해서, 사회주의자들은 하나님을 믿지 않지만, 그럼에도 불구하고 하나님이 그들에게 팔레스타인을 약속했다는 것이다.

많은 시온주의 지도자들에게 팔레스타인 땅에 대한《성경》의 언급은 그들의 목적을 달성하기 위한 수단일 뿐 시온주의의 본질은 아니었다. 이는 특히 테오도르 헤르츨이 쓴 글에서 분명했다. 헤르츨은 〈주이시 크로니클The Jewish Chronicle〉(1896년 7월 10일)에 게재된 유명한 글에서, 유대인이《성경》에 기반하여 팔레스타인을 요구했지만, 미래의 유대 국가는 당대 유럽의 정치적, 도덕적 철학에 따라 운영되기를 바라는 소망을 표현했다. 어쩌면 헤르츨은 그의 뒤를 이은 지도자 집단보다 더 세속적이었던 듯하다. 헤르츨은 '약속의 땅'으로 팔레스타인 외에도 우간다 같은 곳을 진지하게 고려했다. 그는 아메리카 대륙이나, 아제르바이잔 등 다른 목적지도 살펴봤다.[46] 1904년 헤르츨이 죽고 그의 후계자들이 등장하면서 시온주의는 팔레스타인에 뿌리를 내렸고,《성경》은 그 땅에 대한 유대인의 신성한 권리를 증명하는 증거로 이전보다도 더 큰 가치를 갖게 됐다.

1904년 이후 팔레스타인을 시온주의를 구현할 유일한 영토로 여기는 새로운 집착이 영국과 유럽에서 기독교 시온주의 세력이 커지면서 더욱 강해졌다.《성경》을 연구하는 신학자들과 '성지'를 발굴한 복음주의 고고학자들은 유대인의 정착을 환영하며, "유대인의 귀환"으로 종말에 대한 하나님의 약속이 전개되리라는 종교적인 믿음을 확인했다. 유대인의 귀환은 죽은 자의 부활과 메시아 재림의 전조였다. 팔레스타인을 식민지화하는 시온주의 프로젝트는 이런 유대인들이 가진 종교적 신념에 잘 부합했다.[47]

그러나 이러한 종교적 비전 뒤에는 고전적인 반유대주의 정서가 숨어 있었다. 유대인 공동체를 팔레스타인 쪽으로 밀어붙인 것은 종교적 이유만이 아니었다. 유대인 없는 유럽을 만드는 데도 도움이 됐기 때문이다. 그러니 이는 유럽에서 유대인을 사라지게 함과 동시에 하나님의 계획을 이루는 두 마리 토끼를 한번에 잡는 일이었다. 유대인이 팔레스타인으로 귀환하면 메시아의 재림이 일어날 것이었다(그리고 유대인들은 기독교로 개종하거나 거부할 경우, 지옥에서 불타게 될 것이다).

그때부터 《성경》은 시온주의의 팔레스타인 식민지화에 정당성을 부여하고 경로를 안내하는 지도가 됐다. 역사적으로 보면 시온주의 시작부터 1948년 이스라엘 국가 설립까지 《성경》이 유용했다. 이스라엘이 하나님이 아브라함에게 약속한 땅과 동일한 곳이라고 주장하는 이스라엘의 지배적 서사에서 《성경》은 대내외적으로 중요한 역할을 했다. 이 서사에 따르면, "이스라엘"은 서기 70년 로마에 의해 무너지고 백성들이 추방될 때까지 존재했다. 예루살렘의 '두 번째 성전Second Temple'*이 파괴된 그날은 종교적으로 기념하는 애도의 날이었다. 현재 이스라엘에서는 그 전날부터 식당을 포함한 휴게 업종 전체가 문을 닫는 국가 애도의 날이 됐다.

근래에 이 서사에 학문적이고 세속적인 주요 증거를 제공한 것은 소위 성서고고학이다(이는 그 자체가 모순적인 개념인데, 《성경》은 다양한 시기에 여러 민족이 쓴 위대한 문학 작품이지 역사서라고는 보기 어렵다[48]). 이 서사에 따르면, 서기 70년 이후 시온주의자들이 돌아올 때까지 그 땅은 거의 비어 있었다. 그러나 주요 시온주의 지도자들은 《성경》의 권위에 호소하는 것만으로는 충분치 않다는 사실을 알고 있었다. 이미 거주자가 있는 팔레스타인을 식민지화하려면 정착, 강탈, 심지어 종족 청소까지 체계적인 정책이 필요했다. 이를 위해서 팔레스타인 강탈을 신성한 기독교 계획의 이행으로 묘사했고, 이는 시온주

---

* 기원전 516년부터 기원후 70년까지 예루살렘에 있던 성전이다. 첫 번째 성전은 기원전 960년 경 솔로몬 왕 때 건설된 성전인데, 기원전 586년에 바벨론 왕국에 의해 파괴됐다. 두 번째 성전은 유대인 정체성에 중요한 상징으로서 유대교의 중심 장소였다. 유대교의 예배 장소이자, 희생제의 장소, 모임 장소였다.

의를 뒷받침하는 전 세계 기독교인의 지지를 모으는 데 귀중한 수단이 됐다.

앞서 살펴본 바와 같이, 다른 모든 영토 선택지가 배제되고 시온주의가 팔레스타인 회복에 초점을 맞추자, 초기 개척자들의 뒤를 이은 지도자들은 몸집이 커지는 세속주의 운동에 사회주의, 심지어는 마르크스주의 이데올로기를 주입하기 시작했다. 이제 목표는 (하나님의 도움으로) 거룩한 땅에 세속적이고 사회주의적이며 식민주의적인 유대인 프로젝트를 구축하는 것이었다. 식민지 원주민들이 빠르게 알아차렸듯이, 정착민들이 들고 온 것이 《성경》이건, 마르크스의 저서이건, 유럽 계몽주의 소책자이건 관계없이 궁극적으로 그들의 운명은 결정되어 있었다. 중요한 문제는 정착민의 미래 비전에 그들이 포함되어 있는지, 또 어떻게 포함되어 있는지였다. 초기 시온주의 지도자들과 정착민들이 강박적으로 기록한 내용을 보면, 원주민들은 그들이 누구인지, 어떤 열망을 가졌는지와 관계없이 장애물, 이방인, 적으로 묘사했다.[49]

기록에 나타난 최초의 반反아랍 정서는 정착민들이 옛 식민지를 향해 가는 길이나 마을에서 팔레스타인 사람들에게 대접을 받으면서 작성한 것이다. 정착민들은 일자리와 생계 수단을 찾는 과정에서 쌓인 불만을 적었다. 옛 식민지를 찾아

갔거나 도시에서 운을 시험해 보았거나 관계없이 보편적으로 겪는 어려움 같았다. 어디로 가든 생존을 위해서는 팔레스타인 농민이나 노동자들과 어깨를 나란히 하고 일해야 했다. 아무리 무지막지하고 좀처럼 순응적이지 않은 정착민들이라도 이렇게 밀접하게 접촉하노라면 팔레스타인이 완전히 아랍인들로 구성된 국가임을 깨달을 수밖에 없었다.

위임 통치 기간* 동안 유대인 공동체 지도자이자 이스라엘의 초대 총리였던 다비드 벤구리온David Ben-Gurion은 팔레스타인 노동자와 농민들을 "감염된 고통의 온상beit mihush, an infested hotbed of pain"이라고 묘사했다. 다른 정착민들은 팔레스타인 사람들을 이방인이거나 외국인으로 여겼다. 한 정착민은 "우리에게 여기 사람들은 러시아 농부나 폴란드 농부보다도 더 낯선 존재다. 우리는 여기에 사는 대부분의 사람들과 공통점이 하나도 없다."[50]라고 적었다. 그들은 팔레스타인 땅이 비어 있다고 듣고 왔기 때문에 사람이 살고 있다는 데에 놀랐다. 어떤 정착민은 "나는 하데라Hadera(1882년에 건설된 초기 시온주의 정착지)에서 일부 집을 아랍인들이 차지하고 있는

---

* 1920년부터 1948년까지 영국이 팔레스타인을 위임 통치했던 기간을 의미한다.

사실을 알고 역겨웠다."라고 보고했고, 다른 정착민은 많은 아랍 남성, 여성과 어린이가 리숀 레지온Rishon LeZion*을 통과하는 것을 보고 깜짝 놀랐다고 폴란드에 알렸다.[51]

이 지역은 비어 있지 않았기에 원주민의 존재를 극복해야 한다면 무신론자일지라도 하나님이 자기 편인 게 좋았다. 다비드 벤구리온과 그의 절친한 친구이자 동료인 이츠하크 벤즈비Yithak Ben-Zvi(벤구리온과 함께 팔레스타인에서 시온주의 사회주의 세력을 이끌었고 나중에 이스라엘의 제2대 대통령이 됨)는 팔레스타인 식민지화를 정당화하는 데에 《성경》의 약속을 이용했다. 이는 1970년대 중반까지 노동당에서 두 사람을 계승한 이론가들에게, 또 최근에는 리쿠드Likud당**과 그 분파의 매우 천박한 세속적 성서주의에까지 이어졌다.

《성경》을 시온주의에 대한 신성한 정당화로 해석함으로써, 사회주의자들은 연대와 평등이라는 보편적 가치를 고수하면서도 원주민의 재산을 빼앗는 식민지 프로젝트를 거리

---

* 1882년부터 있었던 또 다른 정착지. 1차 알리야 시기에 우크라이나 하르키우 출신 유대인들이 세운 정착촌이다. 'First to Zion'이라는 뜻이다.
** 이스라엘 최대 우파 정당. 중도우파에서 극우까지 아우른다. 리쿠드는 히브리어로 '화합', '협동'을 뜻한다.

낌없이 받아들였다. 사실 식민지화는 시온주의의 주요 목표였기 때문에 이것이 무슨 사회주의였는지 묻지 않을 수 없다. 어쨌든 많은 사람들의 집단적 기억 속에 시온주의의 황금기는 키부츠Kibbutz 설립으로 구현된 집단주의적이고 평등주의적 삶과 연관돼 있다. 이러한 생활 형태는 이스라엘 건국 이후에도 오랫동안 지속됐으며, 자원 봉사를 하려거나 가장 순수한 형태의 공산주의를 경험하고 싶은 전 세계의 젊은이들을 끌어들였다. 이 젊은이들 중 키부츠 대부분이 1948년에 팔레스타인 마을 사람들을 쫓아내고 파괴한 잔해 위에 세워졌다는 사실을 아는 이는 매우 극소수였다. 시온주의자들은 이곳이 《성경》에 언급된 오래전 유대인 마을이었다고 주장하며 정당성을 부여했다. 그러고는 자신들의 탈취가 점령이 아니라 해방이었다고 주장했다. '성서고고학자' 특별 위원회는 버려진 마을에 들어가서 성서 시대에 불리던 이름이 무엇이었는지 결정했다. 그런 다음에는 유대민족기금Jewish National Fund(JNF)*의 열정 넘치는 관리들이 새롭게 되찾은 이

---

* 1901년에 설립된 비영리 단체. 오스만 제국 시대의 시리아(현재 이스라엘과 팔레스타인 영토)에 유대인 정착지를 만들기 위해 토지를 매입하고 개발하려 설립됐다. 2007년까지 이스라엘의 총토지 중 13퍼센트를 소유

름으로 정착지를 설립했다.[52] 1967년 이후 노동부 장관이었던 이갈 알론Yigal Alon도 이와 유사한 방법을 사용했다. 세속적 사회주의자였던 그는 헤브론 근처에 새로운 도시를 건설하기 위해서 이 방법을 사용했는데,《성경》에 따르면 이곳이 유대 민족에게 '속했기' 때문이었다.

일부 비판적인 이스라엘 학자들, 그중에서도 게르숀 샤피르Gershon Shafir와 지브 스터넬 Zeev Sternhell 그리고 미국 학자인 재커리 록면Zachary Lockman은 식민지적 토지 탈취가 소위 사회주의적 시온주의의 황금시대를 어떻게 더럽혔는지 설명했다. 이들 역사가들이 보여 주듯이, 실천과 삶의 방식으로서 시온주의 안에서의 사회주의는 보편적 이념이 아니라 한정적이고 제한된 버전이었다. 서구 좌파의 다양한 이념 운동을 특징짓는 보편적 가치와 열망이 팔레스타인에서는 아주 일찍부터 민족화되거나 시온화되어 버렸다. 그러므로 다음 세대 정착민들에게 사회주의가 매력을 잃은 것도 놀라운 일이 아니다.[53]

그러나 팔레스타인 사람들로부터 땅을 빼앗은 후에도 종

했다. 설립 이후 이 단체는 이스라엘에 2억 4,000만 그루 이상의 나무를 심었고, 180개의 댐과 저수지를 건설했다.

교는 여전히 중요한 측면으로 남아 있었다. 팔레스타인을 두고 고대의 도의적 권리를 들먹이며, 제국주의가 쇠퇴해 가는 시기에 그 땅에 대한 다른 모든 외부의 요구에 반론을 제기할 수 있었다. 이 권리는 또한 원주민에 대한 도의적 요구도 대체했다. 20세기의 가장 사회주의적이고 세속적인 식민주의 프로젝트 중 하나인데, 순전히 신의 약속을 바탕으로 독점권을 요구했다.《성경》에 의지하는 것은 시온주의 정착민들에게 매우 유익했고, 지역 주민들에게는 극도로 큰 대가를 치르는 것이라는 점이 입증됐다. 이제는 고인이 된 뛰어난 학자 마이클 프라이어Michael Prior의 마지막 책《성경과 식민주의The Bible and Colonialism》는 세계 곳곳에서 같은 종류의 프로젝트가 팔레스타인 식민지화와 비슷한 방식으로 추진됐다는 사실을 보여 준다.[54]

이스라엘은 1967년 서안과 가자 지구를 점령한 후에도 유사한 목적으로 계속《성경》을 이용했다. 이미 언급한 바와 같이 이갈 알론은 헤브론 인근의 팔레스타인 마을인 키랴트 아르바Qiryat Arba에 유대인 마을을 건설하는 것을 정당화하기 위해《성경》을 이용했다. 키랴트 아르바는 헤브론 주민들로부터 몰수한 땅이었다. 이곳은 금세 더 진지하게《성경》을 행동 지침으로 삼으려는 사람들의 온상이 됐다. 이들은《성경》

의 일부 장과 구절을 선택적으로 골라 팔레스타인 사람들로부터 땅을 강탈하는 것을 정당화했다. 점령 기간이 지속되면서 박탈당한 팔레스타인 사람들에게 가한 잔혹한 정책도 마찬가지였다. 《성경》에서 정치적 정당성을 도출하는 이러한 과정은 자칫 광신주의로 이어져 위험한 결과를 초래할 수 있다. 예컨대 《성경》에는 대학살에 대한 언급이 있다. 여호수아는 아말렉 Amalek 사람*들을 끝까지 죽였다. 오늘날에는 팔레스타인 주민뿐 아니라 자기들 눈에 충분히 유대인이 아닌 사람들 모두를 아말렉 사람으로 지칭하는 이들이 있다. 다행스럽게도 아직은 극소수일 뿐이지만.[55]

하나님의 이름으로 행해진 대량 학살에 대해서는 페사흐 Pesach, 유월절에 듣는 유대인 하가다 Haggadah**에도 비슷한 언급이 나온다. 하나님이 모세와 이스라엘 사람들을 다른 사람들이 거주하는 땅으로 보내어 그들이 보기에 합당한 대로 그 땅을 차지하게 하는 이야기가 유월절 만찬의 주된 내용이

---

* 구약 성서에 나오는 민족으로 현 이스라엘 지역의 남부 네게브 사막과 가나안 농경 지대 경계에 거주하며 이스라엘 사람들을 괴롭힌 것으로 묘사된다.
** 유대인의 이집트 탈출을 기념하는 명절인 유월절 축하연에 사용되는 전례서 또는 《탈무드》 중 비율법적이고 교훈적인 이야기.

다. 이는 물론 대다수 유대인들에게는 긴요한 사안이 아니다. 하가다는 문학적인 텍스트이지 전쟁 매뉴얼이 아니다. 하지만 새로운 유대인 메시아 사상*에 악용될 수 있다. 1995년 이츠하크 라빈Yizhak Rabin 암살 사건에서 그랬고**, 2015년 여름 처음에는 10대 청소년이, 그 뒤 부모와 아기가 차례로 화마에 휩싸여 사망한 사건들에서 그러했다. 이스라엘의 신임 법무

---

* 메시아적 정착민 운동(messianic settler's movement)을 의미한다. 바루크 골드스타인(Baruch Goldstein)과 랍비 메이르 카하나(Rabbi Meir Kahana)의 영향을 받은 운동인데, 바루크 골드스타인은 헤브론에서 팔레스타인인을 학살했고, 메이르 카하나는 팔레스타인 사람들의 강제 이주를 요구했다.

** 1995년 11월 4일 '카흐네차이'로 알려진 유대 극우파 집단에 소속된 젊은 청년 이갈 아미르가 당시 이스라엘 총리였던 이츠하크 라빈을 총으로 암살했다. 라빈 총리는 1993년 팔레스타인과의 평화 협정, 즉 '오슬로 평화 협정'을 맺은 당사자로서 1994년 야세르 아라파트 팔레스타인 해방기구 의장과 함께 노벨 평화상을 받았다. 이갈 아미르는 라빈이 이스라엘 땅을 팔레스타인에 넘겨 주는 것을 막기 위해 그를 죽였다고 하면서, 2000년 이상 된 유대 민족의 이 땅에 대한 사랑이 범행 동기라고 말했다. 그러나 라빈 총리의 죽음은 이갈 아미르의 단독 소행이 아니라, 베냐민 네타냐후 등을 비롯한 우파 정치인들이 배후에 있을 것이라는 설도 있다. 한편, 저자는 역자와의 교신에서 《성경》이 아니라 미슈나(Mishna), 즉 종교적 가르침과 연관이 있을 것으로 보았다. 미슈나에는 왕이라고 해도 박해자라면 사형을 선고한다는 내용이 있는데, 이갈 아미르 입장에서는 라빈이 이스라엘 사람들을 '박해'한 인물이고 그래서 죽어 마땅한 인물이었다는 것이다.

부 장관 아옐레트 샤케드Ayelet Shaked도 비슷한 생각을 품었다. 아직까지는 이스라엘에 저항하다 목숨을 잃은 팔레스타인 사람들에 대해서만이지만, 샤케드는 가족 전부가 "아들을 따라 죽어야 하며, 이보다 정의로운 일은 없을 것이다. 뱀을 길렀던 집과 함께 사라져야 한다. 그렇지 않으면 더 많은 작은 뱀들이 거기서 자라날 것이다."*라고 말했다.[56] 당분간 이는 미래에 대한 경고일 뿐이다. 우리가 살펴보았듯이 1882년 이래 《성경》은 강탈을 정당화하는 근거로 이용됐다. 그러나 이스라엘 건국 초기인 1948년부터 1967년까지는 《성경》에 대한 언급이 줄어들었고, 시온주의 운동의 우파 주변부에서만 팔레스타인 사람들을 인간 이하의 존재이자 유대인의 영원한 적으로 묘사하기 위해 《성경》을 이용했다. 1967년 이스라엘이 서안과 가자 지구를 점령한 후에는 민족종교당National Religious Party, 히브리어로MAFDAL에서 성장한 메시아적이고 근본주의적인 유대인들이 자신들의 환영幻影을 현장에서 실제

---

*   유대교에서는 기본적으로 율법을 문자 그대로 받아들이는데, 샤케드가 언급한 내용을 지지할 수 있는 직접적인 사건이 《성경》에 등장하지는 않는다. 저자 역시 샤케드가 언급한 뱀이 《성경》과 직접적으로 관련된 내용이 아니라고 봤다.

행동으로 옮길 기회를 잡았다. 그들은 정부가 동의하든, 하지 않든 새로 점령한 지역 어디에나 정착했다. 팔레스타인 통치 구역 안에 유대인 구역을 만들고 마치 자신들이 영토 전체를 소유한 듯이 행동하기 시작했다.

1967년 이후의 정착 운동인 구시 에무님의 가장 극단적인 세력들은 이스라엘이 서안과 가자 지구를 통치하면서 조성된 매우 특수한 상황을 이용해,《성경》의 이름으로 빼앗고 학대할 수 있는 권리를 마구 사용했다. 군 비상 규정military emergency regulations이 적용되는 점령 지역에는 이스라엘 법이 적용되지 않았다. 그러나 군사법 체제는 정착민들에게는 적용되지 않았기에 이들은 수많은 측면에서 두 법률 체제 모두의 제재를 받지 않았다. 헤브론과 예루살렘의 팔레스타인 지역 한가운데에 무력으로 정착하여 팔레스타인 사람들의 올리브 나무를 뽑고 농지에 불을 지르는 등이 모두 "약속의 땅"에 정착하기 위한 신성한 의무로 정당화됐다.

그러나《성경》메시지에 대한 정착민들의 폭력적인 해석은 점령 지역에만 국한되지 않았다. 그들은 이스라엘에서 아랍인과 유대인이 섞여 살고 있는 아크레, 야파, 라믈레Ramleh 같은 도시의 중심부로 밀고 들어가 오랫동안 유지해 온 섬세한 생활 방식을 방해하기 시작했다. 정착민들이《성경》의 이름으로 1967년 이전의 이스라엘 국경 안쪽 민감한 지역으로 이동하면서 이미 긴장 상태인 유대 국가와 팔레스타인 소수 민족 간의 관계는 더 악화될 가능성이 있었다.

시온주의자들이 《성경》에 명시된 대로 거룩한 땅을 회복하겠다고 제시한 마지막 이유는, 특히 홀로코스트 이후 전 세계 유대인들에게 안전한 피난처를 찾아야 할 필요 때문이었다. 그러나 그것이 사실이라도, 《성경》의 지도에 국한되지 않고 팔레스타인 사람들을 몰아내지 않는 해결책을 찾을 수 있었을지도 모른다. 마하트마 간디Mahatma Gandhi와 넬슨 만델라Nelson Mandela 같은 사람들이 이러한 입장을 표명했다. 이들은 박해받는 유대인들에게 안전한 피난처를 마련해 주기 위해 팔레스타인 사람들을 쫓아내는 게 아니라, 그들 곁을 내어 달라 요청해야 한다고 했다. 그러나 시온주의 운동은 이러한 제안을 이단으로 간주했다.

마하트마 간디는 유대인 철학자 마르틴 부버Martin Buber로부터 시온주의 프로젝트에 대한 지지를 요청받았을 때 원주민과의 공존과 단순 대체의 차이를 인식했다. 부버는 1938년 벤구리온으로부터 몇몇 유명한 도덕적 인물들에게 압력을 가해 시오니즘에 대한 대중적 지지를 하도록 해 달라는 요청을 받았다. 그들은 제국주의에 맞서 비폭력 국민 운동을 벌인 간디의 승인이 특히 유용하리라 생각했고, 이를 위해 간디가 부버를 존경한다는 사실을 활용하려 했다. 팔레스타인과 유대인 문제에 대한 간디의 성명은 1938년 11월 11일《하리잔Harijan》에 실렸다. 영국 정부의 친시온주의 정책에 반대하는 팔레스타인 원주민의 대규모 저항이 한창이던 시기였다. 간디는 몇 세기 동안 비인간적인 대우와 박해를 받아 온 유대인들을 진심으로 동정한다며 글을 시작했다. 그러나 이렇게 덧붙였다.

> "내가 동정심 때문에 정의의 호소를 보지 못하는 것은 아닙니다. 유대 민족의 고향에 대한 외침이 나에게는 크게 호소력이 있지 않습니다. 유대인들은《성경》에서 승인을 얻고자 합니다. 팔레스타인으로의 귀환을 갈망하는 집요함에서 승인을 받고자 합니다. 왜 그들은 지구상의 다른 민족들처럼, 자신들이 태어나고 생계를 유지하는 나라를 자신들의 거처로 삼지 않을까요?"[57]

간디는 "《성경》적 개념의 팔레스타인은 지리적인 영역이 아니다."라고 지적하면서, 약속의 땅에 세운 유대 국가라는 개념을 거부하고, 정치적 시온주의의 근본적 논리에 의문을 제기했다. 그리하여 간디는 정치적이고도 종교적 이유로 시온주의 프로젝트를 반대했다. 영국 정부가 시온주의 프로젝트를 지지하면서 간디는 더욱 멀어졌다. 간디는 팔레스타인이 누구의 것인지 의심하지 않았다.

> "영국이 영국인의 소유이고, 프랑스가 프랑스인의 소유인 것처럼, 팔레스타인은 아랍인의 소유입니다. 아랍인에게 유대인을 강요하는 것은 잘못된 일이고, 비인간적인 짓입니다… 팔레스타인 일부 또는 전체를 유대인이 되찾기 위해 자긍심 넘치는 아랍인의 수를 줄인다면 인류에 대한 범죄가 될 것입니다."[58]

팔레스타인 문제에 대한 간디의 반응은 윤리적 입장부터 정치적 현실주의에 이르기까지 다양한 의미를 담고 있다. 흥미로운 점은 간디가 종교와 정치를 나눌 수 없음을 굳게 믿으면서도, 시온주의의 문화적, 종교적 민족주의는 일관되고 강력하게 거부했다는 점이다. 민족 국가를 주장하는 종교적 정당성은 간디에게 본질적으로 호소력이 없었다. 부버가 이 글에 대한 회신으로 시온주의를 정당화하려고 노력했지만, 간디는 그만하면 충분하다고 생각했기에 서신 교환은 흐지부지됐다.

사실 시온주의 운동이 요구한 공간은 박해받는 유대인을 구출하기 위한 필요에 의해 결정됐다기보다, 가급적 소수의 주민으로 팔레스타인 지역을 최대한 많이 차지하겠다는 의지로 정해졌다. 신중하고 세속적인 유대인 학자들은 '과학적'이고자 노력하면서, 고대의 흐릿한 약속을 현재의 사실로 바꾸었다. 이 작업은 팔레스타인 위임 통치 지역 유대인 공동체의 주요 역사학자인 벤지온 디나부르크(디누르)Ben-Zion Dinaburg(Dinur)에 의해 이미 시작됐고, 1948년 건국 후 집중적으로 계속됐다. 그 최종 결과물이 1장에서 인용한 이스라엘 외무부 웹사이트의 내용으로 나타났다. 1930년대 디누르의 임무는 로마 시대부터 팔레스타인에 유대인이 존재해 왔음을 과학적으로 증명하는 것이었고, 그 후임자들의 임무도 마찬가지였다.

누구도 의문을 제기하지 않았다. 18세기 팔레스타인에 살던 유대인들이 19세기 말 정통 유대인들처럼 유대 국가 개념을 거부했다는 역사적 증거에도 불구하고, 20세기에 와서 이 사실은 외면됐다. 디누르와 그의 동료들은 유대인이 18세기 팔레스타인 인구 가운데 2퍼센트를 넘지 않는다는 통계를 이용하여, 《성경》의 약속과 현대 시온주의자들의 팔레스타인 요구가 타당함을 증명했다.[59] 이 서사는 표준이 됐고, 역사로 받아들여졌다. 영국에서 가장 저명한 역사학 교수 중 한 명인 마틴 길버트 경Sir Martin Gilbert은 수년 전 옥스포드대 학교 출판부에서《아랍-이스라엘 갈등의 지도The Atlas of the Arab-Israeli Conflict》를 여러 번 개정하여 출간했다.[60] 이 책은 성서 시대 갈등의 역사에서 시작한다. 그러고는 팔레스타인 지역이 유대인들이 2000년의 유배 후 돌아와 유대 국가를 세우도록 주어진 영토라고 여긴다. 첫 부분의 지도들이 전말을 보여 준다. 첫 번째 지도는 성서 시대 팔레스타인이고, 두 번째는 로마 시대의 팔레스타인, 세 번째는 십자군 시대의 팔레스타인, 네 번째는 1882년의 팔레스타인이다. 즉, 중세 시대와 최초의 시온주의자들이 도래 사이에는 아무런 중요한 일도 일어나지 않았다. 로마인, 십자군, 시온주의자 등 외국인이 팔레스타인에 들어올 때만 언급할 가치가 있다.

이스라엘의 교과서도 이제《성경》의 약속에 기초하여 토지 권리에 대한 메시지를 동일하게 담고 있다. 2014년 이스라엘 교육부가 모든 학교에 보낸 편지에 따르면, "《성경》은 이스라엘 국가의 문화적 기초를 제공하며, 거기에는 땅에 대한 우리의 권리도 담겨 있다."[61]《성경》연구는 현재 교육 과정에서 중요하면서도 확대된 구성 요소다. 특히《성경》이 땅에 대한 주장을 정당화하는 고대 역사를 기록했다는 측면에

중점을 두고 있다.《성경》이야기와 그로부터 얻을 수 있는 민족적 교훈은 홀로코스트 연구와 1948년 이스라엘 건국 과정과 결합돼 있다. 2014년 교육부의 이 편지에는 다비드 벤구리온이 1937년 로얄 필 위원회Royal Peel Coommisision(새로운 분쟁의 해결책을 찾기 위해 설립된 영국 조사 기관)에서 증언한 증거에 대한 직접적인 언급이 있다. 팔레스타인의 미래를 두고 열린 공개 토론에서 벤구리온은 위원회 위원들에게《성경》을 흔들며 이렇게 소리쳤다. "이것이 우리의 쿠샨Qushan(오스만 제국의 토지등록증명서)입니다. 팔레스타인에 대한 우리의 권리는 위임 통치 헌장에서 나오는 것이 아니라,《성경》이 우리의 위임 헌장입니다."[62]

물론 역사적으로는《성경》과 유럽 유대인들에게 일어난 일, 1948년 전쟁을 하나로 묶어 가르치는 것은 말이 되지 않는다. 하지만 이념적으로는 이 세 가지 항목은 서로 연결되어 있으며, 오늘날 이스라엘이라는 국가를 정당화하는 요소로 주입된다. 현대 이스라엘에서《성경》의 역할에 대한 이런 논의는 다음 질문으로 이어진다. 시온주의는 식민주의 운동인가?

—————————————————————— **시온주의는
식민주의가 아니다**

최초의 시온주의 정착민이 팔레스타인 땅에 도착한 1882년, 그 땅은 비어 있지 않았다. 시온주의 지도자들은 첫 유대인 정착민들이 도착하기도 전에 이미 이 사실을 알고 있었다. 초기 시온주의 조직이 팔레스타인에 파견했던 대표단은 돌아와서 동료들에게 이렇게 보고했다. "신부는 아름답지만 이미 다른 남자와 결혼했다."[63] 그럼에도 불구하고 초기 정착민들은 처음 팔레스타인에 도착해 현지 주민들과 마주쳤을 때 깜짝 놀랐고, 현지인을 침입자나 이방인으로 여겼다. 정착민들이 보기에는 팔레스타인 주민들이 그들의 고향을 강탈한 것이었다. 시온주의 지도자들은 정착민들에게 팔레스타인 현지인들은 원주민이 아니고, 땅에 대한 권리가 없다고 말했다. 오히려

그들이 해결해야 하고, 해결할 수 있는 문제라고 생각했다.

특이한 문제는 아니었다. 시온주의는 유럽인들이 남북 아메리카, 남아프리카공화국, 호주 및 뉴질랜드를 식민지로 만든 것과 유사한 정착형 식민 운동이었다. 정착 식민주의는 고전적 식민주의와 세 가지 점에서 다르다. 첫 번째는 정착민 식민지가 생존을 위해 처음에만 일시적으로 제국에 의존한다는 점이다. 실제로 많은 경우, 팔레스타인이나 남아프리카공화국처럼 정착민들은 초기에 그들을 지원했던 제국 세력과는 다른 국가에 속한다. 오히려 제국에서 이탈해서 스스로를 새로운 국가로 재정의하는 경우가 많고, 때로는 자신들을 지원했던 바로 그 제국에 대항하는 해방 운동을 통해 새로운 국가가 되기도 한다(미국 독립 혁명이 그 예다). 두 번째 차이점은 고전적 식민주의는 새로 소유하게 되는 지역의 천연 자원을 탐하는 반면, 정착 식민주의는 다른 나라의 땅을 차지하려는 욕망에서 비롯한다는 점이다. 세 번째 차이점은 새로운 정착지를 대하는 방식이다. 제국이나 모국을 위해 수행하는 종래의 식민지 프로젝트와 달리, 정착 식민주의자들은 살 곳뿐 아니라 조국을 찾는 일종의 난민이다. 문제는 이 새로운 '고향'에 이미 다른 사람들이 거주하고 있었다는 점이다. 이에 대해 정착민 공동체는 자신들이 새로운 땅에 종교적, 또는 도덕적으로 권리를 갖고 있다고 주장했다. 시온주의자들처럼 수천 년 전에 거기서 살았다고 주장하지는 않더라도 말이다. 많은 경우에 이 장애물 극복을 위해 택하는 방법은 원주민 대량 학살이었다.[64]

정착 식민주의를 연구하는 주요 학자 중 하나인 패트릭 울프Patrick Wolfe는 '제거 논리'가 정착 식민주의 프로젝트를 주도했다고 주장한다. 정착민들이 원주민을 제거하기 위해 필요한 도덕적 정당성과 실질적 수단을 개발했다는 뜻이다. 울프의 지적처럼, 이 논리는 실제로 대량 학살을 수반할 때도 있었고, 인종 청소를 하거나, 원주민의 어떠한 권리도 부정하는 억압적인 체제로 나타나기도 했다.[65] 나는 여기서 제거 논리에 또 다른 논리가 침투해 있었다고 덧붙이고 싶다. 바로 인간성 말살의 논리다. 유럽에서는 박해의 희생자였던 유대인들로서는, 자신들이 당한 것과 동일하거나 그보다 더 악랄한 일들을 자행하기 전에 먼저 원주민 국가나 사회의 인간성을 박탈해야 했다.

이러한 두 논리의 결과로 아메리카 대륙에서는 정착 식민주의 운동이 모든 국가와 문명을 말살했다. 남아메리카와 북아메리카의 원주민들은 학살당했고, 기독교로 강제 개종당했으며, 결국 보호 구역에 갇혔다. 호주 원주민이나 뉴질랜드의 마오리족에게도 비슷한 운명이 기다리고 있었다. 남아프리카공화국에서는 이런 과정의 결과로 아파르트헤이트 제도가 도입됐고, 알제리에서는 더 복잡한 제도가 100여 년 동안 적용됐다.

그러므로 시온주의는 독특한 것이 아니라 정착 식민주의 과정의 한 사례에 지나지 않는다. 이는 식민 프로젝트의 교묘한 책략을 이해하는 데에도 중요하지만, 이에 대한 팔레스타인의 저항을 해석하는 데에도 중요하다. 누군가가 팔레스타인이 사람이 살지 않는 땅이었고, 땅 없는 이스라엘 민족을 기다리고 있다고 주장한다면, 팔레스타인 사람들은 스스로를 방어할 논거 자체를 빼앗기게 된다. 팔레스타인인이 자기 땅을 지키기 위해 하는 모든 노력은 정당한 소유자에 대한 근거 없는 폭력 행위가 되어 버린다. 따라서 시온주의를 식민주의로 논의하는 일과, 팔레스타인인을 식민지 원주민으로 논의하는 문제를 분리하기는 어렵다. 이 두 가지는 같은 해석으로 연결되어 있다.

공식적인 이스라엘의 서사나 건국 신화에서는 팔레스타인인에게, 1882년 시작된 유대인의 식민지화에 저항하는 최소한의 도덕적 권리조차 허용하지 않는다. 애초에 팔레스타인의 저항은 유대인에 대한 증오에서 비롯했다고 묘사한다. 그리고 최초의 정착민들이 도착했을 때부터 이스라엘 국가 건립 때까지 계속된 갖가지 반유대 테러 활동도 증오심 때문에 촉발됐다고 비난한다. 그러나 초기 시온주의자들의 일기에는 다른 이야기가 담겨 있다. 팔레스타인 주민들이 정착민들을 얼마나 잘 받아들였는지를 보여 주는 일화가 가득하다. 팔레스타인 주민들이 정착민에게 거처를 제공하고, 농사짓는 방법을 가르치는 경우도 많았다.[66] 정착민들이 원주민들과 함께 살려고 온 것이 아니라, 그들을 쫓아내려 한다는 것이 분명해졌을 때 팔레스타인 사람들의 저항이 시작됐다. 그리고 저항이 시작되자 곧 다른 반식민주의 투쟁들과 같은 형태를 취하게 됐다.

팔레스타인인이나 그 지지자들은 힘없는 유대인들에게 안전한 피난처가 있어야 한다는 데 이의를 제기하지 않았다. 하지만 시온주의 지도자들은 이에 화답하지 않았다. 팔레스타인인들은 초기 정착민에게 숙소와 일자리를 제공했고, 누구의 소유든 이들과 함께 일하는 데 반대하지 않았다. 그러나 시온주의 이론가들은 팔레스타인 사람들을 노동 시장에서 몰아내고, 팔레스타인을 고용하거나 함께 일하는 정착민들을 제재해야 한다는 점을 명확히 했다. 이것이 바로 '아보다 이브리트avoda ivrit, 히브리 노동'라는 개념으로, 주로 '아보다 아라비트avoda aravit, 아랍 노동'를 종식시킬 필요가 있다는 의미로 쓰였다. 게르숀 샤피르는 제2차 시온주의 이민 물결인 '두 번째 알리야'(1904~1914)에 대한 중요한 연구를 통해 이 이데올로기가 어떻게 발전되고 실행됐는지 잘 설명하고 있다.[67] 두 번째 알리야의 지도자였던 다비드 벤구리온(공동체의 지도자였다가 나중에 이스라엘의 초대 총리가 됨)은 아랍 노동을 질병으로 간주하고, 유대인 노동만이 그 유일한 치료법이라고 끊임없이 언급했다. 벤구리온과 다른 정착민들은 편지에서 히브리 노동자들을 부패와 죽음으로부터 나라를 구할 건강한 피로 묘사했다. 벤구리온은 또한 '아랍인'을 고용하는 일은 옛 유대 이야기에 나오는, 죽은 사자를 되살려 그 사자에게 잡아먹힌 바보를 연상시킨다고도 말했다.[68]

영국의 위임 통치 기간(1918~1948) 동안 팔레스타인들이 처음에 보인 긍정적인 반응에 혼란스러워하는 정착민들도 있었다. 원주민을 무시하고 폐쇄적인 공동체를 만드는 것이 식민주의적 욕구다. 하지만 현실은 좀 달랐다. 새로 도착한 유대인과 원주민 사이에 공존과 협력이 거의 모든 지역에서 이뤄졌다는 증거가 광범위하게 남아 있다. 특히 도시 중심부의 유대 정착민들은 최소한 경제적으로는 팔레스타인인들과 교류하지 않고서는 살아남을 수가 없었다. 시온주의 지도부는 원주민과의 상호 작용을 방해하려고 많은 시도를 했지만, 위임 통치 기간 동안 노동조합 간의 협력이나 농업 협력을 비롯한 합작 사업이 수백 개나 만들어졌다. 그러나 상부의 정치적 지원 없이 팔레스타인의 현실을 다른 방향으로 전개하기는 불가능했다.[69]

동시에 시온주의 운동이 더 공격적으로 변하면서, 팔레스타인의 정치 지도자들은 이런 합작 사업에 대해 점점 적대감을 표했다. 시온주의가 식민주의 프로젝트라는 사실을 팔레스타인의 정치, 사회, 문화 엘리트들이 서서히 인식하면서 정착민들에 대항하는 민족적 정체성도 강화됐다. 결국 팔레스타인 지도자들이 협력과 교류를 중단하라고 압박을 가했다. 팔레스타인의 정치 운동은 천천히, 몇몇 팔레스타인 도시의 이슬람교-기독교 사회 소그룹에서 발전했다. 이슬람교-기독교 사회의 지침은 주로 현대적이고 세속적이었으며, 아랍 세계 전체가 가지는 이중적 관심사도 더해졌다. 즉, 제2차 세계 대전 이후 어느 때보다 강해진 지역 애국주의와 결합한 범아랍세계라는 개념이었다.

범아랍 민족주의의 첫 번째 폭발은 19세기 후반에 일어났다. 오스만 제국에서 미국과 유사한 아랍 공화국으로 독립하거나, 오스트리아-헝가리 제국처럼 아랍-오스만 제국을 형성하려는 기대에서였다. 오스만 제국이 차지한 중동 지역을 나누어 가지려던 영국과 프랑스의 제국주의적 이해관계 때문에 아랍 제국 형성이 어려울 것으로 보이자, 보다 지역적인 민족주의가 발생했다. 오스만 제국의 행정 경계와 식민지 세력의 지역 분할로 만들어진 구획은 지역을 구분하는 단위가 됐다. 1장에서 언급했듯이, 처음 폭발한 아랍 민족주의 운동은 까우미야qawmiyya라고 부르고, 나중에 나타난 지역 차원의 민족주의 운동은 와타니야wataniyya다. 팔레스타인 공동체는 두 운동 모두에서 역할을 했다. 팔레스타인 지식인들은 아랍의 단결, 독립, 자결을 추구하는 다양한 조직의 구성원이었고, 여러 운동에 참여했다. 동시에 영국이 다른 유럽 강대국의 도움으로, 이른바 팔레스타인이라는 지정학적 공간을 정의하기 전에, 이미 특정한 관습과 아랍어 방언, 역사를 공유하는 '팔레스타인 사람들'이 존재했다.

19세기 말 시온주의자들이 팔레스타인에 도착했을 때 팔레스타인 공동체 내에서는 여전히 두 가지 욕구가 존재하고 있었다. 많은 지식인과 활동가들이 아랍연합공화국United Arab Republic*을 꿈꾸고 있었다. 다른 한쪽에서는 대시리

---

* 서남아시아와 북아프리카까지 포괄하는 아랍 민족을 중심으로 한 통일

아Greater Syria 개념*에 매료되어 다마스쿠스를 중심으로 하는 새로운 국가에 팔레스타인을 편입시키고자 했다. 영국이 들어오고 국제 사회가 국제 연맹League of Nations을 통해 팔레스타인의 미래를 논의하기 시작했을 때, 팔레스타인 명망가들은《남부 시리아Southern Syria》라는 잡지를 발행했고, 같은 이름의 정당 설립까지 생각했다.[70] 1919년 미국 대통령 우드로 윌슨Woodrow Wilson은 팔레스타인 사람들의 의사를 파악하기 위해 킹크레인 위원회King-Crane Commision**를 파견했고, 팔레스타인 사람들 대다수가 그 지역의 독립을 원한다는 사실을 알게 됐다.

범아랍주의자이건, 자기 지역만을 사랑하는 애국자이건, 대시리아의 일부가 되기를 바라건, 유대 국가에 포함되기를 바라지 않는 마음은 모든 팔레스타인인이 똑같았다. 팔레스타인 지도자들은 정착민 공동체에 자그마한 영토 일부라도

국가라는 개념.

* 지리적, 역사적으로 시리아와 그 인접 지역을 포함하는 개념. 현재 시리아, 레바논, 이스라엘, 요르단, 팔레스타인, 튀르키예 남부의 지역을 이르는데, 더 넓게는 오스만 제국 시대의 지역을 가리키기도 한다.

** 제1차 세계 대전 후의 시리아와 팔레스타인 영역 책정에 대한 현지 주민들의 입장을 판정하기 위해 구성된 위원회.

넘겨주는 정치적 해결책에 반대했다. 1920년대 말 영국과의 협상에서 그들이 분명히 선언했듯이, 이미 도착한 정착민들과는 기꺼이 공유하겠지만 그 이상은 받아들일 수 없었다.[71] 팔레스타인인들의 집단적 목소리는 1919년부터 10년간 매년 개최된 팔레스타인민족회의Palestinian National Conference 집행부에서 구체화됐다. 이 기구는 영국 정부 및 시온주의 운동 조직과의 협상에서 팔레스타인을 대표했다. 그런데 영국은 협상에 앞서, 각각의 조직이 동등한 권한으로 참여한다는 데 합의하게 했다.* 1928년, 팔레스타인 지도부는 대다수의 주민들이 바라는 바와는 다르게, 나중에 만들어질 정부**에서 유대 정착민이 팔레스타인인과 동등한 대표권을 갖도록 하는 데 동의했다. 시온주의 지도부는 팔레스타인인이 거부할 것으로 판단하고는 이를 지지했지만, 사실 공동 대표권은 시온주의가 추구하는 지향점과는 전혀 맞지 않았다. 그래서 팔레스타인인이 동등한 대표권 제안을 수락하자, 이번에는 시

---

* 당시 팔레스타인 인구는 약 67만 명, 유대인은 6만여 명으로 인구 비율은 10:1이었지만 협상에 참여하는 권한은 1:1로 부여됐다.
** 영국 위임 통치 기간 중에 영국이 허용하여 세운 기관으로 1948년 이후 국가 기관의 기초가 된 기관들을 가리킨다.

온주의자들이 이를 거부했다. 이는 1929년 폭동으로 이어졌다. 헤브론에서 유대인 학살이 일어나고, 팔레스타인 공동체에서는 훨씬 더 많은 사망자가 발생했다.[72] 그런데 위임 통치가 시작된 이래 가장 심각했던 이 폭력의 물결에는 다른 이유도 있었다. 유대민족기금이 부재지주와 지역 유지의 토지를 매입하면서 팔레스타인 소작인들에게서 땅을 몰수하자 폭력 사태가 촉발됐던 것이다. 수 세기 동안 그 땅에서 살아왔던 소작인들은 도시 빈민가로 쫓겨났다. 그런 빈민가 중 하나인 하이파 북동쪽에서 1930년대 초에 망명한 시리아 종교 지도자 이즈 앗딘 알카삼Izz ad-Din al-Qassam이 영국과 시온주의 운동에 대항하는 이슬람 성전聖戰 추종자들을 모으기 시작했다. 이후 하마스가 그의 이름을 딴 무장 조직으로 유산을 계승했다.

1930년 이후, 팔레스타인 지도부는 아랍고등위원회Arab Higher Commitee의 형태로 제도화됐는데, 팔레스타인 공동체 내의 모든 정치적 당파와 운동을 대표하는 기구였다. 아랍고등위원회는 1937년까지 계속해서 영국과 타협을 시도했다. 하지만 이때부터 시온주의자들이나 제국주의자들은 더 이상 팔레스타인인들의 관점을 신경 쓰지 않았고, 일방적으로 영토의 미래를 결정하기 시작했다. 이 시기에 팔레스타인 민족 운동은 시온주의를 식민주의 프로젝트로 간주하고 타도 대상으로 삼았다. 그럼에도 1947년 영국이 이 문제를 유엔United Nations에 회부하기로 결정했을 때조차, 팔레스타인 지도부와 다른 아랍 국가들은 위임 통치를 대신할 팔레스타인 단일 국가를 제안했다.* 유엔은 7개월 동안 팔레스타인의 운명을 심의했고, 두 가지 선택지 중 하나를 골라야 했다. 하나는 팔레스타인인들이 제안한 기존 유대 정착민은 받아들이지만 더 이상 시온주의 식민지화를 허용하지 않는 단일 국가였고, 다른 하나는 아랍 국가와 유대 국가로 영토를 분할하는 것이었다. 유엔은 후자를 선호했기에 팔레스타인 사람들에게 전해진 메시지는 다음과 같았다. '팔레스타인 사람들은 정착민들과 땅을 공유하며 살아갈 수는 없다. 땅은 절반만 지킬 수 있고, 나머지 절반은 정착민에게 양보해야 한다.'

그러므로 우리는 시온주의를 정착 식민주의 운동으로, 팔레스타인 민족 운동을 반식민주의 운동으로 표현할 수 있다. 이런 맥락에서 제2차 세계 대전 전후 팔레스타인 지도자 하

---

* 1947년 아랍고등위원회가 제시한 단일 국가는 이미 팔레스타인에 들어와 있는 유대 정착민들과 함께 더불어 사는 국가였다. 유대 국가를 원하지는 않지만, 그렇다고 유대 정착민을 쫓아내지도 않는 방안이었다.

지 아민 알후세이니Hajj Amin al-Husayni가 보인 행동과 정책을 일반적으로 역사적 사실로 알려진 서술과는 다른 관점에서 이해할 수 있다. 많은 독자들이 알게 될 테지만, 이스라엘에서 끊임없이 선전하는 공통된 주장 중 하나가 팔레스타인 지도자가 나치에 동조했다는 것이다. 예루살렘의 무프티였던 하지 아민 알후세이니가 천사는 아니었다. 그는 아주 어린 나이에 팔레스타인 유력 인사들과 영국에 의해 선택되어 공동체에서 가장 중요한 종교적 위치를 맡게 됐다. 알후세이니는 위임 통치 기간(1922~1948) 내내 이 직책을 맡으면서 정치적 권력과 사회적 지위를 얻었다. 그는 시온주의 식민지화에 직면한 팔레스타인 공동체를 지도하려 했고, 1930년대에는 이즈 앗딘 알카삼 등이 무장 투쟁을 추진할 때 다수가 이런 폭력적 선택에서 멀어지도록 유도했다. 그럼에도 불구하고 알후세이니는 영국의 정책을 바꾸기 위한 파업이나 시위, 기타 방법을 지지하면서 제국의 적이 됐고, 1938년에는 예루살렘에서 탈출해야 했다.[73] 이런 상황에서 그는 적의 적인 이탈리아나 독일의 품으로 갈 수밖에 없었다. 2년 동안 독일에서 정치적 망명 생활을 하는 동안 그는 나치 교리의 영향을 받았고, 유대교와 시온주의의 구분을 혼동하게 됐다. 그가 자발적으로 나치 라디오에서 해설자로 일하고, 독일의 전쟁 지원을 위해 발칸반도의 이슬람교도 동원을 도왔던 일이 자신의 이력에 오점을 남긴 것은 분명하다. 그러나 그의 행동은 1930년대 대영 제국에 대항하기 위해 나치와 동맹을 추구한 시온주의 지도자들이나, 대영 제국의 주요 적과 동맹을 맺어 제국에서 벗어나려 한 다른 반식민지 운동과 다르지 않았다.

1945년 전쟁이 끝났을 때 알후세이니가 정신을 차리고 나크바* 직전에 팔레스타인들을 조직하려고 했다. 하지만 그는 이미 힘이 없었고, 그가 속했던 아랍 오스만 제국 도시 명문가들의 세계도 사라진 뒤였다. 그가 비판받아 마땅하다면, 그건 시온주의와 관련한 실수 때문이 아니다. 팔레스타인 농민들의 고통에 대한 동정심이 부족했고, 다른 유력 인사들과의 불화로 반식민지 운동을 약화시켰다는 점이다. 미국 시온주의자들이 만든 《홀로코스트 백과사전 The Encyclopedia of the Holocaust》에 히틀러 다음으로 긴 항목으로 등재될 만한 일은 전혀 하지 않았다.[74] 결국 그의 실수나 업적은 팔레스타인 역사의 줄기에 큰 영향을 미치지 못했다. 그는 동맹국에 의해 전쟁 범죄자로 취급받지 않았고, 전쟁 후 이집트로 돌아갈 수

---

*   1948년 이스라엘이 국가를 건설하면서 약 70만 명의 팔레스타인들을 추방한 사건. 1948년 아랍-이스라엘 전쟁 도중 발생했다.

있었지만, 팔레스타인으로 돌아갈 수는 없었다.

비록 과실은 있었지만, 알후세이니는 1938년 팔레스타인을 탈출하기 전과 망명 후에도 어느 정도는 반식민주의 해방 운동을 주도했다. 그가 무프티였고, 또한 조국과 민족의 존재를 위협하는 식민주의에 대항하는 투쟁에 종교가 동원돼야 한다고 믿었던 사람이었다는 사실은 중요하지 않다. 알제리의 FLN 같은 반식민주의 운동은 이슬람교와 강력한 연관이 있었고, 제2차 세계 대전 이후 이탈리아, 영국, 프랑스로부터 독립하기 위해 투쟁한 아랍 세계의 많은 해방 운동도 그러했다. 알후세이니나 알카삼(1935년에 영국에 의해 살해당하고 하이파 근처에 묻힘) 같은 지도자들의 폭력 행사도 반식민주의 투쟁의 역사에서 독특한 일이 아니었다. 남아메리카나 동남아시아에서 일어난 해방 운동도 평화주의 단체가 아니었고, 정치적 과정만큼이나 무장 투쟁도 믿었다. 알후세이니가 팔레스타인으로 돌아갈 수 있었다면, 그는 시온주의가 성공적인 식민지 프로젝트였을 뿐 아니라, 가장 결정적인 실존적 계획을 실행하기 직전이라는 더 중요한 사실을 깨달았을 것이다.

1945년까지 시온주의는 인구 200만 명의 팔레스타인에 50만 명 이상의 정착민을 끌어들였다. 일부는 위임 통치 정부의 허가를 받고 왔고, 그렇지 않은 이들도 있었다. 현지 주민들의 의견은 물어보지 않았고, 팔레스타인을 유대 국가로 바꿀 때의 저항도 고려하지 않았다. 정착민들은 국가 안에 국가를 건설할 수 있었지만, 두 가지 측면에서 실패했다. 토지의 7퍼센트밖에 사들이지 못했고, 이는 국가를 세우기에는 충분하지 않은 비율이었다. 그리고 여전히 소수였다. 배타적 민족 국가를 만들고 싶었지만 인구의 3분의 1에 불과했다.

이전의 모든 정착 식민 운동과 마찬가지로, 이 문제에 대한 답은 학살과 비인간화라는 쌍둥이 논리였다. 정착민의 토지 소유권을 7퍼센트 이상으로 확대하고, 배타적으로 인구의 다수를 차지하려면 원주민을 제거하는 방법밖에 없었다. 그러므로 시온주의는 정착 식민주의 프로젝트이자 아직 완성되지 않은 프로젝트다. 팔레스타인은 인구학적으로 완전한 유대 국가가 아니며, 이스라엘이 다양한 수단으로 정치적으로 통제하고 있지만 이스라엘은 여전히 식민지화가 진행 중이다. 갈릴리, 네게브, 서안에 새로운 정착지를 건설하여 유대인 인구를 늘리고, 팔레스타인인을 쫓아내며, 원주민의 고국에 대한 권리를 부인하고 있다.

05 ──────────── **1948년에 팔레스타인 사람들은**
자발적으로 고향을 떠났다

○
○

이 가설에는 두 가지 문제가 있는데, 여기에서 둘 다 검토해 보려고 한다. 첫 번째는 '팔레스타인인들을 추방하려는 의지가 있었는가'이고, 두 번째는 '1948년 전쟁 직전에 시온주의 신화에서처럼 팔레스타인인들이 자발적으로 집을 떠나도록 요구 받았는가'이다.

시온주의 사상에서 이주 개념이 가지는 중요성에 대해서 누르 마살하Nur Masalha의 책《팔레스타인인들의 추방Expulsion of the Palestinian》에서 분석한 내용이 매우 설득력이 있다고 생각한다.[75] 여기서 나는 시온주의 지도부와 이론가들이 합의로든 힘으로든 원주민 인구를 없애 버려야 그들의 계획을 성공적으로 이행할 수 있었다는 점을 강조하기 위해 인용문 몇

개를 그저 덧붙이기만 하겠다. 보다 최근에는 아니타 샤피라 Anita Shapira 같은 시온주의 역사학자들이 시온주의 운동의 지도자들이 팔레스타인인의 이주를 진지하게 검토했다는 사실을 수년간의 부인 끝에 받아들였다. 하지만 이들은 여전히 '강제'와 '자발적' 이주 사이에 혼란이 존재했다는 사실에 필사적으로 집착하고 있다.[76] 시온주의 지도자와 이념가들이 모두 모인 공개 회의에서 합의에 의한 이주에 대해 이야기한 것은 사실이다. 하지만 이조차도 '자발적 이주' 따위는 없었다는 쓸쓸한 진실을 드러낼 뿐이다. 자발적 이주란 말뿐이며 실제로는 존재하지 않았다.

베를 카츠넬슨Berl Katznelson은 1930년대 가장 중요한 시온주의 이념가 중 하나로, 시오니즘의 도덕적 양심으로 알려져 있다. 그는 이주에 대해 분명한 지지를 보였다. 영국이 첫 번째 평화 제안*을 한 직후에 열린 제20차 시온주의 회의에서 베를은 이주에 대해 강력한 지지를 표명했다. 그는 참가자들에게 이렇게 말했다.

––––––––––––––

* 팔레스타인 지구를 유대인 주와 아랍인 주로 나눌 것을 제안한 1937년 필 위원회의 보고서를 의미한다. 갈릴리와 서안에서 22만 명의 아랍 인구를 이주시키고, 유대인 주로 만들자는 내용이 포함됐다.

"나는 양심에 거리낄 게 없다. 먼 이웃이 가까운 적보다 낫다. 이주는 그들에게도 손해가 아니며, 우리에게도 확실히 그렇다. 궁극적으로 이는 양쪽 모두에게 이로운 정치적 개혁이다. 오랫동안 나는 이것이 최선의 해결책이라고 확신했다… 그리고 언젠가 반드시 일어날 일이다."[77]

영국 정부가 '팔레스타인 내에서' 팔레스타인인들을 이주시킬 가능성을 고려하고 있다는 소식을 듣고 카츠넬슨은 크게 실망했다. "'팔레스타인 안에서'의 이주라고 하면 셰컴Shechem(나블루스) 지역을 의미할 것이다. 나는 그들의 미래가 시리아와 이라크에 있다고 생각한다."[78]

당시 카츠넬슨 같은 지도자들은 영국이 원주민들을 떠나보내도록 설득하거나 유인하기를 바랐다. 1937년 10월, 벤구리온이 아들 아모스Amos에게 보낸 악명 높은 편지를 살펴보면, 그는 이미 강제 이주가 필요할 수도 있다는 점을 인식하고 있었다.[79] 그해 벤구리온은 카츠넬슨을 지지하며 공개적으로 말했다.

"제안받은 유대 국가 땅에서 아랍인들을 강제로 이주시키면 우리가 제1, 제2 성전기에도 갖지 못했던 것을 얻을 수 있다.

감히 꿈꾸지도 못했던 기회를 얻게 된다. 이는 국가, 정부, 주권 그 이상이다. 바로 자유 조국에서의 민족적 통합이다."[80]

벤구리온은 1937년 시온주의 총회에서도 마찬가지로 분명히 말했다. "아랍 소작농들을 이주시키지 않고서는 정착하기 어려운 지역이 많다." 그는 영국이 아랍인 이주를 마무리해 주기를 희망했다.[81] 하지만 영국의 도움 여부와 관계없이 벤구리온은 이후 시온주의 프로젝트에서 추방이 가지는 역할을 분명히 표현했다. 같은 해 그는 "[팔레스타인인의] 강제 이주로 우리는 광대한 지역에 정착할 수 있게 된다… 나는 강제 이주를 지지한다. 여기에 아무런 도덕적 문제가 없다고 본다."라고 어느 글에서 적었다.[82]

2008년, 어느 이스라엘 기자는 과거의 이런 진술들을 검토하고는 70년이 지났음에도 여전히 많은 이스라엘 사람이 이를 받아들인다고 결론내렸다. 사실 1937년 이후 팔레스타인인 추방은 현대 유대 국가의 '시온주의 DNA'의 일부였다.[83] 그러나 그 과정은 간단치 않았다. 벤구리온과 다른 지도자들은 팔레스타인인들에게 떠나도록 설득하지 못할 경우 어떻게 해야 할지에 대해 신중하게 생각했다. 그 이상은 어떤 정책도 명확히 하지 않으려 했다. 벤구리온이 기꺼이 말하고 싶었던 것은, 그가 강제 이주를 반대하지 않지만, 그 역사적 시점에 강제 이주가 필요하다고 생각하지도 않는다는 사실이었다.

카츠넬슨은 이 모호함에 주목했다. 벤구리온이 팔레스타인인 이주를 포기했다고 생각하는 일부 좌파 시온주의자들이 1942년 공개 회의에서 카츠넬슨에게 물었을 때, 그는 "내가 아는 한, 이[이주]는 시온주의 실현의 일부이며, 시온주의 개념은 민족이 국가에서 국가로 이주하는 것, 즉 합의에 의해 이주하는 것이다."라고 대답했다.[84] 운동의 주도자인 벤구리온을 비롯해 카츠넬슨 같은 이념가들도 모두 그들이 '자발적 이주'라 칭한 것에 공개적으로 찬성했다. 벤구리온은 "아랍인의 이주는 다른 어떤 이주보다 수월하다. 그 지역에 아랍 국가들이 있기 때문이다."라고 말했다. 그는 이주가 팔레스타인인들에게도 좋은 일이 될 것이라 말했다(이유는 설명하지 않았다). 벤구리온은 팔레스타인인들을 시리아로 이주시킬 것을 제안했다. 또한 계속해서 자발적 이주에 대해서 말했다.[85]

그러나 이것은 솔직한 자세도 아니었고, 가능하지도 않았다. 사실 이들 지도자들과 이론가의 동료들은 어떻게 이주가 강제적이지 않을 수 있을지 몰랐다. 1938년 6월, 이주를 주제로 열린 유대기구집행부Jewish Agency Executive 비공개 회의에서 벤구리온, 카츠넬슨, 샤레트Sharett, 우시쉬킨Ussishkin을 비롯한 참석자 모두가 강제 이주에 찬성한 것으로 보인다. 카츠넬슨은 강제 이주의 의미를 설명하려고 노력했다. "강제 이주란 무엇인가? 아랍 국가의 의사에 반한 이주인가? 그들의 뜻을 거슬러 이주를 실행할 수 있는 힘은 세상에 없다."[86] 그는 강제의 의미가 팔레스타인인들의 저항을 이겨 낸다는 뜻이라고 설명했다.

"우리가 각 아랍 마을 및 아랍인과 이주에 합의를 해야 한다면, 문제는 결코 해결되지 않을 것이다. 우리는 지속적으로 개별 아랍인의 이주를 진행하고 있지만, 문제는 아랍 국가와의 합의를 통한 대규모 이주일 것이다."[87]

이것이 바로 함정이었다. 자발적인 이주에 관한 언급이었고, 1948년 대규모 이주 기회가 나타날 때까지 점진적인 계획이 진행됐다. 베니 모리스Benny Morris가 그의 책《팔레스타인 난민 문제의 등장The Birth of the Palestinian Refugee Problem》에서 제시한 대로 실제로는 점진적으로 이주가 이뤄졌고 대규모는 아니었다는 주장을 받아들인다 해도, 어느 정도 숫자에 다다르면 아무리 점진적이어도 결과적으로는 여전히 대규모 종족 청소인 것이다. 이에 대해서는 나중에 더 자세히 설명하겠다.

1938년 6월의 회의록에서 우리는 '자발적 이주'라는 용어가 실제로는 '강제 이주'를 의미함을 알게 됐다. 벤구리온은 강제 이주, 특히 영국이 실행하는 강제 이주는 "팔레스타인 유대인 정착 역사상 가장 큰 성취가 될 것"이라고 말했다. 그는 "나는 강제 이주를 선호한다. 전혀 비윤리적이지 않다고 생각한다."라고 덧붙였다. 저명한 지도자이자 사상가인 메나헴 우시쉬킨은 "아랍인들을 팔레스타인에서 이주시켜 더 나은 환경에서 자리 잡게 하는 것이 가장 윤리적이다."라고 덧붙였다. 우시쉬킨은 아마도 이것이 밸푸어 선언의 논리일 것이라고 암시했다. 이들은 바로 숫자와 이를 달성할 방법을 논의하기 시작했다. 이러한 사항들은 1948년에 이르러서야 확정됐지만, 그 기초는 1938년의 회의에서 마련됐다. 참석자 중 극소수만이 강제 이주에 반대했다. 목적지로는 시리아를 선호했고, 첫 집단 이동으로 최소한 10만 명의 팔레스타인인을 이주시키기를 희망했다.[88]

이주에 대한 논의는 제2차 세계 대전 중 유대인 이민자 수를 늘리고 국가를 설립하는 데 집중하면서 잠시 중단됐다. 영국이 팔레스타인에서 철수할 게 분명해지자 논의가 다시 시작됐다. 1947년 2월에 영국의 결정이 발표되고, 이때부터 강제 이주에 대한 논의가 심화됐다. 나의 책《팔레스타인 비극사The Ethnic Cleansing of Palestine》에서 나는 1947년의 이러한 논의들이 1948년 3월에 팔레스타인인 대규모 추방 계획(플랜D)으로 진화하는 과정을 살펴보았고, 이에 대해서는 뒤에 다시 설명하겠다. 그러나 이스라엘의 공식 입장은 수년간 변하지 않았다. 팔레스타인인들이 난민이 된 이유는 팔레스타인과 아랍 세계의 지도자들이 팔레스타인 사람들에게 아랍 군대가 쳐들어와 유대인을 몰아내기 전에 그 땅을 떠났다가 나중에 다시 돌아오라고 말했기 때문이라는 입장이다. 하지만 그런 요구는 없었다. 이스라엘 외무부가 만들어 낸 신화일 뿐이다. 1948년 전쟁 직후, 평화를 가져오려는 유엔의 짧은 노력에 대한 이스라엘 외무부의 입장은 이랬다. '팔레스타인 난민들이 도망쳤다.' 그러나 (1948년 상반기 몇 개월 동안 지속된) 그 평화 협상이 워낙 짧은 기간이어서 이스라엘에게 이 주장의 증거를 제시하라고 요청하지 않았고, 이후 수년 동안 난민 문제는 국제 사회의 의제에서 사라졌다.

증거를 제시할 수밖에 없는 상황은 1960년대 초에 발생했다. 우리는 최근 〈하아레츠Haaretz〉의 프리랜서 기자 셰이 하즈카니Shay Hazkani의 성실한 작업 덕분에 이 사실을 알게 됐다.[89] 그의 연구에 따르면, 케네디 행정부 초기에 미국 정부는 이스라엘에게 '1948년 난민들'의 귀환을 받아들이라고 압력을 가하기 시작했다. 1948년부터 미국의 공식 입장은 팔레스타인인들의 귀환권을 지지하는 것이었다. 사실 이미 1949년에 미국은 이스라엘에게 팔레스타인 난민의 귀환을 받아들이라는 압력을 가했고, 이스라엘이 이를 거부하자 제재를 가했다. 그러나 이는 단기적인 압박이었고, 이후 냉전이 심화되면서 미국은 존 F. 케네디가 집권할 때까지 이 문제에 대한 관심을 가지지 않았다(케네디는 이스라엘에 막대한 군사 지원을 거부한 마지막 미국 대통령이었고, 그가 암살당한 후에는 수도꼭지가 완전히 열렸다. 이 때문에 올리버 스톤이 영화 'JFK'에서 케네디 대통령 암살에 이스라엘이 연관되어 있음을 암시하기도 했다).

　팔레스타인 난민 문제를 접한 케네디 행정부는 1961년 여름 유엔 총회에서 이 문제에 대한 논의에 적극 참여했다. 벤구리온 총리는 당황했다. 벤구리온은 유엔이 미국의 지지를 업고 이스라엘에 난민 귀환을 강요할 것이라고 확신했다. 그는 이스라엘 학계가 팔레스타인 사람들이 자발적으로 떠났음을 증명할 연구를 진행하길 원했고, 당시 이스라엘 학계에서 중동 연구를 선도하던 실로아 연구소Shiloah Institute에 이를 의뢰했다. 연구원 로니 가바이Ronni Gabai가 그 임무를 맡았다. 허가를 받아 기밀 문서에 접근한 그는 추방, 공포, 협박이 팔레스타인인 대탈출의 주요 원인이라는 결론에 도달했다. 하지만 그는 아랍 지도층이 팔레스타인들에게 아랍 군대가 침략할 길을 열어 주기 위해 그 땅을 떠나라고 요청했다는 증거는 찾지 못했다. 그런데 여기에는 한 가지 수수께끼가 있다. 가바이는 박사 학위 논문에서 이 결론을 언급했고, 그가 외무부에 보낸 결론도 동일했다고 기억하고 있다.[90] 그럼에도 불구하고 하즈카니가 자료를 조사하던 중 발견한 가바이가 외무부에 보낸 편지에는, 연구 결과 요약과 함께 아랍 지도부의 떠나라는 요청이 대탈출의 주요 원인으로 언급돼 있었다.

하즈카니는 가바이를 인터뷰했다. 가바이는 지금도 자신이 그 편지를 쓰지 않았으며, 본인이 진행한 연구 내용이 반영된 것도 아니라고 단호하게 말했다. 누군가가—누구인지는 아직 모르지만—연구 결과를 다르게 요약한 편지를 보냈다. 어쨌든 벤구리온은 좋아하지 않았다. 그는 그 요약본이 충분히 신랄하지 않다고 느꼈다(전체 연구 보고서는 읽지도 않았다). 벤구리온은 자기가 알고 있던 연구자이자 훗날 모사드Mossad의 이란 전문가가 된 유리 루브라니Uri Lubrani에게 두 번째 연구를 맡겼다. 루브라니는 이 문제를 오늘날 이스라엘의 주요 중동학자 중 한 명이 된 모셰 마오즈Moshe Maoz에게 넘겼다. 마오즈는 연구 결과를 전달했고, 1962년 벤구리온은 팔레스타인 사람들이 지시를 받고 탈출했음을 의심할여지없이 증명하는 백서白書라고 불리는 문건을 손에 쥐게됐다. 마오즈는 나중에 옥스퍼드대학교에서 고故 앨버트 후라니의 지도로 (관련 없는 주제로) 박사 학위를 받았는데, 한 인터뷰에서 자신의 연구가 직접 눈으로 확인한 자료들보다는자신이 받은 정치적 과제의 영향을 더 많이 받았다고 말했다.[91]

1961년 초 가바이가 조사한 문서들은 1980년대 말에 기밀이 해제됐다. 베니 모리스와 나를 포함한 몇몇 역사학자들은 팔레스타인인을 몰아낸 원인에 대한 명확한 증거를 처음으로 보게 됐다. 모리스와 나는 추방이 얼마나 미리 계획되고조직적이었는지에 대해서는 의견이 일치하지 않았지만, 아랍과 팔레스타인 지도자들이 팔레스타인인들에게 떠나라고요청한 적은 없었다는 데는 동의했다. '새로운 역사학자'라고불리는 우리의 연구는 가바이의 결론을 재확인했다. 팔레스타인인이 집과 고향을 잃게 된 주요 원인은 추방, 위협, 두려움이었다.[92]

모리스는 1948년 5월 15일 영국이 위임 통치를 종료한 날에 팔레스타인에 진입한 아랍 군대와 이스라엘 사이의 충돌이, 그가 표현한 "팔레스타인 난민 문제의 등장"의 시작이라고 주장했다. 나는 전쟁 자체가 원인이 아니라고 주장해 왔다. 난민의 절반에 해당하는 수십만 명의 팔레스타인인이 이미 전쟁이 시작되기도 전에 추방됐기 때문이다. 나는 또한 팔레스타인인을 추방할 역사적 기회를 확보하기 위해 이스라엘이 전쟁을 시작했다고 주장했다.[93]

1948년 전쟁에 대한 잘못된 가설은 팔레스타인인들이 자발적으로 떠났다는 생각만이 아니다. 그해에 일어난 사건들을 설명할 때 자주 사용되는 세 가지 가설이 더 있다. 첫 번째는 팔레스타인 사람들이 1947년 11월 유엔이 결의한 분리안을 거부했기 때문에 본인들에게 일어난 일에 책임이 있다는 것이다. 이는 시온주의 운동의 식민주의적 성격을 무시하는 주장이다. 분명한 것은 팔레스타인인에 대한 종족 청소가, 팔레스타인인과 아무런 협의없이 만들어진 유엔의 평화안을 거부한 데 대한 '처벌'로 정당화될 수 없다는 점이다.

1948년에 관한 가설은 두 가지가 더 있다. 하나는 이스라엘이 아랍 골리앗과 싸우는 다윗이었다는 것이고, 다른 하나는 전쟁이 끝난 후 이스라엘이 평화의 손길을 내밀었지만 팔레스타인인과 아랍 세계가 이를 거부했다는 것이다. 전자에 대한 연구에 따르면, 팔레스타인인은 전혀 군사력이 없었으며, 아랍 국가들도 상대적으로 적은 군대만 파견했다는 사실이 드러났다. 유대 군대에 비해 규모도 작았고, 무장이나 훈련도 부족했다. 더욱이 아랍 군대의 파병은 이스라엘의 건국 선언에 대한 대응이 아니었다. 이미 1948년 2월부터 시작된 시온주의 작전, 특히 1948년 5월에 일어난 이스라엘 인근 데이르 야신 마을에서 자행한 그 유명한 학살 사건[*] 이후에 파병된 것이었다.[94]

이스라엘 국가가 분쟁 이후에 평화의 손길을 내밀었다는 세 번째 신화는 어떨까. 자료가 보여 주는 사실은 정반대다. 사실 이스라엘 지도부는 영국 위임 통치 이후 팔레스타인의 미래에 관한 협상에 참여하기를 거부하거나, 추방됐거나 도망쳤던 사람들의 귀환을 검토하지 않는 등 비협조적이었다. 아랍 정부와 팔레스타인 지도자들은 비교적 합리적인 유엔의 새 평화 계획에 기꺼이 참여하려고 했던 반면, 이

---

[*]　1949년 4월 9일 유대 군대가 데이르 야신 마을을 점령하고는 주민들을 학살한 사건이다. 유대 군대는 여성 강간은 물론 시체 훼손도 마다하지 않았으며, 아이들을 한 줄로 벽에 세워 놓고 재미 삼아 총을 난사하기도 했다. 나중에 밝혀진 바로는 93명이 희생됐는데, 당시 유대 군대는 희생자수를 부풀려 팔레스타인인들의 공포를 자극했다.

스라엘 지도부는 1948년 9월 유엔이 파견한 평화 중재자 베르나도테Bernadotte 백작을 유대인 테러리스트들이 암살했을 때 모른 척했다. 이스라엘 지도부는 또한 베르나도테 백작을 대신하여 협상을 시작한 유엔 팔레스타인조정기구Palestine Conciliation Commission, PCC가 채택한 새로운 평화안도 모두 거부했다. 그 결과, 1947년 11월에 팔레스타인 분할 계획에는 3분의 2가 찬성했던 유엔 총회가 1948년 12월에는 새로운 평화 계획을 만장일치로 통과시켰다. 이것이 12월 11일 채택된 '결의안 194'인데, 다음 세 가지를 권고했다. 현지 인구통계학적 현실이 더 잘 반영되도록 팔레스타인 분할안을 재협상할 것, 모든 난민을 완전하고도 무조건적으로 귀환시킬 것, 그리고 예루살렘의 국제화.[95]

이스라엘의 비협조적인 태도는 앞으로도 계속될 것이다. 역사가 아비 쉬라임Avi Shlaim이《철의 장벽The Iron Wall》에서 보여 주었듯이, 팔레스타인인들이 기회만 있으면 평화를 거부했다는 신화와는 반대로, 지속적으로 평화 제안을 거부한 쪽은 이스라엘이었다.[96] 이는 1949년 당시 시리아의 통치자였던 후스니 알자임 Husni al-Zaim이 제시한 난민 문제에 대한 새로운 해결 방안과 평화 제안을 거부한 것으로 시작하여, 1950년대 초 이집트 대통령 가말 압델 나세르 Gamal Abdel

Nasser가 타진한 초기 평화 협상안을 벤구리온이 훼손한 것으로 이어졌다. 더 잘 알려진 일이 있다. 이스라엘은 1972년 요르단의 후세인 왕과 (헨리 키신저의 중재로 서안을 두고) 진행한 협상에서 일체의 타협을 거부했고, 1971년 이집트 사다트 대통령이 시나이에 대해 협상하지 않으면 전쟁을 할 수밖에 없다고 경고했을 때에도 이를 무시했다. 사다트는 2년 후 진짜 전쟁을 일으켰고, 이는 이스라엘의 안보와 불패 의식에 충격을 안겼다.

1948년을 둘러싼 이러한 신화들이 모두 결합되어 이런 유대 국가 이미지를 만들어 냈다. 역경에 맞서 싸우고, 팔레스타인 사람들을 구제하며, 이들이 머무르도록 독려하면서 평화를 제안했지만 "협상할 상대가 없다"는 것을 알게 된 나라. 이 이미지에 대응하는 가장 좋은 방법은 1946년부터 1949년 사이에 팔레스타인에서 일어난 사건들을 끈기있게 체계적으로 다시 설명하는 것이다.

1946년에 영국 정부는 이후로도 한동안 팔레스타인을 장악할 수 있으리라 생각했다. 그해 이집트에서 민족 해방 운동이 격화되면서 영국은 이집트에 배치했던 군대를 자국으로 이동시키기 시작했다. 그러나 그해 말 시온주의 무장 단체들과 영국군 사이에 긴장이 고조되는 혹독한 겨울이 닥쳤고, 무엇보다 영국이 인도에서 철수하기로 결정하면서 영국의 팔레스타인 정책이 극적으로 변화했다. 1947년 2월, 영국은 팔레스타인에서 철수하기로 결정했다. 정착민과 원주민 두 공동체가 보인 반응은 매우 달랐다. 팔레스타인 공동체와 그 지도자들은 영국의 철수 과정이 이웃 아랍 국가들과 비슷하리라 추정했다. 위임 통치 정부가 지역 주민에게 권력을 점진적으로 이양하고, 지역민들이 미래 국가의 성격을 민주적으로 결정하게 되리라 기대했던 것이다. 하지만 시온주의자들은 이후 일어날 일들을 훨씬 더 잘 대비하고 있었다. 영국 정부가 철수를 결정한 직후, 시온주의 지도부는 외교적, 군사적 측면에서 다가올 대결을 준비했다.

처음에는 외교에 주력했다. 민주적 방식으로 미래를 결정하려는 팔레스타인인의 요구를 무력화할 방법을 찾는 형태를 취했다. 그 방법 중 하나가 홀로코스트와 전 세계 유대인의 운명을 팔레스타인에 정착한 유대인 공동체와 연관시키는 것이었다. 시온주의 외교관들은 팔레스타인에서 영국을 대체해 주권을 갖게 될 세력이 누구인지가 전 세계 유대인들의 운명과 연관이 있다고 국제 사회를 설득하려 노력했다. 가슴에 사무치게 홀로코스트 동안 유대인이 겪은 고통에 대해 보상하고자 하는 필요성을 이 정책과 결부시켰다.

그 결과가 1947년 11월 29일 유엔의 분할안이었다. 이 결의안은 팔레스타인 문제에 사전 지식이 거의 없는 대표들로 구성된 유엔팔레스타인특별위원회, 즉 UNSCOP*이 작성했다. 영토 분할이 최선의 해결책이라는 생각은 시온주의 운동에서 비롯된 것이다. 실제로 위원회 구성원들은 팔레스타인 사람들에게서는 피드백을 거의 받지 못했다. 팔레스타인인들의 정치적 대표 기구인 아랍고등위원회와 아랍연맹Arab League**은 UNSCOP을 보이콧하기로 결정했다. 팔레스타인인들의 고향 땅에 대한 권리는 이라크나 이집트에서처럼 존중되지 않을 것이라는 사실이 이미 명백했다. 제1차 세계 대전 직후, 국제 연맹은 중동 지역 모든 국가의 자결권을 인정했다. 1947년 (쿠르드족을 제외하기로 한 것과 마찬가지로) 팔레스타

---

* 유엔팔레스타인특별위원회(United Nations Special Commitee on Palestien)는 1947년 영국의 팔레스타인 위임 통치를 마치고, 이 지역의 미래를 어떻게 처리할지 유엔 권고안을 제시하기 위해 구성됐다. 위원회는 11개국의 대표로 채워졌다. UNSCOP의 제안에 따라, 유엔 총회가 1947년 11월 29일에 '팔레스타인 분할 결의'를 채택했다.

** 1945년 3월에 이집트, 이라크, 시리아, 레바논, 사우디아라비아, 예멘, 요르단 7개국이 결성한 지역 협력 기구다. 아랍 민족의 독립, 주권 확립, 중립 지대 형성을 목적으로 한다. 나중에 리비아, 수단, 튀니지, 쿠웨이트 등이 가맹했다.

인을 제외하기로 한 결정은 심각한 실수로서, 이 지역에서 분쟁이 계속되는 주요 원인 중 하나였다.

시온주의자들은 팔레스타인 땅의 80퍼센트를 유대 국가 소유로 하고, 나머지는 아랍 팔레스타인 국가로 독립시키거나 요르단 왕국에 합병해 넘기는 안을 제시했다. 요르단은 유엔의 노력에 애매한 태도를 보였다. 한편으로는 척박한 왕국 영토를 비옥한 팔레스타인 일부 지역까지 확장시킬 수 있다는 제안을 받았지만, 다른 한편으로는 팔레스타인 사람들의 대의를 배신하는 것처럼 보이고 싶지 않았다. 이런 딜레마는 유대인 지도부가 요르단 하심 왕국에 그와 같은 취지로 제안하자 더욱 커졌다. 어찌보면 1948년 전쟁이 끝난 시점에 팔레스타인은 시온주의 운동과 요르단 사이에서 그런 식으로 어느 정도 분할된 상태였다.[97]

그럼에도 불구하고 시온주의자들은 UNSCOP를 완전히 장악하지 못했다. 위원회는 1947년 2월부터 11월까지 해결책을 논의한 끝에 시온주의자들의 계획을 수정했다. 팔레스타인에 할당되는 지역을 확대하고, 두 개의 독립 국가가 있어야 한다고 강조했다. 위원회는 두 나라가 경제 연합과 공동이민 정책을 형성하고, 각 공동체가 원할 경우 상대 국가에서 투표할 수 있는 선택권을 갖기를 넌지시 바랐다. 기밀 해제된 문서에서 밝혀졌듯이, 시온주의 지도자들은 상대가 이 계획을 거부할 것을 알고 있었기 때문에 새로운 분할안과 조건을 받아들였다. 또 최종 영토 분할은 위원회의 협상장이 아닌 현장에서 행동에 의해 결정되리라는 것도 알고 있었다.[98] 가장 중요한 결과는 국제적으로 유대 국가의 합법성을 인정받은 것이었다. 앞으로 세워질 나라의 국경선을 포함해서 말이다. 지금에 와서 돌이켜 보면, 1948년 시온주의 지도부 관점에서는 국경을 확정하지 않고 국가를 설립하는 것이 올바른 접근이었다 할 수 있다.

분할 계획이 발표되고 1948년 5월 위임 통치가 종료될 때까지 시온주의 지도부는 한가하게 있지 않았다. 적극적으로 움직여야 했다. 아랍 세계에서는 각 정부에게 새로운 유대 국가에 무력을 사용하라는 압력이 거세지고 있었다. 한편, 팔레스타인 현지에서는 지역 무장 단체들이 주로 유대인 교통수단과 고립된 정착촌을 목표로 공격을 시작했다. 자신들의 고향 땅을 유대 국가로 만드는 국제적 결정을 시행하기 전에 이를 저지하려는 시도였다.* 이러한 저항의 시기는 상당히

---

* 1947년 11월 29일부터 영국 철수 예정일인 1948년 5월 18일까지 팔레스타인 지역은 사실상 통치를 책임질 주체가 없는 공백 상태였다. 아랍인

짧았고 유엔 분할안이 발표되자 몇 주 이내에 사그라들었다. 같은 시기에 시온주의 지도부는 세 개의 개별 전선에 대응하고 있었다. 첫 번째로 아랍 국가들의 군사적 침공 가능성에 대비하는 것이었다. 실제로 아랍 군대가 진입했고, 이제 우리는 아랍군이 준비도, 목적도, 조율도 부족해서 유대 군대가 이득을 얻었다는 사실을 알고 있다. 아랍의 정치 엘리트들은 여전히 팔레스타인에 간섭하기를 꺼렸다. 요르단은 이 전쟁에 제한적으로 참여하는 대가로 팔레스타인의 일부, 즉 서안을 합병한다는 암묵적인 합의를 했다. 이것이 힘의 균형에 결정적인 요소였음이 확인됐다. 요르단 군대는 아랍 세계에서 가장 잘 훈련된 군대였다.

외교 전선에서는 어땠을까. 1948년 2월과 3월은 시온주의 운동에 있어 특히 긴장된 시기였다. 미국은 현지에 파견한 특사를 통해 1947년 11월 유엔 분할안에 결함이 있다는 사실을 인지했다. 팔레스타인에 안정과 희망을 가져오기는커녕, 분할안 자체가 폭력 사태 발발의 주요 원인이었다. 팔레스타인인들이 살던 집에서 강제로 쫓겨났고, 양측에서 살인이 저

과 유대인이 서로에게 할당된 지역은 물론, 그렇지 않은 지역까지 확보하기 위해 치열한 싸움을 벌이더라도 통제할 국가 권력이 없었다.

질러지고 있다는 보고가 이미 있었다. 양측은 서로의 대중 교통 수단을 공격했고, 도시 속에 혼재된 아랍인 지구와 유대인 지구를 나누는 경계선에서는 소규모 전투가 며칠씩 지속됐다. 해리 트루먼Harry Truman 미국 대통령은 분할안 재검토에 동의하고 새로운 계획을 제안했다. 그는 유엔 대사를 통해 시간을 갖고 해결책을 찾을 수 있도록 팔레스타인 전체를 5년간 국제 신탁 통치하는 방안을 제시했다.

이 움직임은 기득권 세력에 의해 갑자기 중단됐다. 이는 미국에서 유대인 로비가 미국 행정부의 입장을 바꾸게 한 최초의 사례다. AIPAC*가 생기기 전이지만, 미국 내 정치 상황과 팔레스타인의 시온주의, 나중에는 이스라엘의 이해관계와 연결하는 방법은 이미 마련돼 있었다. 어쨌든 로비는 효과가 있었고, 미국 행정부는 다시 분할안을 지지했다. 흥미롭게도 소련은 훨씬 더 충실하게 시온주의자들을 지지했다. 분할안을 재고할 생각도 전혀 없었다. 1948년 5월 전후에 소련은

팔레스타인 공산당Palestine Communist Party, PCP 당원들의 도움
을 받아 체코슬로바키아의 무기를 유대군에 공급했다. 오늘
날 독자들에게는 의아하게 느껴질지 모르지만, 팔레스타인
공산당은 두 가지 이유에서 시온주의 운동을 지원할 수 있었
다. 첫째, 소련은 새로운 유대 국가가 사회주의적이고 반영국
적일 것으로 믿었다(따라서 다가올 냉전 시대에 동구권에 더 기울어져
있으리라 기대했다). 둘째, 팔레스타인 공산당은 민족 해방이 보
다 완전한 사회주의 혁명으로 가는 필수 단계라고 생각했고,
팔레스타인인과 시온주의자 모두 민족 운동 세력으로 봤다
(팔레스타인 공산당은 오늘날에도 같은 이유로 두 국가 해법을 지지한다).[99]

시온주의 지도부는 국제 사회의 승인을 얻기 위해 고군분
투하는 한편, 공동체 차원에서 전쟁을 대비하느라 분주했다.
징병제와 조세 제도를 도입하고, 군사적 준비를 강화하며, 무
기 구매를 확대했다. 또한 다른 아랍 국가들의 준비가 미흡한
측면을 드러내는 정보들도 효율적으로 수집했다. 군사와 외
교, 두 개의 전선에서의 작업은 시온주의 운동 지도자들의 가
장 중요한 고민거리를 해결하는 데에는 도움이 되지 못했다.
바로 팔레스타인 지역을 어느 정도를 차지하든, 어떻게 민주
적이면서 동시에 유대적인 국가를 만들 수 있을지의 문제였
다. 다시 말하자면, 그들은 미래 유대 국가에서 팔레스타인

인구를 어떻게 처리해야 할지를 고민하고 있었다.

이 문제를 둘러싼 여러 고민은 1948년 3월 10일, 고위 사령부가 악명 높은 '플랜 달렛Plan Dalet(Plan D)'을 고안해 내면서 끝이 났다. 유대군이 점령할 지역에 살고 있는 팔레스타인인들의 운명을 결정하는 계획이었다. 유대 공동체 지도자였던 다비드 벤구리온이 이 논의를 주도했는데, 그는 앞으로 세워질 나라를 유대인들이 인구통계학적으로 독점해야 한다고 믿었다. 벤구리온은 1948년 이전뿐 아니라, 이스라엘 건국 이후에도 오랫동안 이에 집착했다. 곧 살펴볼 테지만, 벤구리온의 이 집착은 1948년 팔레스타인인 종족 청소를 조직하고, 1967년 서안 점령에 반대하는 행동으로 이어졌다.

분할안이 채택된 후, 벤구리온은 지도부 동료들에게 유대인이 60퍼센트밖에 되지 않는 유대 국가는 성립할 수 없다고 말했다. 하지만 미래 국가가 성립 불가능할 정도의 팔레스타인인의 비율은 밝히지 않았다. 그가 장군들에게 전달한 메시지, 그리고 이를 통해 지상군에게 전한 메시지는 분명했다. '유대 국가에 팔레스타인인은 적을수록 좋다.' 누르 마샬하나 아흐마드 사디Ahmad Sa'di 같은 팔레스타인 학자들이 증명한 것처럼, 벤구리온이 전쟁 후 유대 국가 내에 남은 팔레스타인인들("아랍계 소수 민족")을 제거하려고 시도했던 것도 이 때문

이다.[100]

1947년 11월 29일(유엔 결의안이 채택된 날)부터 1948년 5월 15일(영국 위임 통치가 종료된 날) 사이에 발생한 또 다른 사건으로 인해 시온주의 운동은 다가올 일에 더 잘 대비할 수 있었다. 위임 통치 기간이 끝날 무렵, 영국군은 하이파 항구로 철수했다. 영국군이 떠난 영토는 어디든 유대 공동체의 군대가 차지했고, 위임 통치가 끝나기도 전에 현지인들을 몰아냈다. 이 과정은 1948년 2월에 몇몇 마을에서 시작됐고, 그해 4월에는 하이파, 야파, 사파드, 베트셰안, 아크레, 서예루살렘의 종족 청소로 정점에 이르렀다. 이 마지막 단계는 이미 유대인 공동체 주요 군사 조직인 하가나Haganah 고위 사령부와 함께 준비한 종합 계획 '플랜 D'에 따라 체계적으로 준비됐다. 이 계획은 종족 청소 과정에서 사용할 방법을 다음과 같이 명확하게 언급했다.

마을 파괴(잔해에 방화, 폭발, 지뢰 설치), 특히 지속적인 통제가 어려운 인구 밀집 지역에서….

다음 지침에 따라 수색 및 통제 작전을 수행한다. 마을을 포위하고 내부를 수색한다. 저항이 있을 경우 무장 세력은 반드시 파괴하고, 민간인은 국경 밖으로 추방한다.[101]

규모가 작은 이스라엘 군대가 어떻게 대규모 종족 청소 작전을 벌이면서 5월 15일부터 아랍 세계의 정규군과 맞설 수 있었을까? 먼저, 아랍군이 도착하기도 전에 (리드Lydd, 라믈레, 베르셰바 등 세 도시를 제외하고는) 도시 거주민이 이미 청소됐다는 점에 주목할 만하다. 둘째, 팔레스타인 농촌 지역은 이미 이스라엘의 지배를 받고 있었고, 이스라엘군과 아랍군은 농촌 지역 안이 아닌 국경에서 만났다. 요르단이 팔레스타인 사람들을 도울 수 있었던 리드와 라믈레의 사례에서는, 요르단군의 영국인 사령관 존 글러브 경Sir John Glubb이 군대를 철수시켜 이스라엘군과의 대결을 피했다.[102] 마지막으로, 아랍의 군사 행동은 한심할 정도로 비효율적이고 짧게 이뤄졌다. 첫 3주 동안 약간의 성공을 거둔 이후에는 내내 패배하고 서둘러 철수하는 창피함만 보일 뿐이었다. 1948년 말에 잠시 잠잠했던 이스라엘의 종족 청소는 다시 계속됐다.

현재 관점에서 볼 때, 팔레스타인 시골에서 이스라엘이 벌인 행동은 전쟁 범죄로 규정하지 않을 수 없다. 정말 비인도적인 범죄였다. 이 엄연한 사실을 무시하고서는 정치 체계와 사회로서의 팔레스타인과 팔레스타인인들을 대하는 이스라엘의 자세 이면에 무엇이 존재하는지 절대 이해할 수 없을 것이다. 시온주의 운동의 지도부, 나중에 이스라엘 정부가 된 이들이 저지른 범죄는 바로 종족 청소였다. 이는 단순히 수사적인 표현이 아니라, 정치적, 법적, 도덕적 함의를 가진 고발이다. 종족 청소라는 범죄의 정의는 1990년대 발칸반도 내전 이후에 명확해졌다. 종족 청소 또는 인종 청소란 한 집단이 다른 집단과 뒤섞인 지역을 단일 집단만의 지역으로 바꾸고자 다른 종족 집단을 몰아내는 모든 행위다. 설득, 추방 위협, 대량 학살 등 사용된 수단과 관계없이 이런 행위는 종족 청소에 해당한다.

더욱이 행위 자체가 정의定義를 결정한다. 따라서 실행을 위한 기본 계획이 발견되거나 드러나지 않았더라도 특정 정책이 국제 사회에서 인종 청소로 간주될 수 있다. 따라서 두려움 때문에 집을 떠난 사람들과 진행 중인 군사 작전의 일환으로 강제로 추방된 사람들을 모두 인종 청소의 피해자로 본다. 미국 국무부와 유엔 웹사이트에서 관련 정의와 참고 문헌을 찾아볼 수 있다.[103] 헤이그 국제 법원이 이런 행위를 계획하고 실행한 책임자를 심판할 때 이들 정의를 지침으로 삼는다.

초기 시온주의 지도자들의 글과 사상을 연구해 보면, 1948년에 일어난 이 범죄는 필연적이었음을 알 수 있다. 시온주의의 목표는 변하지 않았다. 팔레스타인에서 위임 통치 지역을 가능한 한 많이 차지하고, 미래 유대 국가를 위해 마련된 이 공간에서 팔레스타인 마을과 도시를 대부분 제거하는 데 전념하는 것이었다. 실행은 계획보다도 훨씬 체계적이고 포괄적으로 이뤄졌다. 7개월 만에 531개 마을을 파괴했고, 11개 도시 지역을 소개했다. 대규모 추방을 실시할 때에는 학살과 강간이 수반됐고, 10세 이상의 남성들을 노동 수용소에 1년 이상 감금하는 일도 있었다.[104]

정치적 함의는 이렇다. 팔레스타인 난민 문제 발생은 전적으로 이스라엘의 잘못이며, 이스라엘에게 도덕적 책임뿐 아니라 법적 책임도 있다. 법적 함의는 이러하다. 비인간적인 범죄에 비록 법적 소멸 시효가 있다고 해도, 그토록 긴 시간이 지나는 동안 그 행위 자체는 여전히 아무도 법의 심판을 받지 않은 범죄라는 점이다. 도덕적 함의는 유대 국가가 죄악에서 탄생했고(물론 많은 국가가 그렇다), 그 죄, 범죄를 결코 인정하지 않았다는 점이다. 더 나쁜 점은 이스라엘의 특정 집단이 이를 인정했지만, 동시에 과거를 돌이켜 볼 때나 미래의 팔레스타인인 정책을 펼칠 때는 자신들의 범죄를 완전히 정당화한다는 사실이다. 그 범죄는 오늘날에도 여전히 저질러지고 있다.

이스라엘 정치 엘리트들은 이 모든 의미를 완전히 무시했다. 대신 1948년 사건에서 매우 다른 교훈을 얻었다. 국가가 인구의 절반을 추방하고, 마을을 파괴해도, 처벌받지 않는다는 점이다. 그러한 교훈으로 인해 1948년 직후와 그 이후에도 다른 수단을 통한 종족 청소가 계속되는 것을 피할 수 없었다. 이 과정에서 널리 알려진 주요 사건들이 있다. 1948년에서 1956년 사이에 이스라엘 본토에서 더 많은 팔레스타인 사람들이 추방됐다. 1967년 전쟁 중에 서안과 가자 지구에서 팔레스타인인 30만 명이 강제 이주됐다. 그리고 2000년 3월까지 매우 계산적이면서도 지속적으로 대예루살렘Greater Jerusalem 지역에서 25만 명 이상의 팔레스타인인 청소가 이뤄진 것으로 추정된다.

1948년 이후 종족 청소 정책은 다양한 형태로 펼쳐졌다. 점령지와 이스라엘 내 다양한 지역에서, 추방 정책은 사람들이 마을이나 동네를 떠나는 것을 금지하는 정책으로 대체됐다. 팔레스타인인을 거주 지역 밖으로 나가지 못하게 제한한 목적은 추방과 똑같았다. 오슬로 협정*에 따라 팔레스타인 사람들

---

* 1993년 9월 13일 미국 백악관 정원에서 빌 클린턴 미국 대통령이 지켜보는 가운데, 이스라엘의 라빈 총리와 팔레스타인해방기구의 아라파트 의장이 서명한 협정. 사전 협상이 오슬로에서 이뤄졌기 때문에 '오슬로 협정'이라고 불린다. 이 협정을 통해 이스라엘은 요르단강 서안과 가자 지구를 팔레스타인 자치 지역으로 인정했고, 실제로 자치 정부가 수립됐다. 그러나 오슬로 협정에 반대했던 이스라엘 강경 세력에 의해 라빈 총리가 암살됐고, 오슬로 협정은 흔들리게 됐다.

은 서안의 A, B, C 지역이나, 서안의 일부로 공표된 예루살렘 마을이나 동네, 가자 지구에 격리돼 있으며, 이들은 공식적이든 비공식적이든 인구 통계에 집계되지 않는다. 이스라엘 정책 입안자들이 다른 무엇보다 중요하게 생각하는 부분이다.

과거든 현재든 이스라엘의 종족 청소 정책이 시사하는 바를 국제 사회가 인식하고 해결하지 않는 한, 이스라엘-팔레스타인 분쟁을 해결할 방법은 없을 것이다. 팔레스타인 난민 문제를 무시하고서는 양측 분쟁 당사자들을 화해시키려는 시도들은 모두 지속적으로 힘을 잃을 것이다. 이것이 '1948년 사건'을 종족 청소 작전으로 바라봐야만 하는 중요한 이유다. 정치적 해결책이 갈등의 근원, 즉 팔레스타인인의 추방을 회피하지 않도록 해야 하기 때문이다. 이러한 과거 회피가 이전의 모든 평화 협정이 붕괴된 주요 원인이다.

법적 교훈을 배우지 못한다면 팔레스타인 측에는 항상 복수심과 보복 충동이 남아 있을 것이다. 1948년 나크바가 인종 청소 행위임을 법적으로 인정해야 일종의 회복적 정의가 실현될 길이 열릴 것이다. 이는 최근 남아프리카공화국에서 진행된 과정과 동일하다.* 과거의 악행을 인정하는 일은 범

---

* 　남아프리카공화국은 2023년 12월 말 이스라엘을 집단 학살 혐의로 국

죄자를 정의의 심판대에 세우기 위해서가 아니라, 범죄 자체를 대중의 관심과 재판에 끌어들이기 위함이다. 판결은 보복적이지도 않을 것이고, 처벌도 없을 것이다. 오히려 회복적일 것이다. 피해자들은 보상을 받을 것이다. 팔레스타인 난민 사례에 대한 가장 합리적인 보상은 1948년 12월 유엔 총회의 '결의안 194'에 이미 분명하게 명시돼 있다. 즉, 난민과 그 가족을 고국(가능한 경우에는 집)으로 무조건 귀환시키는 것이다. 그러한 보상이 이뤄지지 않는다면, 이스라엘은 계속해서 아랍 세계 한가운데서 적대적으로 고립되어 팔레스타인뿐 아니라 아랍 세계 전체와의 관계를 복잡하게 만든 식민주의 과거를 상기시키는 존재가 될 것이다.

그러나 이스라엘 내에도 이 모든 교훈을 받아들이는 유대인들이 존재한다는 점이 중요하다. 모든 유대인들이 나크바에 무관심하거나 무지하지는 않다. 나크바에 관심을 갖는 사

제사법재판소에 제소했다. 남아공 정부와 집권당인 아프리카민족회의는 이스라엘의 팔레스타인인 탄압이 본인들이 경험했던 아파르트헤이트와 동일하다고 보고, 이스라엘과 지리적으로도 멀고, 외교 및 종교적으로도 갈등을 빚지 않았음에도 제소하게 됐다. 이는 넬슨 만델라가 1997년 대통령에 오르면서 "팔레스타인의 자유 없이는 우리의 자유도 없다"고 연설한 것과 같은 맥락이다.

람들은 현재 소수이지만, 최소한 1948년에 죽거나, 강간당하고 부상당한 이들의 비명, 고통, 파괴에 귀를 막지 않은 유대 시민들이 있다. 그들은 1950년대에 체포되고 구금된 수천 명의 팔레스타인 시민에 대한 이야기를 들었다. 1956년, 단지 팔레스타인인이라는 이유로 군대가 국민을 살해한 카프르 카심Kafr Qasim 학살*을 시인한다. 또한 1967년 전쟁 중에 자행된 전쟁 범죄와 1982년 난민 캠프에 대한 무자비한 폭격에 대해서도 알고 있다. 1980년대 이후 점령지에서 팔레스타인 젊은이들에게 가해진 신체적 학대도 잊지 않았다. 이 이스라엘 유대인들은 귀를 막지 않았으며, 오늘날에도 무고한 사람들을 처형하라고 명령하는 군 장교의 목소리와 곁에 서서 구경하는 병사들의 웃음소리를 들을 수 있다.

그들은 또한 눈멀지 않았다. 531곳의 파괴된 마을과 폐허가 된 동네를 보았다. 그들은 이스라엘 사람 모두가 볼 수 있었으

---

* 1956년 10월 29일 이스라엘 아랍 마을인 카프르 카심에서 발생한 학살 사건. 카프르 카심은 당시 이스라엘과 요르단 서안 사이에 사실상의 국경에 위치해 있던 마을이다. 사건은 시나이 전쟁 전날 벌어졌다. 통금 시간인 줄 모르고 일을 마치고 돌아오던 아랍 민간인들을 이스라엘 국경 수비대가 사살했다. 총 48명의 사망자 중 23명이 8~17세의 어린이와 청소년이었다.

나 대부분이 보지 않기로 결정한 것, 즉 키부츠의 집과 유대민 족기금 숲의 소나무 아래에 남아 있는 마을의 잔해를 보았다. 다른 사회 구성원들이 다 잊었을 때에도 그들은 무슨 일이 일어 났는지 잊지 않았다. 아마도 그 때문에 그들은 1948년의 종족 청소와 이후에 일어난 사건들 사이의 연관성을 충분히 이해할 것이다. 이스라엘 독립 전쟁의 영웅들과 두 인티파다Intifada[*] 를 잔혹하게 진압한 사람들 사이의 관련성을 인식한다. 그들 은 결코 이츠하크 라빈이나 아리엘 샤론을 평화의 영웅으로 착각하지 않았다. 장벽 건설과 종족 청소 정책 사이의 명백한 연관성을 무시하지 않는다. 1948년의 추방과 오늘날 사람들

---

[*] 1987년부터 시작된 이스라엘에 대한 저항 운동으로 팔레스타인인의 민 중 봉기다. '인티파다'는 아랍어로 '반란'을 의미한다. 첫 번째 인티파다 는 1987년 12월 8일 가자 지구 난민 캠프에 사는 4명의 청년이 이스라 엘의 군용 트럭에 깔려 죽은 사건을 계기로 봉기가 확대되어 순식간에 이스라엘 점령하의 요르단강 서안 및 가자 지구를 차지했고, 이스라엘 군 주둔에 저항하는 인티파다로 발전했다. 두 번째 인티파다는 2000년 에 발생했다. 그해 9월 평화 협상을 반대하는 아리엘 샤론 전 이스라엘 국방 장관이 동예루살렘 이슬람교 성지인 알아크사 모스크를 무장 호 위병을 대동하여 방문했는데, 이를 본 팔레스타인인들이 일제히 봉기했 다. 서안 및 가자 지구 주민, 팔레스타인 난민, 이스라엘에 사는 아랍인 들까지 합세했다. 더욱이 9월 30일 가자 지구 정착촌 부근에서 아버지 와 외출하던 12세 어린이가 이스라엘군 총격에 희생되어 시위는 더욱 격화됐다.

을 가두는 일은 동일한 인종 차별적 민족 이데올로기의 필연적인 결과다. 그들은 또 2006년 이후 가자 지구에 가해진 비인간적 행위와 과거의 정책 및 관행 사이의 연관성을 인식하지 못할 수가 없다. 그러한 비인간성은 진공 상태에서 나오지 않는다. 역사가 있고, 이를 정당화하는 이념적 기반이 있다.

팔레스타인 정치 지도부가 분쟁의 이런 측면을 소홀히 해왔기에, 팔레스타인 시민 사회가 '1948년 사건'을 국가 의제의 중심에 재배치하고자 노력하고 있다. 이스라엘 안팎에서 BADIL[*], ADRID[**], 알아우다Al-Awda [***]등의 팔레스타인 비정부 기구가 1948년의 기억을 보존하고, 미래를 위해 그해의 사건에 관여하는 게 왜 중요한지 설명하는 데 헌신하고 있다.

---

[*]   팔레스타인인들의 인권과 난민 문제 대한 연구 및 논의를 위해 설립된 비정부 기구. 1998년에 설립됐다.

[**] The Association for the Defence of the Rights of Internally Displaced Palestinians의 약자. 1948년 대규모 난민 발생 지역에서 운영되는 비정부 기구다.

[***] 팔레스타인 난민들을 보호하고 권리를 옹호하기 위해 노력하는 비정부 기구.

06 ——————— 1967년 6월 전쟁은 "선택의 여지가 없는" 전쟁이었다

1982년 6월 이스라엘이 레바논을 공격한 후, 폭력적인 조치 외에는 "선택의 여지가 없었다"고 공식적으로 발표하여 많은 논란이 있었다. 당시 이스라엘 국민은 군사 행동이 필요하고 정당하다고 생각하는 이들과 그 도덕적 타당성을 의심하는 사람들로 나뉘었다. 양쪽 모두 각자의 주장을 펼치면서 "선택의 여지가 없는" 불가피한 전쟁의 선례로 1967년 전쟁을 들었다. 이것은 신화다.[105]

양쪽이 전제했던 서사에 따르면, 1967년 전쟁으로 인해 이스라엘은 서안과 가자 지구를 점령하고, 아랍 세계 또는 팔레스타인인들이 유대 국가와 화친할 의지가 생길 때까지 관리할 수밖에 없었다. 여기서 팔레스타인 지도자들이 협조적이지 않아서 평화가 불가능하다는 또 다른 신화가 등장한다(이에 대해서는 다른 장에서 따로 논의하겠다). 따라서 이 주장은 이스라엘이 팔레스타인 영토를 일시적으로 통치한다는 인상을 준다. 보다 "합리적인" 팔레스타인의 입장이 나올 때까지 관리한다는 것이다.

1967년 전쟁을 재평가하기 위해서 우리는 먼저 1948년 전쟁으로 돌아가야 한다. 이스라엘의 정치, 군사 엘리트들은 1948년 전쟁을 날려버린 기회라고 생각했다. 그 전쟁은 이스라엘이 요르단강에서 지중해까지 '역사적 팔레스타인' 전체를 차지할 수 있었고, 그래야 했던 역사적 순간이었다. 이스라엘이 그렇게 하지 않았던 단 하나의 이유는 이웃 요르단과의 합의 때문이었다. 둘의 결탁은 영국의 위임 통치 기간이 끝나갈 무렵에 이뤄졌고, 합의에 따라 요르단군은 1948년 전쟁에서 아랍 전체 군사 작전에 제한적으로만 참여했다. 그 대가로 요르단은 팔레스타인의 일부 지역을 합병할 수 있었는데, 나중에 서안이 되는 지역이었다. 다비드 벤구리온은 1948년 합의를 그대로 유지하면서, 요르단이 서안을 차지하도록 한 결정을 '베키야 레도로트bechiya ledorot'라고 불렀다. 문자 그대로 풀이하면, '미래 세대가 한탄할 결정'이라는 뜻이다. 보다 은유적으로 번역한다면, '돌이킬 수 없는 역사적 실수'라

고 할 수 있겠다.[106]

　1948년 이후 유대 문화, 군사, 정치 엘리트의 주요 인사들은 이 실수를 만회할 기회를 찾고 있었다. 그들은 1960년대 중반부터 서안을 포함해 대이스라엘Greater Israel을 만들 방법을 신중하게 계획했다.[107] 그 계획을 거의 실행에 옮기려다가 마지막 순간에 후퇴한 역사적 시점이 몇 차례 있었다. 가장 유명한 때는 1958년과 1960년이다. 다비드 벤구리온은 처음에는 국제 사회의 반응에 대한 두려움 때문에, 그다음에는 인구통계적 이유로(이스라엘이 그렇게 많은 팔레스타인인을 통합할 수 없다는 계산에서) 계획 실행을 중단했다. 1967년 전쟁이 터지면서 최고의 기회가 찾아왔다. 이 장의 뒷부분에서 나는 1967년 전쟁의 원인을 탐구하면서 역사적 서사가 어떻든 이 전쟁에서 요르단의 역할에 주목해야 한다고 주장할 것이다. 예컨대, 1948년 이후 요르단과 상대적으로 좋은 관계를 지속하기 위해 이스라엘이 서안을 점령하고 유지해야 했을까? 나는 아니라고 생각한다. 그렇다면 이스라엘은 왜 이 정책을 고수했는지 의문이 생기며, 이스라엘이 향후 서안을 포기할 가능성이 있을지 궁금해진다. 이스라엘의 공식적인 신화가 주장하듯이 1967년 6월 5일 요르단의 침략에 대한 보복으로 서안을 점령했다고 하더라도, 위협이 사라진 이후까지 이스라엘이 이 지역에 남아 있는 이유에 대한 의문은 사라지지 않는다. 어쨌든 영토 확장만으로 끝나지 않은 이스라엘의 공격적인 군사 행동 사례가 많이 있다. 내가 이 장에서 보여 주려는 것처럼 서안과 가자 지구의 이스라엘 편입은 1967년에 이뤄졌지만, 1948년부터 계획됐다.

1967년 전쟁은 피할 수 없었는가? 우리는 그 답을 1958년에서부터 찾을 수 있다. 현대 중동에 대한 학술 문헌에서는 1958년을 혁명의 해로 묘사한다. 그해 카이로에서 권력을 잡은 이집트 자유 장교단Egyptian Free Officers의 진보적이고 급진적인 사상이 아랍 세계 전체에 영향을 미치기 시작했다. 소련이 이 트렌드를 지지하면서, 이들은 미국의 대척점에 서는 것을 거의 피할 수 없었다. 이렇게 중동에서 냉전이 '연출'되자, 1948년의 '돌이킬 수 없는 역사적 실수'를 바로잡을 구실을 찾던 이스라엘에게 기회가 열렸다. 이스라엘 정부와 군대가 강력한 로비를 추진했는데, 1948년 전쟁의 영웅인 모셰 다얀Moshe Dayan, 이갈 알론 같은 이들이 주도했다. 이집트에서 등장한 '급진주의'가 요르단을 포함한 다른 나라들을 휩쓸 수도 있다는 공감대가 서방 세계에서 형성되자, 이들은 벤구리온 총리에게 북대서양조약기구NATO에 접근해서 이스라엘이 서안을 선제적으로 장악하는 방안을 알리라고 권했다.[108]

이라크가 진보적이고 심지어 급진적인 장교들 손에 넘어가자, 이 시나리오는 더욱 그럴듯해졌다. 1958년 7월 14일, 한 무리의 이라크 장교들이 쿠데타를 일으켜 하심 왕조를 무너뜨렸다. 1921년 이라크를 서방의 영향 아래 두기 위해 영국이 추대한 왕조였다. 경기 침체, 민족주의, 그리고 이집트와 소련의 강한 유대 관계가 촉발한 저항 운동으로 장교들이 권력을 잡게 됐다. 이를 주도한 집단은 6년 전 이집트 왕정을 전복시킨 자유 장교단을 모방하여 스스로를 자유 장교단이라고 불렀는데, 아브드 알카림 카심 Abd al-Karim Qasim의 지휘로 이라크 왕정을 이라크 공화국으로 바꿨다.

당시 서방에서는 혁명 세력이 다음에 점령할 지역이 레바논이 될 수도 있다고 우려했다. 나토는 군대를 파병하여(미 해병대는 레바논에, 영국 특수 부대는 요르단에 보냈다), 이 시나리오를 미연에 방지하기로 했다. 아랍 세계에서 전개되고 있는 냉전에 이스라엘을 개입시킬 필요는 없었고, 바라지도 않았다.[109] 이스라엘이 최소한 서안을 '구원'하겠다고 하자, 미국 정부는 단호하게 거부했다. 그런데 벤구리온은 이 단계에서 경고를 받고 꽤 기뻐했던 것 같다. 그는 1948년의 인구통계학적 성취를 망칠 생각이 없었다. 벤구리온은 서안에 거주하는 팔레스타인인들을 통합하여 새로운 '대'이스라엘에서의 유대인과 아랍인 간의 균형을 바꾸고 싶지 않았다.[110] 벤구리온의 일기를 보면, 서안 점령이 심각한 인구학적 위협이 될 것이라고 장관들에게 설명했다고 적었다. "나는 그들에게 인구가 175만 명인 국가에 아랍인 100만 명을 편입시키는 게 얼마나 위험한지 말해 주었다."[111] 같은 이유로 그는 2년 뒤인 1960년에 또다른 위기를 이용하려는 더 강경한 로비 시도를 사전에 저지했다. 벤구리온이 권력을 잡고 있는 한, 톰 세게브Tom Segev의 책《1967》에서 훌륭하게 묘사한 바로 그 로비는 성공하지 못할 것이었다. 그러나 1960년 즈음에는 로비를 막기가 더 어려워졌다. 사실 1967년의 위기를 특징짓는 모든 요소들이 1960년에 이미 자리 잡고 있었고, 전쟁으로 폭발할 위험도 동일했다. 그러나 전쟁은 회피되거나, 적어도 미뤄졌다.

1960년에 무대에 등장한 첫 번째 주요 인물은 이집트 대통령 가말 압델 나세르였다. 그는 위험한 '벼랑 끝 전술'을 펼쳤고, 6년 후에도 그러했다. 나세르는 이스라엘을 향해 전쟁 위협을 고조시키며 무장 해제된 시나이반도로 군대를 이동시켰고, 남부 도시 에일라트Eilat로 향하는 선박의 통행을 차단하겠다고 위협했다. 그의 동기는 1960년에도 1967년에도 같았다. 나세르는 이스라엘이 시리아를 공격하는 것을 두려워했다. 시리아는 1958년부터 1962년까지 아랍연합공화국이라는 이름으로 이집트와 통합돼 있었다. 1949년 여름 이스라엘과 시리아가 휴전 협정을 체결한 이후에도 해결되지 않은 문제가 꽤 많았다. 그중에는 유엔이 '중간 지대no-men's land'라 부르던 땅도 있었는데, 양측이 모두 탐내는 곳이었다. 이스라엘은 때때로 키부츠를 비롯한 중간 지대에 인접한 정착촌 주민들에게 중간 지대에 가서 개간하도록 독려했는데, 이런 행위가 골란 고원*에서 시리아의 대응을 촉발하리라는 점을 잘 알고 있었다. 이것이 바로 1960년에 발생한 일이었고, 그 후에는 예상하는 대로 서로에 대한 공격과 보복이 점차 커지며 이어졌다. 이스라엘 공군은 실전 경험을 쌓으면서, 시리아 공군이 사용하는 러시아 전투기보다 자신들의 것이 우월하다는 사실을 확인했다. 격전이 벌어졌고, 포탄을 주고받았으며, 정전위원회에 고발장이 접수됐으며, 불안한 소강 상태가 지속되다가 다시 격렬해졌다.[112]

이스라엘과 시리아 마찰의 두 번째 원인은 이스라엘의 국

---

* 평균 해발 고도 1,000미터에, 면적이 제주도만한 광대한 암석 고원이다. 전략적 요충지이며, 바니야스강, 갈릴리 호수 등 주요 수자원의 근원지이기도 하다. 시리아와 이스라엘의 국경 지대로서 국제법상 시리아의 영토이나, 1967년 6일 전쟁 이후 이 지역의 3분의 2를 이스라엘이 불법 점령하고 있다.

영송수관national water carrier*이었다('국영송수관'은 이스라엘의 영
문 공식 명칭으로서, 요르단강 하구와 이스라엘 남부를 잇는 수송관 및 운하
를 건설하려는 대형 프로젝트였다). 1953년부터 시작한 이 프로젝
트에는 시리아와 레바논 양국 모두 절실하게 필요로 하는 수
자원의 일부를 끌어들이려는 내용이 포함됐다. 이에 대응해
시리아 지도자들은, 이스라엘이 전략적 요충지인 골란 고원
과 요르단강의 수원지**를 확보하기 위해 시리아에 대해 전
면적인 군사 작전을 개시할 수 있다며 아랍연합공화국 내 동
맹국인 이집트***를 설득하는 데 성공했다.

　나세르에게는 역사적 팔레스타인을 둘러싼 위태로운 균형
을 살짝 흔들려는 다른 동기가 있었다. 당시 외교적 교착 상
태를 깨고, 팔레스타인 문제에 대한 세계의 무관심에 도전하
고 싶었다. 아비 쉬라임이 그의 책《철의 장벽》에서 보여 준
바와 같이, 나세르는 이 교착 상태에서 벗어날 방법을 찾을

---

* 　이스라엘은 1990년대 '평화의 수로(Peace Conduit)'라는 명칭으로 대수로
　　건설을 다시 추진하여 2013년 이스라엘, 요르단, 팔레스타인 3개국이
　　홍해-사해 대수로 사업에 합의했다.
** 　갈릴리 호수.
*** 당시 이집트와 시리아는 아랍연합공화국(또는 통일 아랍)으로 결합한 상
　　태였다. 아랍연합공화국은 1958년부터 1971년까지 지속됐다.

수 있다는 희망을 가지고 이스라엘의 온건파 외무 장관이자 1950년대 중반 잠시 총리직을 수행한 모세 샤레트와 협상했다.[113] 그러나 나세르는 권력이 벤구리온의 손에 있음을 알았고, 1955년 벤구리온이 총리직으로 복귀한 뒤에는 두 국가 간에 평화 협상이 진전될 수 있다는 희망을 버렸다.

이 협상이 진행되는 동안 양측은 교착 상태를 끝내는 조건으로 네게브Negev의 이집트 영토를 돌려줄 가능성도 논의했다. 이는 잠정적인 초기 아이디어로 이후 더 이상 발전되지 않았기 때문에, 이것이 양자 간의 평화 조약으로 이어질 수 있었을지는 알 방법이 없다. 우리가 아는 사실은 벤구리온이 이스라엘 총리로 재직하는 한 이스라엘과 이집트 사이에 평화 협정이 맺어질 가능성은 거의 없었다는 점이다. 권력에서 밀려났을 때에도 벤구리온은 군대에 있는 연줄을 이용해, 협상이 진행되는 동안 가자 지구에서 여러 차례 이집트 군대를 향해 도발하게 했다. 도발 작전의 구실은 가자 지구의 팔레스타인 난민들이 이스라엘에 잠입한 일이었는데, 이들은 점차 무장하여 결국 유대 국가를 상대로 실제로 게릴라전을 펼쳤다. 이스라엘은 이집트 기지를 파괴하고 이집트 군인들을 살해하는 것으로 대응했다[114]

1956년 벤구리온이 권력을 되찾고, 나세르를 끌어내리려는 영국과 프랑스의 군사 동맹에 합류하자 평화를 위한 노력은 목적과 의미를 상실했다. 4년 후 나세르가 이스라엘과의 전쟁을 염두에 두고 있을 때, 그의 움직임이 영-프-이스라엘의 공격 가능성으로부터 정권을 구하기 위한 선제적 조치로 여겨진 게 당연했다. 그리하여 1960년 이스라엘-시리아 국경에서 긴장이 고조되고 외교 전선에서 아무런 진전이 없자, 나세르는 앞서 '벼랑 끝 전술'로 언급한 새로운 전략을 모색했다. 이 훈련의 목적은 가능성의 경계를 지속적으로 확인하는 것이었다. 실제로 전쟁을 벌이지 않고, 군사적 준비와 위협만으로 정치적 현실을 얼마나 변화시킬 수 있는지 살피기 위함이었다. 그러한 벼랑 끝 전술의 성공 여부는 이를 주도한 사람뿐 아니라, 정책의 대상이 되는 사람들의 예측 불가능한 반응에도 달려 있다. 그 때문에 일이 엄청나게 잘못 흘러갈 수도 있다. 1967년에 그랬던 것처럼 말이다.

　나세르는 이 전략을 1960년에 처음 실행했고, 1967년에도 비슷한 방식으로 되풀이했다. 나세르는 이집트군을 시나이반도로 파견했는데, 시나이반도는 1956년 종전 합의에 따라 비무장 지대여야 했다. 1960년 이러한 위협에 대해 이스라엘 정부와 유엔은 매우 현명하게 행동했다. 당시 유엔 사무총장 다그 함마르셸드Dag Hammarskjöld는 이집트군에 즉각적인 철수를 요구하는 단호한 입장을 취했다. 이스라엘 정부는 예비군을 소집했지만 전쟁을 시작하지는 않겠다는 분명한 메시지를 보냈다.[115]

1967년 전쟁 직전, 전쟁 발발에 영향을 미치는 요인들은 모두 그대로였다. 다만 두 인물, 다비드 벤구리온과 다그 함마르셸드만이 더 이상 관련이 없었다. 벤구리온은 1963년 정계를 떠났다. 아이러니하게도 그가 떠난 이후에야 '대이스라엘'을 위한 로비가 다음 단계를 계획할 수 있었다. 그때까지 벤구리온은 인구통계학적 집착으로 서안 점령을 막기도 했지만, 이제는 익숙해진 군정 통치를 여러 팔레스타인 집단에 가하기도 했다. 1966년에 군정 통치가 폐지되면서, 기존의 통치 기구는 1967년 6월 전쟁이 발발하기도 전에 서안과 가자 지구를 모두 통제할 수 있었다. 이스라엘이 1948년 팔레스타인 소수 민족에게 실시한 군정 통치는 영국 위임 통치 비상 조치emergency regulation에 기반한 것으로, 민간인을 잠재적으로 외국인 집단으로 취급하여 기본 인권과 시민권을 강탈하는 방식이었다. 팔레스타인 전역에 행정, 사법, 입법 권한을 가진 군사 정부를 설립했다. 이는 1966년 무렵에는 아주 잘 돌아가는 조직이 되어 있었고, 서안과 가자 지구에 비슷한 체제가 도입될 때 핵심 역할을 수행할 인력도 수백 명이나 됐다.

그리하여 1966년에 폐지된 군정 통치가 1967년 서안과 가자 지구에 도입됐고, 침략을 위한 만반의 준비가 되었다. 군, 공무원, 학계 등 이스라엘 전문가 그룹은 1963년부터 비상조치에 따라 팔레스타인 영토를 통치하는 방법에 대한 상세한 매뉴얼을 작성하며, 이행 계획을 세웠다.[116] 모든 생활 영역에서 군대에 절대적인 권력을 부여하는 내용이었다. 한쪽 팔레스타인 집단(이스라엘 내 팔레스타인 소수 민족)을 통치하던 군정 통치 기구가 다른 팔레스타인 집단(서안과 가자 지구의 팔레스타인인)을 통치하러 옮겨갈 기회가 1967년에 찾아 왔다. 1966년 말 이스라엘의 시리아 공격이 임박했다고 굳게 믿고 있던 소련이 나세르에게 벼랑 끝 전술을 부추겼을 때였다.[117] 그해 여름 장교와 이론가가 모인 새로운 그룹이 군사 쿠데타를 일으켜 (새로운 '바트Ba'ath'로 알려진) 시리아 국가를 장악했다. 새 정권의 첫 번째 조치 중 하나는 요르단강과 그 하구의 물을 이용하려는 이스라엘의 계획에 더 강경하게 대응하는 것이었다. 시리아는 그들만의 국가 대수로를 건설하기 시작했고, 필요에 따라 물줄기의 방향을 바꿨다. 이스라엘군은 새 수로를 폭격했고, 두 군대 사이에 공중전이 빈번해지고, 점점 더 격렬한 싸움이 이어졌다. 시리아의 새 정권은 또한 새로 형성된 팔레스타인 민족 해방 운동Palestinian national liberation movement을 호의적으로 보았다. 그래서 파타Fatah*를 독려해 레바논을 공격의 발판으로 삼아 골란 고원에서 이스라엘을 상대로 게릴라전을 벌이게 했다. 이는 두 국가 간의 긴장을 더할 뿐이었다.

나세르는 1967년 4월까지 자신의 과장된 행동으로 전쟁까지 가지 않고도 상황을 바꿀 수 있으리라는 희망을 가졌던 듯하다. 나세르는 1966년 11월 시리아와 방위 동맹을 맺고 이스라엘이 공격할 경우 시리아를 지원하겠다고 선언했다. 그러나 1967년 4월 이스라엘-시리아 국경 상황은 최악의 상황으로 치달았다. 당시 이스라엘군 참모총장이었던 이츠하크 라빈에 따르면 "시리아에게 굴욕감을 주기 위해" 골란 고원의 시리아 부대를 공격했다.[118] 이 즈음의 이스라엘은 아랍 세계를 전쟁으로 밀어붙이려고 안간힘을 다하는 것처럼 보

---

* 팔레스타인 최대 정당 중 하나로 팔레스타인해방기구를 주도하고 있다. 1993년 오슬로 협정 이래 이스라엘과 평화 공존을 추구하며 양국 방안을 지지한다. 하지만 2006년 총선에서 급진적이고 무장 투쟁을 주장하는 정당인 하마스에 패배했다. 이후 정치 주도권을 두고 파타와 하마스가 다투고 있으며, 현재 하마스는 가자 지구에, 파타는 서안에서 집권하고 있다.

였다. 그때서야 나세르는 1960년에 썼던 수법을 반복해야겠다고 느꼈다. 시나이반도에 군대를 파견하고, 티란 해협Tiran straights을 봉쇄했다. 티란 해협은 아카바만과 홍해를 연결하는 좁은 만으로, 이를 봉쇄하면 이스라엘 최남단의 항구 에일라트로 향하는 해상 교통을 막거나 방해할 수 있었다. 나세르는 1960년처럼 유엔의 반응을 기다렸다. 1960년을 돌이켜 보면, 다그 함마르셸드는 흔들리지 않았고, 1956년부터 시나이반도에 주둔해 있던 유엔군을 철수시키지 않았다. 새 유엔 사무총장 우 탄트U Thant는 확신이 약했고, 이집트군이 시나이반도에 진입하자 유엔군을 철수시켰다. 이는 긴장감을 더욱 고조시키는 효과를 가져왔다.

그러나 전쟁에 돌입하게 된 가장 중요한 요인은 당시 이스라엘 지도부 내부에 전쟁 도발을 막을 힘이 없었다는 점이다. 내부에서 어떤 형태로든 마찰이 있었으면 강경파의 갈등 유발을 지연시켜, 국제 사회가 평화로운 해결책을 모색할 수 있었을지도 모른다. 미국이 주도하는 외교적 노력이 아직 초기 단계에 머물러 있던 1967년 6월 5일, 이스라엘이 이웃 아랍 국가 모두를 공격했다. 이스라엘 내각은 평화 중재자들에게 시간을 줄 생각이 없었다. 놓칠 수 없는 절호의 기회였기 때문이다.

전쟁 전 중대한 이스라엘 내각 회의에서 외무 장관 아바 에반Abba Eban은 순진하게도 참모총장과 그 동료들에게 1960년 위기와 1967년 상황의 차이점을 물었다. 그는 이번 위기도 이전과 같은 방식으로 해결될 수 있다고 생각했다.[119] 이에 대한 대답은 "명예와 억제력의 문제"였다. 에반은 명예와 억제력만을 위해서 젊은 군인들을 잃는 것은 대가가 너무 크다고 답했다. 나는 에반이 회의록에 기록되지 않은 다른 말도 들었으리라 생각한다. 아마도 1948년에 서안을 차지하지 않은 '돌이킬 수 없는 역사적 실수'를 바로잡을 역사적 기회라고 설득하는 내용이었을 것이다.

전쟁은 6월 5일 이른 아침, 이집트 공군을 거의 괴멸한 이스라엘의 공격으로 시작됐다. 같은 날 시리아, 요르단, 이라크 공군에도 비슷한 공격이 쏟아졌다. 이스라엘군은 가자 지구와 시나이반도도 침공했고, 며칠 만에 반도 전체를 점령하고 수에즈 운하에 도달했다. 이스라엘군이 요르단 공군을 공격하자, 요르단은 예루살렘의 두 지역 사이에 존재하는 작은 유엔 지대를 점령했다. 사흘 안에 이스라엘군은 치열한 전투 끝에 동예루살렘을 점령했고(6월 7일), 이틀 뒤에는 요르단군을 서안 밖으로 몰아냈다.

6월 7일, 이스라엘 정부는 골란 고원에 있는 시리아군과 싸워야 할지 여전히 확신할 수 없었다. 하지만 다른 전선에서 거둔 혁혁한 성공 덕에 정치인들은 골란 고원 점령을 허락했다. 6월 11일까지 이스라엘은 골란 고원, 서안, 가자 지구, 시나이반도를 모두 장악하고 작은 제국이 됐다. 이 장에서 나는 서안을 점령하기로 한 이스라엘의 결정에 초점을 맞추려고 한다.

전쟁이 일어나기 직전에 요르단은 이집트, 시리아와 군사 동맹을 맺었는데, 이에 따르면 이스라엘이 이집트를 공격하는 순간 요르단은 참전해야 했다. 그럼에도 불구하고 후세인 국왕은 전쟁이 시작되면 뭔가를 할 것이지만, 이는 잠깐일 뿐일 것이고, 실제 전쟁을 의미하지 않는다는 분명한 메시지를 이스라엘에 보냈다(그의 조부가 1948년에 취한 입장과 비슷하다). 실제로는 요르단은 상징적 의미 이상으로 개입했다. 요르단은 서예루살렘과 텔아비브Tel Aviv 동부 교외 지역에 대규모 포격을 퍼부었다. 그러나 요르단이 무엇에 반응을 보였는지가 중요하다. 요르단의 공격 두 시간 전인 6월 5일 정오에 요르단 공군이 이스라엘에게 완전히 파괴됐던 것이다. 따라서 후세인 국왕은 아마도 원래 의도보다 더 강력하게 대응해야 했다.

문제는 요르단 군대가 후세인 국왕의 통제하에 있지 않고 이집트 장군의 지휘를 받았다는 데 있었다. 이 사건에 대한 일반적인 서사는 후세인 국왕 자신의 회고록과 당시 미국 국무 장관이었던 딘 러스크의 회고록에 기반을 두고 있다. 이에 따르면, 이스라엘은 (비록 전쟁 첫날 요르단 공군을 파괴했지만) 후세인 국왕에게 전쟁에 참여하지 말라고 촉구하는 화해의 메시지를 보냈다. 첫날 이스라엘은 요르단에 대해서 과하게 공격하지 않으려 했지만, 공군력 파괴에 대한 요르단의 대응 때문에 둘째 날에는 작전 범위를 훨씬 더 넓혔다. 후세인 국왕은 실제로 회고록에 자신은 항상 누군가가 그 미친 짓을 멈춰 주기를 바랐으며, 이집트에 불복할 수도 전쟁을 감수할 수도 없었다고 적었다. 둘째 날 후세인 국왕은 이스라엘에게 진정하라고 촉구했고, 이 서사에 따르면 바로 그때 이스라엘은 더 큰 작전을 시작했다.[120]

이 서사에는 두 가지 문제가 있다. 요르단 공군에 대한 공격과 화해 메시지를 논리적 충돌 없이 받아들일 수 있을까? 더 중요하게는 이스라엘이 첫날 요르단 공격에 주저했다고 하더라도, 이 서사에서조차 둘째 날까지 요르단에게 전혀 유예를 주지 않았다는 점이 분명하다. 노먼 핀켈슈타인이 정확히 지적한 대로, 이스라엘과 가장 가까운 아랍 국가인 요르단과의 관계를 유지하면서도 남은 요르단군을 파괴하고 싶다면 서안을 점령하지 않고 짧은 작전만 수행해도 충분했을 것이다.[121] 이스라엘의 역사학자 모셰 셰메시Moshe Shemesh는 요르단 자료를 조사하고 이렇게 결론을 내렸다. 이스라엘이 1966년 11월 팔레스타인 게릴라를 물리치려고 사무아Samua 의 팔레스타인 마을을 공격했을 때, 요르단 최고 지휘부는 이스라엘이 무력으로 서안을 점령할 의도가 있다고 확신했 다.[122] 그들은 틀리지 않았다.

우려했던 일이 1966년에는 일어나지 않았지만, 1년 뒤에 일어났다. 이스라엘 사회 전체가 예루살렘을 대이스라엘이 라는 새 왕관의 보석으로 삼아 유대교의 성지를 '해방'시키려 는 메시아적 프로젝트를 중심으로 활기를 띄었다. 좌우익 시 온주의자들, 서구의 이스라엘 지지자들도 이런 환희의 흥분 상태에 휩싸여 최면에 걸렸다. 게다가 이스라엘은 서안과 가 자 지구를 점령한 직후는 물론 그 이후에도 그곳을 떠날 생 각이 전혀 없었다. 이것은 1967년 5월 위기가 전면전으로 악 화된 데에 이스라엘의 책임이 있다는 증거가 돼야 한다.

이 역사적 분기점이 이스라엘에게 얼마나 중요했는지는, 종전 직후 유엔 안전보장이사회 결의안 242가 요구한 1967 년에 점령한 모든 영토에서 철수하라는 강력한 국제적 압력 에 이스라엘 정부가 어떻게 저항했는지를 보면 알 수 있다. 독자들도 아다시피, 안전보장이사회 결의는 총회 결의안보다 더 구속력이 있다. 그리고 이는 미국이 드물게 거부권을 행사하지 않은, 이스라엘을 비판하는 안보리 결의안이었다.

이제 우리는 이 점령 직후의 이스라엘 정부 회의록에 접근할 수 있다. 이스라엘의 제13대 정부였는데, 그 내각 구성이 내가 여기서 주장하려는 바와 관련이 있다. 이스라엘에서 이전에도 이후에도 볼 수 없는 종류의 연합 정부였다. 시온주의자 및 유대인의 정치 스펙트럼을 모두 드러냈다. 공산당을 제외하고 좌에서 우, 중도까지 모든 정당 대표가 정부에 있었다. 마팜Mapam 같은 사회주의 정당, 메나헴 베긴Menachem Begin의 헤루트 등 우파 정당, 진보 정당, 종교 정당 등이 모두 포함됐다. 의사록을 읽어 보면, 장관들은 각자가 속한 커뮤니티에 널리 퍼진 의견을 대표함을 인지하고 있다는 느낌을 받는다. 이들의 소신은 단 6일 만에 전쟁에서 승리한 뒤 이스라엘을 휩쓴 환희의 분위기로 더욱 힘을 얻었다. 이와 같은 배경을 통해 우리는 전쟁 직후 이들 장관이 내린 결정을 더 잘 이해할 수 있다.

더욱이 이들 정치인 중 많은 수가 이 순간을 1948년부터 기다려 왔다. 나는 한발 더 나아가 고대 성서 유적지가 있는 서안의 점령이, 특히 1948년 이전에도 시온주의의 목표였으며, 이제야 전체적으로 시온주의 프로젝트의 논리에 들어맞는다고 말하고 싶다. 이 논리는 가능한 한 적은 수의 팔레스타인인만 남기고 가능한 한 많은 팔레스타인 땅을 차지하려는 바람으로 요약할 수 있다. 합의, 환희, 그리고 이 역사적 맥락이 이후의 어떤 이스라엘 정부도 이때의 장관들이 한 결정을 벗어나지 않은 이유를 설명해 준다.

그들이 내린 첫 번째 결정은 이스라엘은 서안 없이는 존재할 수 없다는 것이다. 농업부 장관 이갈 알론이 이 지역을 통치하기 위한 직간접적 방법을 제안했는데, 그는 유대 정착촌을 건설할 수 있는 지역과 팔레스타인 인구가 밀집되어 간접적으로 통치해야 하는 지역을 구분했다.[123] 몇 년 후 알론은 간접 통치 방법에 대한 생각을 바꿨다. 그는 처음에는 이스라엘이 서안 일부 지역을 통치하는 것을 요르단이 지원하도록 (기록되지는 않았지만 아마도 서안 '아랍 지역'의 요르단 시민권과 법을 유지하는 방식으로) 유도할 생각이었다. 하지만 요르단의 미적지근한 반응에 해당 지역을 팔레스타인 자치에 맡기는 쪽으로 기울었다.

두 번째 결정은 서안과 가자 지구의 주민들을 이스라엘 국가의 시민으로 편입시키지 않는다는 것이었다. 이스라엘 시민에는 당시 이스라엘이 새로운 '대예루살렘' 지역으로 간주했던 범위에 살고 있는 팔레스타인들이 포함되지 않았다. 대예루살렘 지역의 정의와, 누가 이스라엘 시민권을 받을 수 있는지는 이 공간의 규모가 커질 때마다 바뀌었다. 대예루살렘의 범위가 더 커질수록 거기에 사는 팔레스타인인의 수도 많아졌다. 오늘날 대예루살렘 지역으로 정의되는 범위에 사는 팔레스타인인은 20만 명이다. 이들을 모두 이스라엘 시민으로 편입시키지 않기 위해 팔레스타인인 거주 지역 상당수를 서안 거주지로 공표했다.[124] 한편으로는 시민권 부여를 거부하고 다른 한편으로 독립을 허용하지 않는 정책이 서안과 가자 지구 주민들을 기본적인 시민권과 인권이 없는 삶으로 내몰게 됨을 이스라엘 정부는 분명히 인식하고 있다.

자연스레 다음 질문은 이스라엘 군대가 팔레스타인 지역을 얼마나 오래 점령할지가 됐다. 대부분 장관들의 대답은 그때든 지금이든 같다. 아주 오랫동안 그렇다. 한 예로, 모셰 다얀 국방부 장관은 50년이라는 기간을 언급하기도 했다.[125] 현재 우리는 점령 50주년을 맞이하고 있다.*

세 번째 결정은 평화 협상 절차와 관련이 있었다. 앞서 언급했듯이 국제 사회는 평화의 대가로 이스라엘이 점령 영토

---

* 이 책의 초판 출간 연도가 2017년이어서 저자가 50주년이라고 언급한 것이다. 2024년은 점령 57년이 되는 해다.

를 반환하기를 기대했다. 이스라엘 정부는 시나이반도의 미래를 두고 이집트와, 골란 고원을 두고 시리아와 협상할 의향이 있었지만, 서안과 가자 지구에 대해서는 협상할 마음이 없었다. 1967년 한 짧은 기자 회견에서 레비 에슈콜Levy Eshkol 총리도 같은 말을 했다.[126] 하지만 이내 그의 동료들은 이런 식으로 공개적인 선언을 하는 것이, 좋게 말해서 도움이 되지 않음을 알게 됐다. 그래서 그 뒤로는 이런 전략적 입장을 공개적으로 솔직하게 인정하지 않았다. 우리가 확보한 것은 몇몇 개인들의 명확한 진술이다. 그중 가장 눈에 띄는 사람은 서안과 가자 지구 정책을 수립하는 고위 관료 팀의 일원이었던 단 바블리Dan Bavli다. 바블리는 그 당시 이스라엘이 특히 서안에 대한 협상을 꺼리는 정책을 분명히 보였다고 회고했다(나는 그 이후 늘 그래왔다고 덧붙이고 싶다).[127] 바블리는 해결책을 찾는 대신, "적대적인 데다 근시안적인" 정책이었다고 설명한다. "다양한 이스라엘 정부가 평화에 대해 많은 이야기를 했지만, 평화를 달성하기 위한 일은 거의 하지 않았다."[128] 그때 그곳에서 이스라엘인들이 고안해 낸 것이 노엄 촘스키Noam Chomsky가 "완전한 희극"이라고 불렀던 바로 그것이다.[129] 그들은 평화에 대해 이야기한다고 해서 현장에서 평화를 무산시킬 행동을 하지 말라는 법은 없다는 사실을 알고 있었다.

　독자들은 아마 당연히 묻고 싶을 것이다. 당시 진정으로 평화를 추구했던 평화 진영이나 진보적인 시온주의자들은 없었느냐고. 실제로 있었고, 아마 오늘날에도 있을 것이다. 그러나 처음부터 그런 입장은 매우 약했고, 소수의 유권자들만이 지지했다. 이스라엘에서는 공개 토론에 구애받지 않고 핵심 정치인, 장군, 전략가 그룹이 정책을 결정한다. 더욱이 돌이켜 보면 이스라엘의 전략은 국가 정책 입안자들의 담론이 아니라, 현장에서 어떻게 행동하는지 행동을 통해서만 판단할 수 있다. 예를 들어, 1967년 통합 정부의 정책 선언은 1977년까지 이스라엘을 통치한 노동당 정부의 정책과 다를 수 있으며, 오늘날까지 간간히 정권을 잡는 리쿠드 정부의 정책과 다를 수 있다(지금은 없어진 카디마Kadima 정당이 이끌었던 샤론 정부와 올메르트 정부는 예외다).* 그러나 각 정권의 행동은 모두 이 세 가지 전략적 결정에 충실했다. 1967년 이후 이 정책들은 시온주의 교리의 교리 문답이 됐다.

―――――――――――――――――――

*　　카디마 정당은 아리엘 샤론 총리의 가자 지구 해방 정책을 지원하기 위해 창당된 정당이다. 샤론 총리는 서안의 이스라엘군과 유대인 정착촌 철수를 정책으로 내세웠다.

현장에서 가장 중요한 조치는 서안과 가자 지구에 유대인 정착촌을 건설하고 확장하는 노력이었다. 정부는 처음에는 (1968년부터) 서안과 (1969년부터) 가자 지구의 팔레스타인인 인구 밀도가 낮은 지역부터 정착촌을 건설했다. 하지만 이디스 제르탈Idith Zertal과 아키바 엘다르Akiva Eldar가 저술한 탁월한 책《땅의 주인The Lord of the Land》에서 아주 소름끼치게 묘사한 것처럼, 장관들과 기획자들은 메시아적 정착민 운동인 구시 에무님의 압력에 굴복하여 팔레스타인인 거주 지역 중심부에도 유대인들을 정착시켰다.[130]

1967년 이후 이스라엘의 실제 의도가 무엇인지 판단하는 또 다른 방법은 이 정책들을 팔레스타인인 피해자의 관점에서 바라보는 것이다. 점령 이후 새 통치자는 서안과 가자 지구의 팔레스타인 사람들을 매우 불가능하고 불확실한 상황에 가두었다. 팔레스타인 사람들은 난민도 아니고, 시민도 아니었다. 시민권 없는 거주민이었고, 지금도 그렇다. 시민권과 인권이 없고 스스로의 미래에 아무런 영향도 줄 수 없는 거대한 감옥에 갇힌 수감자이고, 여러 면에서 여전히 그렇다. 세계가 이런 상황을 용인하는 이유는 이스라엘이 이 상황이 일시적이며, 적절한 팔레스타인 측 평화 협상 상대가 나타날 때까지만 지속될 것이라고 주장하기 때문이다. 그 협상 파트

너를 지금까지도 찾지 못한 건 놀랄 일도 아니다. 이 글을 쓰는 이 시점에도 이스라엘은 여전히 다양한 수단과 방법으로 팔레스타인인을 삼대째 감금하고 있으면서, 이 거대 감옥은 임시적이며 이스라엘과 팔레스타인에 평화가 오면 바뀔 거라고 설명한다.

팔레스타인 사람들은 무엇을 할 수 있을까? 이스라엘의 메시지는 매우 분명하다. 토지 몰수, 엄격한 이동 제한, 가혹한 점령 정부를 감수하면 몇 가지 혜택을 누릴 수 있다는 것이다. 이스라엘에서 일할 권리, 일정한 자치권을 주장할 권리, 그리고 1993년 이후에는 자치 지역 중 일부를 국가로 부를 수 있는 권리들이다. 그러나 팔레스타인인들이 때때로 그래왔듯이 저항을 선택한다면, 이스라엘군의 전력을 느끼게 될 것이다. 팔레스타인 활동가 마진 쿰시예Mazin Qumsiyeh는 이 거대한 감옥에서 탈출하려는 봉기가 14회나 있었지만 항상 그 대응은 잔인했고, 가자 지구에서는 대량 학살까지 있었다고 기록했다.[131]

그러므로 우리는 1948년에 시작된 작업이 서안과 가자 지구의 점령으로 완성됐음을 알 수 있다. 당시 시온주의 운동은 팔레스타인의 80퍼센트 이상을 점령했는데, 1967년에 완전히 점령했다. 유대인이 절대다수를 차지하지 못하는 대이스라엘이라는, 벤구리온을 괴롭혔던 인구통계학적 두려움은 점령지 주민을 시민권 없는 감옥에 가두면서 냉소적으로 해결했다. 이것은 단지 역사적 서술이 아니라, 여러 가지 측면에서 2017년의 현실이기도 하다.

PART Ⅱ.

잘못된 신화: 현재

많은 이스라엘인과 이들을 지지하는 전 세계 사람들, 심지어
이스라엘의 일부 정책을 비판하는 이들조차 결국 이스라엘
이 이웃과의 평화를 추구하며, 모든 시민에게 평등을 보장하
는 온화한 민주주의 국가라고 본다. 이스라엘을 비판하는 사
람들도 이스라엘의 민주주의에 문제가 있다면 1967년 전쟁
때문이려니 한다. 이러한 관점에서 보면 1967년 전쟁은 점령
지에 눈먼 돈을 풀고, 메시아주의자들을 이스라엘 정치에 참
여시키고, 무엇보다 이스라엘을 점령지에서 억압적인 존재
로 만들어 정직하고 근면한 사회를 타락시켰다.

1967년에 이스라엘 민주주의에 문제가 있었지만 여전히
민주 국가였다는 신화를 일부 저명한 팔레스타인 학자들과

친팔레스타인 학자들마저 전파하고 있다. 하지만 여기에는 역사학적 근거가 없다. 1967년 이전의 이스라엘은 절대 민주주의 국가라 할 수 없었다. 이전 장들에서 살펴본 바 대로 이스라엘은 국민의 5분의 1에 해당하는 팔레스타인 사람들의 기본권이나 시민권을 일체 부정하고, 영국 위임 통치 시대의 가혹한 비상조치법에 따라 군정 통치했다. 지방 군정관이 이들의 삶을 절대적으로 지배했다. 특별 규정을 고안해 팔레스타인인들에게 적용하고, 집과 생계를 파괴하고, 내킬 때마다 감옥에 보낼 수 있었다. 1950년대 후반이 돼서야 이런 학대에 반대하는 유대인들의 움직임이 강하게 일어나, 결과적으로 팔레스타인 시민들에 대한 압박이 완화됐다.

전쟁 전 이스라엘에 살았던 팔레스타인인들과 1967년 이후 서안과 가자 지구에 살았던 팔레스타인인들에게 이스라엘 방위군Israel Defense Forces, IDF은 계급이 가장 낮은 병사라도 그들의 삶을 지배하고 망칠 수 있는 존재였다. 이스라엘 병사, 부대나 지휘관이 집을 철거하거나, 검문소에 몇 시간씩 붙잡아 두거나, 재판 없이 감금하더라도 팔레스타인인들은 손쓸 수 없었다. 할 수 있는 일이 아무것도 없었다.[132] 1948년부터 지금까지 매 순간마다 이런 일을 겪는 팔레스타인 사람들이 있다. 그 첫 번째 그룹은 이스라엘 내 팔레스타인 소수 민족이다. 그 시작은 이스라엘 건국 2년째에 카르멜Carmel 산에 살던 하이파 팔레스타인 공동체가 집단 거주 구역ghetto으로 내몰리거나, 사페드처럼 수십 년 동안 거주했던 마을에서 추방되는 것이었다. 이스두드Isdud*의 경우, 인구 전체가 가자 지구로 추방됐다.[133] 시골의 상황은 더 나빴다. 여러 키부츠 운동 세력들이 비옥한 땅에 위치한 팔레스타인 마을들을 탐냈다. 그중에는 양국의 연대를 지지한다고 알려진 사회주의 계열 키부츠 운동인 하쇼메르 하차이르Hashomer Hatzair도 있었다. 1948년의 전투가 잠잠해지고 한참 지난 후에는 갑시예Ghabsiyyeh, 이크리트Iqrit, 비림Birim, 카이드타Qaidta, 자이툰Zaytun 지역의 마을 사람들을 비롯해 많은 이들을 속여서 2주 동안 집을 비우게 했다. 이스라엘 군대가 훈련할 장소가 필요하다고 주장해서다. 하지만 사람들이 다시 돌아와 보니 마을은 파괴됐거나 다른 사람에게 넘어간 상태였다.[134]

이 군사적 테러 상태의 전형적인 예가 1956년 10월 카프르 카심 학살 사건이다. 시나이 작전 직전, 이스라엘 군대가

---

* 지중해와 접해 있는 항구 도시로 텔아비브와 가자 지구 사이에 위치한다. 이스라엘 최대의 항만 도시다. 히브리어로는 '아슈도드' 또는 '아스돗'으로 표기한다.

팔레스타인 시민 49명을 살해했다. 이스라엘 당국은 마을에 통행금지령을 내린 상황이었는데, 팔레스타인인들이 들에서 일하고 늦은 시간에 돌아와 변을 당했다고 주장했다. 그러나 진짜 이유는 따로 있었다. 나중에 드러난 증거에 따르면, 이스라엘은 와디 아라Wadi Ara로 불리는 지역 전체와 마을이 있는 삼각 지대에서 팔레스타인인들을 진심으로 추방할 생각이었다. 와디 아라는 동쪽의 아풀라Afula와 지중해 연안의 하데라Hadera를 연결하는 계곡이고, 삼각 지대는 예루살렘의 동쪽 배후지인데 모두 1949년 요르단과의 휴전 협상으로 이스라엘에 편입된 지역이다. 우리가 이미 살펴봤듯이, 이스라엘은 영토 확장을 언제나 환영했지만 팔레스타인 인구 증가는 좋아하지 않았다. 따라서 이스라엘은 영토가 확장될 때마다 새로 편입된 지역에서 팔레스타인 인구를 제한할 방법을 찾았다.

작전명 '하파르페르트Hafarfert(두더지)'는 아랍 세계와의 전쟁이 다시 발발했을 때 팔레스타인인을 추방하는 일련의 계획을 가리키는 암호명이었다. 오늘날 많은 학자들은 1956년의 학살 사건은 그 지역 사람들이 겁을 집어먹고 떠나게 하려는 실천이었다고 본다. 이스라엘 의회Knesset 의원인 공산당의 타우피크 투비Tawfiq Tubi와 좌익 시온주의당 마팜의 라티프 도리Latif Dori 두 사람의 성실하고 끈질긴 노력 덕에 카프르 카심 학살의 가해자들을 재판정에 세울 수 있었다. 그러나 그 지역을 담당하는 지휘관들과 범죄를 저지른 부대 자체는 소액의 벌금만 내며 아주 가볍게 빠져나갔다.[135] 이는 군대가 점령지에서 살인을 저질러도 빠져나갈 수 있다는 또 다른 증거였다.

조직적인 잔인함은 학살 같은 대형 사건에서만 모습을 드러내지 않는다. 가장 악랄한 잔혹 행위는 체제의 일상적이고 평범한 현실에서도 발견된다. 이스라엘 내 팔레스타인인들은 여전히 1967년 이전 시기에 대해 많이 이야기하지 않는다. 당시 문서에도 전체적인 상황이 드러나지 않는다. 그러나 놀랍게도 군정 통치하에서의 생활 모습을 암시한 시를 찾아볼 수 있다. 나탄 알터만Natan Alterman은 그의 세대에서 가장 유명하고 중요한 시인 중 한 명인데, 그는 '제7기둥The Seventh Column'이라는 주간 칼럼에서 자신이 읽거나 들었던 사건에 대해 논평했다. 정확한 날짜나 사건이 일어난 장소는 때때로 생략했지만, 무엇을 언급하는지 독자가 알아차릴 만큼의 정보는 제공했다. 알터만은 시의 형태로 공격을 표현할 때가 자주 있었다.

소식은 잠깐 나타났다가 이틀만에 사라졌다.

그리고 아무도 신경 쓰지 않고, 아무도 모르는 것 같다.

머나먼 마을 움 알파헴에서,

아이들은—그들을 국민이라고 해야 할까—진흙탕에서 놀았다.

그리고 그중 한 명이 어느 용감한 군인 눈에 수상해 보였고,

아이를 향해 소리쳤다. 멈춰!

명령은 명령이다.

명령은 명령인데, 그 어리석은 소년은 가만히 있지 못했고,

도망쳤다.

그래서 우리의 용감한 군인은 총을 쏘았다. 당연하게도.

그리고 소년은 총에 맞았고, 죽었다.

그리고 아무도 그에 대해 이야기하지 않았다.[136]

한번은 와디 아라에서 총에 맞은 두 팔레스타인 시민에 대한 시를 썼다. 병든 팔레스타인 여성이 세 살과 여섯 살의 두 아이와 함께 아무 설명도 듣지 못한 채 요르단강 건너로 추방된 이야기를 한 적도 있다. 그녀가 돌아오려고 하자 아이들과 함께 체포되어 나사렛 Nazareth 감옥에 갇혔다. 알터만은 어머니에 대한 시가 사람의 마음을 움직여 적어도 어떤 공식적인 반응을 이끌어내길 바랐다. 하지만 일주일 후 그는 이렇게 썼다.

그리고 이 작가의 예상은 어긋났다.

그 이야기를 부정하거나 설명할 줄 알았다.

그러나 아무 말도 없었다. 단 한마디도.[137]

1967년 이전에 이스라엘이 민주주의 국가가 아니었다는 증거는 더 있다. 이스라엘은 토지, 농작물, 가축을 되찾으려는 난민들을 총살하는 정책을 썼고, 이집트의 나세르 정권을 무너뜨리려 식민지 전쟁을 벌였다. 보안군도 폭력적이어서 1948~1967년 사이에 팔레스타인 시민을 50명 넘게 살해했다.

민주주의를 판별하는 기준은 그 사회에 살고 있는 소수자를 얼마나 포용하는가다. 이런 점에서 이스라엘은 진정한 민주주의에 훨씬 못 미친다. 그 사례가 있다. 새로운 영토를 얻은 다음에 다수의 우월한 지위를 보장하는 여러 법안이 통과됐다. 시민권에 관한 법, 토지 소유권에 관한 법, 그리고 무엇보다 중요한 귀환법이 그것이다. 귀환법은 세계 어디에서 태어났더라도 모든 유대인에게 자동적으로 시민권을 부여하는 내용이다. 특히 이 법은 노골적으로 비민주적이다. 1948년 유엔 총회 결의안 194를 통해 국제적으로 인정된 팔레스타인인의 귀환권을 전면 거부하기 때문이다. 이 때문에 이스라엘의 팔레스타인 시민은 직계 가족이나 1948년에 추방된 이들과 함께할 수 없다. 사람들이 고향으로 돌아갈 권리를 부정하고, 동시에 그 땅과 관련이 없는 다른 사람들에게 그 권리를 부여하는 일은 비민주적 관행의 전형이다.

여기에 팔레스타인 민족의 권리를 더욱 부정하는 행위가 하나 더 추가됐다. 이스라엘 내 팔레스타인 시민들이 군 복무를 하지 않는다는 사실을 근거로 이들에 대한 거의 모든 차별을 정당화한다.[138] 이스라엘의 정책 입안자들이 인구의 5분의 1을 어떻게 대우할지 결정하려던 때를 돌이켜 보면, 민주적 권리와 국방의 의무 간의 연관성을 이해하기가 쉬워진다. 그들은 팔레스타인 시민들이 어차피 군에 입대하기를 원하지 않으리라 가정했고, 이를 바탕으로 그들의 차별 정책을 정당화했다. 1954년 이스라엘 국방부가 징병 대상인 팔레스타인 시민들을 징집하기로 하자, 이 정책이 시험대에 올랐다. 비밀 정보 기관은 광범위한 징집 거부가 일어날 것이라 장담했다. 하지만 놀랍게도 징집 대상자들은 모두 관계 기관으로 향했다. 당시 팔레스타인 공동체에서 가장 크고 중요한 정치 세력이었던 팔레스타인 공산당이 이들을 축복했다. 나중에 비밀 정보기관은 시골 생활을 지루하게 여긴 10대들의 활동과 모험에 대한 욕구가 징집에 응한 주된 이유라고 설명했다.[139]

이 사건에도 불구하고 국방부는 팔레스타인 공동체가 군 복무를 거부한다는 루머를 계속해서 퍼뜨렸다. 시간이 지나면서 팔레스타인 사람들은 자신들을 핍박하는 이스라엘 군대에 실제로 등을 돌릴 수 밖에 없었다. 그러나 이스라엘 정부가 이를 차별의 구실로 활용하는 것은 그들이 주장하는 민주주의에 큰 의구심을 갖게 한다. 팔레스타인 시민인데 군 복무를 하지 않는다면 근로자, 학생, 부모나 부부로서 정부 지원을 받을 권리에 심각한 제한을 받는다. 특히 주택은 물론 고용에도 영향을 미친다. 이스라엘 전체 산업의 70퍼센트가 보안에 민감한 부문으로 간주돼서 이들에게 일자리를 제공하지 않는다.[140]

국방부의 전제는 이랬다. 팔레스타인 사람들은 군 복무를 원하지 않을 뿐 아니라, 그들은 잠재적으로 신뢰할 수 없는 내부의 적이다. 이 논리의 문제점은 이스라엘과 아랍 세계가 벌인 모든 주요 전쟁에서 팔레스타인 사람들은 그들의 예상대로 행동하지 않았다는 점이다. 제5열[*]을 형성하지도 않았

---

[*]　적국의 공동체 내부에서부터 형성되어 그 밑바닥에서 활약하는 존재를 의미한다. 말하자면 적 내부의 아군 지지 세력이다. 4열로 줄지어 나아가는 정규군과 달리, 적 내부에서 활동하는 열외 부대라는 의미에서 '제

고, 정권에 맞서 반기를 들지도 않았다. 그러나 이는 그들에게 전혀 도움이 되지 않았다. 오늘날까지도 팔레스타인인들은 해결해야 할 '인구통계학적' 문제로 여겨진다. 다만 한 가지 위안이라면, 오늘날에도 여전히 대부분의 이스라엘 정치인들이 팔레스타인인을 이주시키거나 추방하는 것만이 '그 문제의' 유일한 해결책이라고 생각하지 않는다는 점이다(적어도 평상시에는 그렇다).

토지 문제를 둘러싼 예산 정책을 살펴봐도 민주주의 국가라는 주장이 의심스럽다. 1948년 이후 팔레스타인 지방 의회와 자치 단체는 유대인 의회에 비해 훨씬 적은 예산을 지원받았다. 토지 부족과 고용 기회 부족은 비정상적인 사회 경제적 현실을 초래했다. 예를 들어, 팔레스타인 공동체 중 가장 부유한 북부 갈릴리의 미일야Me'ilya 마을도 네게브의 가장 가난한 유대인 개발 도시보다 상황이 나쁘다. 2011년 〈예루살렘 포스트Jerusalem Post〉는 "1997년부터 2009년까지 유대인의 평균 소득은 아랍인의 평균 소득보다 40~60퍼센트 더 높았다."라고 보도했다.[141]

5열'이라고 표현한다.

오늘날 이스라엘 토지의 90퍼센트 이상은 유대민족기금의 소유다. 토지 소유자는 비유대인과 거래할 수 없으며, 국유지는 국가 사업에 우선적으로 사용한다. 이 때문에 유대인 정착지는 새롭게 건설되는 반면, 팔레스타인 정착지는 거의 새로 만들어지지 않는다. 이런 까닭에 팔레스타인 최대 도시인 나사렛은 1948년 이후 인구가 세 배로 늘었음에도 단 1제곱킬로미터도 확장되지 않은 반면, 그 옆 언덕 위에 건설된 개발 도시 어퍼 나사렛Upper Nazareth은 팔레스타인 토지 소유주에게서 몰수한 땅으로 확장해 그 크기가 세 배로 늘어났다.[142]

갈릴리 전역의 팔레스타인 마을에서 이러한 정책 사례가 발견된다. 1948년 이후 마을의 규모가 40퍼센트, 어떤 경우에는 60퍼센트까지 축소됐고, 수용된 땅에는 유대인 정착촌이 새로 건설됐다는 이야기가 동일하게 전개된다. 다른 곳에서는 '유대화Judaization'의 본격적인 시도가 시작됐다. 1967년 이후 이스라엘 정부는 국토의 북부와 남부에 거주하는 유대인이 부족한 점을 우려해 해당 지역의 인구를 증가시킬 방안을 세웠다. 이런 인구통계학적 변화를 위해서 이스라엘은 팔레스타인인의 땅을 몰수해 유대인 정착촌을 건설해야 했다.

더 나쁜 점은 이들 정착지에서 팔레스타인 시민들을 배제시켰다는 사실이다. 어디든 원하는 곳에서 살 수 있는 권리에 대한 이런 노골적인 침해는 오늘날까지도 계속되고 있다. 이 차별 정책에 맞서 온 이스라엘 인권 관련 NGO의 지금까지 노력은 모두 완전히 실패로 끝났다. 이스라엘 대법원은 단지 몇몇 개별 사건에 대해서만 이 정책의 적법성을 문제 삼았을 뿐, 원칙적인 차원에서 문제를 제기하지는 않았다. 영국이나 미국에서 유대인 시민 또는 카톨릭신도가 특정 마을이나 동네, 도시 전체에 거주하는 게 법으로 금지됐다는 상상을 해 보라. 그런 상황을 어떻게 민주주의라고 받아들일 수 있겠는가?

따라서 두 팔레스타인 집단, 즉 팔레스타인 난민과 이스라엘 내 팔레스타인 공동체를 대하는 이스라엘의 태도를 생각하면, 아무리 상상력을 동원해도 민주주의라고 보기 어렵다. 그러나 '민주 국가 이스라엘'이라는 명제를 의심하게 하는 가장 큰 요인은 제3의 팔레스타인 집단, 즉 1967년 이후 동예루살렘, 서안, 가자 지구에서 직간접적으로 통치를 받아 온 사람들에 대한 이스라엘의 무자비한 태도다. 전쟁 초반에 구축된 법적 기반부터, 서안 안쪽과 가자 지구 밖에서 군대가 가지는 무조건적인 절대 권력, 수백만 명의 팔레스타인 사람들에게 가해지는 일상적인 굴욕까지 중동의 "유일한 민주주의"라는 이 나라는 최악의 독재 국가처럼 행동하고 있다.

이런 비난에 대해 이스라엘의 외교계와 학계는 이들 조치가 모두 일시적이라는 주장을 펼친다. 어디에서든 팔레스타인 사람들이 '더 나은' 행동을 보이면 바뀔 조치들이라는 것이다. 그러나 점령지에서 살아볼 필요도 없이 조사만 해 봐도 이런 주장이 얼마나 터무니없는지 알게 된다. 우리가 살펴본 바와 같이 이스라엘의 정책 입안자들은 유대 국가가 유지되는 한 이 땅의 점령 상태를 계속 유지할 작정이다. 이스라엘 정치 체제는 이 점령 상태를 '현재 상태'로 간주하며, 언제나 현상 유지가 어떠한 변화보다 낫다고 본다. 이스라엘은 팔레스타인 대부분을 통치하게 될 텐데, 그 안에는 항상 상당수의 팔레스타인 인구가 포함될 것이므로 이스라엘의 통치는 비민주적인 수단을 통해서만 이뤄질 수 있다.

게다가 모든 반대 증거에도 불구하고 이스라엘은 이것이 '계몽적 점령enlightened occupation'이라고 주장한다. 여기서 신화는, 이스라엘이 선한 의도로 자비롭게 점령하려고 했지만 팔레스타인인의 폭력 때문에 점점 더 강경한 태도를 취할 수밖에 없었다는 것이다. 1967년 이스라엘 정부는 서안과 가자 지구가 당연히 '에레츠 이스라엘Eretz Israel', 즉 '이스라엘 땅'의 일부라고 여겼고, 이런 입장은 그 이후로도 계속되고 있다. 이스라엘 내 우파와 좌파 정당들이 이 문제에 대해 토론한 내용을 살펴보면, 의견 차이를 보이는 부분은 이 목표의 타당성이 아니라 목표를 달성하는 방법에 대해서다.

하지만 일반 대중 사이에서는 진정한 논쟁이 있었는데, 소위 '구원자redeemers'와 '관리자custodians' 사이의 논쟁이었다. '구원자'들은 이스라엘이 고대 조국의 심장부를 되찾았고, 그것 없이는 미래에 살아남을 수 없다고 믿었다. 반대로 '관리자'들은 서안은 요르단과, 가자 지구는 이집트와 평화를 위해 그 영토를 교환해야 한다고 주장했다.[143] 그러나 이 대중 토론은 주요 정책 입안자들이 점령지 통치 방법을 모색하는 데에는 거의 영향을 끼치지 못했다. 소위 '계몽적 점령'에서 최악인 지점은 영토를 관리하는 방법이었다. 처음에는 이 지역을 '아랍' 구역과 잠재적 '유대인' 구역으로 나누었다. 팔레스타인 인구가 밀집된 지역은 군정 통치하에서 지역 협력자들이 운영하는 자치 구역이 됐다. 이 체제는 1981년에 이르러서야 민간인 행정부로 대체됐다. 다른 지역, 그러니까 '유대인' 구역은 유대인 정착지와 군사 기지로 식민지화됐다. 서안과 가자 지구를 녹지 공간도 없고 도시 확장 가능성도 전혀 없는 단절된 고립 지역으로 만들기 위한 정책이었다.

점령 직후에 구시 에무님이 서안과 가자 지구에 정착하기 시작하면서 상황은 더욱 악화됐다. 이들은 정부의 지도가 아닌 성서의 식민지 지도를 따르고 있다고 주장하면서 팔레스타인 인구가 밀집된 지역에 침투했고, 이에 따라 현지인들을 위한 공간은 더욱 줄어들었다.

어떤 식민지 프로젝트이든 가장 먼저 필요한 것은 바로 땅이다. 이스라엘은 점령지에서 대규모로 토지를 몰수하고, 여러 세대에 걸쳐 살아온 땅에서 사람들을 강제 이주시켜서 살기 어려운 고립된 구역에 가두는 방식으로 땅을 얻었다. 서안 상공을 비행하며 내려다보면 이 정책이 지도상에 가져온 결과를 명확하게 볼 수 있다. 정착촌 벨트가 팔레스타인 공동체를 고립되고 단절된 작은 공동체로 나누며 가로지른다. '유대화 벨트'는 마을과 마을, 마을과 도시를 분리하고, 때로는 하나의 마을을 가르기도 한다. 학자들은 이를 '재앙의 지리학'이라고 부른다. 특히 이 정책은 생태학적으로도 재앙으로 나타났다. 수원지를 메마르게 하고, 팔레스타인에서 가장 아름다운 지역을 파괴하고 있다. 게다가 이 정착촌은 유대 극단주의가 통제할 수 없을 정도로 성장하는 온상이 됐는데, 그 주요 피해자는 팔레스타인인이었다. 그리하여 에프라트Efrat 정착촌은 베들레헴 인근의 왈라자Wallajah 계곡에 있는 세계 문화유산을 망가뜨렸고, 깨끗한 물이 흐르는 운하로 유명했던 라말라Ramallah 인근의 지프나Jifna는 관광 명소로서의 정체성을 잃었다. 수백 개의 비슷한 사례 중 단지 두 가지 작은 예를 들었을 뿐이다.

주택 철거는 팔레스타인에서 새로운 현상이 아니다. 이스라엘이 1948년부터 사용해 온 다른 야만적인 집단 처벌법들과 마찬가지로, 이 방법도 1936년~1939년에 있었던 팔레스타인 대항쟁Great Arab Revolt 기간 동안 영국 위임 통치 정부가 처음 고안해 실행한 것이다. 팔레스타인 대항쟁은 영국 위임 통치의 친시온주의 정책에 맞서는 최초의 팔레스타인 봉기였는데, 영국군이 이를 진압하는 데 3년이 걸렸다. 그 과정에서 영국군은 지역 주민에 다양한 집단 처벌을 가하면서 주택 약 2,000채를 철거했다.[144] 이스라엘은 서안과 가자 지구를 군사적으로 점령한 바로 그날부터 주택을 철거했다. 이스라엘 군대는 팔레스타인 개별 가족 구성원이 저지르는 여러 행동에 대응해 매년 수백 채의 가옥을 폭파했다.[145] 군사 통치를 사소하게 위반하는 것부터 점령에 반대하는 폭력 행위에 가담하는 것까지, 이스라엘인들은 즉시 불도저를 보내 물리적인 건물뿐 아니라 삶과 생활의 중심을 쓸어버렸다. (이스라엘 내에서와 마찬가지로) 대예루살렘 지역에서도 기존 주택을 무허가로 확장하거나, 청구서를 받고 지불하지 못하면 그 처벌로 주택을 철거했다.

최근에 이스라엘에서 또 다른 집단 처벌 형태로 등장한 것은 주택 봉쇄다. 여러분 집의 모든 문과 창문이 시멘트, 회반죽, 돌로 막혀서 제때 꺼내 오지 못한 물건들을 다시 가지러 들어갈 수도 없는 상황을 상상해 보라. 나는 다른 사례를 찾으려고 내 역사책을 열심히 뒤져 봤지만, 다른 데에서 이런 무자비한 조치가 실행된 증거를 찾을 수 없었다.

마지막으로 '계몽적 점령'하에서는 정착민들이 자경단을 조직해 다른 사람들을 괴롭히고 재산을 파괴할 수 있었다. 이런 단체들은 해를 거듭하면서 접근 방식을 바꿔 왔다. 1980년대에는 팔레스타인 지도자들에게 부상을 입히는 일(그중 한 명은 공격을 받아 다리를 잃었다)부터 예루살렘 하람 알샤리프Haram al-Sharif의 모스크를 폭파하려는 계획까지 사실상 테러를 이용했다. 21세기에 들어서는 일상적으로 팔레스타인 사람들을 괴롭히는 데 몰두했다. 팔레스타인 사람들의 나무를 뽑고, 수확물을 파괴하며, 집과 차량에 무작위로 총격을 가했다. 2000년 이후 헤브론 같은 일부 지역에서는 이런 공격이 매달 최소 100건씩 보고됐다. 그곳에서는 500명의 정착민이 이스라엘 군대의 조용한 협조를 받아 더욱 잔혹한 방식으로 인근 지역 주민들을 괴롭혔다.[146]

점령 시작부터 팔레스타인 사람들에게는 두 가지 선택지가 주어졌다. 아주 오랜 시간 동안 대규모 감옥에서 영구적으로 갇히는 현실을 받아들이거나, 중동에서 가장 강력한 군대의 힘에 맞서는 것이다. 팔레스타인인들이 저항했을 때— 1987년, 2000년, 2006년, 2012년, 2014년, 2016년에 그러했다—이스라엘군은 이들을 재래식 군대의 병사와 부대로 간주하여 표적으로 삼았다. 따라서 마을과 도시는 마치 군사 기지처럼 폭격을 받았고, 비무장 민간인들은 전장의 군대처럼 총격을 받았다. 오늘날 우리는 점령지 생활을 너무 많이 알고 있기에 오슬로 협정 전후와 마찬가지로, 저항하지 않으면 탄압이 약해지리라는 주장을 진지하게 받아들이기 어렵다. 수년 동안 많은 사람들이 재판 없이 체포됐고, 수천 채의 주택이 철거됐으며, 무고한 사람들이 죽거나 다쳤으며, 우물의 물은 말라 버렸다. 이 모두가 우리 시대에 가장 가혹한 현대 정권 중 하나라는 증거다. 국제앰네스티는 매년 매우 포괄적인 방법으로 점령의 성격을 기록하고 있다. 다음은 2015년 보고서 내용이다.

이스라엘군은 동예루살렘을 포함한 서안에서 어린이를 비롯한 팔레스타인 민간인을 불법적으로 살해했다. 이스라엘의 지속적인 군사 점령과 수백 명을 행정 구금한 것에 항의하거나 반대하는 팔레스타인 수천 명을 감금했다. 처벌받지 않는 고문과 기타 학대 행위가 여전히 만연해 있다. 당국은 계속해서 서안에 불법 정착촌을 조장하고, 팔레스타인인의 이동의 자유를 심각하게 제한했다. 10월부터 팔레스타인인들이 이스라엘 민간인을 공격하고, 이스라엘군이 적법하지 않은 처형을 시행하는 등 폭력 사태가 확대되는 가운데 제한을 더욱 강화했다. 서안의 이스라엘 정착민들은 팔레스타인인과 그들의 재산을 공격하고, 사실상 아무런 처벌을 받지 않는다. 가자 지구는 이스라엘군에게 봉쇄된 상태이며, 이들은 주민들에게 집단 처벌을 가하고 있다. 당국은 서안과 이스라엘 내부, 특히 네게브/나카브 지역 베두인 마을에 있는 팔레스타인 주택을 계속 철거하고, 주민들을 강제로 퇴거시켰다.[147]

이 내용을 단계별로 살펴보자. 먼저 암살. 앰네스티 보고서에서는 "불법 살인"이라고 부른다. 1967년 이후 약 1만 5,000명의 팔레스타인인이 이스라엘에 의해 "불법"으로 살해당했다. 그중 2,000명은 어린이였다.[148] "계몽적 점령"의 또 다른 특징은 재판 없는 구금이다. 서안과 가자 지구에 거주하는 팔레스타인인 다섯 명 중 한 명은 이런 경험을 했다.[149] 보이콧,

투자 철회 및 제재Boycott, Divestment, and Sanctions(BDS) 운동*
을 비판하는 사람들은 미국의 관행이 훨씬 더 나쁘다고 주장
하기에, 이스라엘의 이러한 관행을 과거와 현재의 미국의 유
사한 정책과 비교해 보면 흥미롭다. 사실 미국 최악의 사례는
제2차 세계 대전 당시 일본인 10만 명을 재판 없이 구금한 일
이고, 이후 소위 "테러와의 전쟁"으로 3만 명을 구금한 것이
다. 이 수치들은 구금을 경험한 팔레스타인인의 수 근처에도
가지 못한다. 그중에는 아주 나이 어린 어린이들, 노인들, 장
기 투옥된 사람들도 있다.[150] 재판 없이 체포된다는 건 충격적
인 경험이다. 무슨 혐의인지도 모르고, 변호사와 접촉할 수도
없다. 가족과 전혀 연락이 닿지 않기도 하는데, 이는 수감됐
을 때 우려할 사항의 일부에 지나지 않는다. 더욱 잔인한 사
실은 이렇게 대규모로 체포한 다음, 다른 사람들에게 협력을
강요하는 수단으로 이용한다는 것이다. 소문을 퍼뜨리거나
성적 지향으로 수치심을 주는 행위도 협력을 강요하는 방법
으로 자주 사용된다.

---

* 이스라엘의 국제법 위반 행위를 중지시키기 위해 정치적, 경제적 압박
  강화를 목적으로 하는 보이콧 운동. 2005년부터 오마르 바르쿠티가 추
  진하고 있다.

고문과 관련해서는 신뢰할 만한 웹사이트인 '미들 이스트 모니터Middle East Monitor'가 이스라엘인이 팔레스타인인들을 고문하는 200가지 방법을 설명하는 참혹한 기사를 썼다. 유엔 보고서와 이스라엘 인권 단체 '비티셸렘B'Tselem'의 보고서를 바탕으로 작성된 목록이다.[151] 그중에는 구타, 문이나 의자에 몇 시간 동안 묶어 두기, 찬물과 뜨거운 물을 끼얹기, 손가락 벌리기, 고환 비틀기 등이 있다.

그러므로 여기서 우리는 이스라엘이 "계몽적 점령"을 유지하고 있다는 주장뿐 아니라, 민주주의를 가장하는 데에도 이의를 제기해야 한다. 이스라엘 통치하에 있는 수백만 명의 사람들을 대하는 태도는 그런 정치적 변명이 거짓임을 드러낸다. 그러나 전 세계의 많은 시민 사회가 이스라엘이 민주주의 국가라는 주장을 부인하고 있는데도, 그들 국가의 정치 엘리트들은 여러 가지 이유로 이스라엘을 여전히 민주주의 국가 클럽의 회원으로 여기고 있다. 여러 측면에서, BDS 운동의 인기는 자국 정부의 대對 이스라엘 정책에 대한 시민 사회의 실망감을 반영한다.

대부분의 이스라엘인들은 이러한 반론이 아무리 좋게 봐도 부적절하고, 최악의 경우 악의적이라고 느낀다. 이스라엘은 스스로가 '자비로운 점령자'라는 견해를 고수한다. "계몽적 점령"을 옹호하는 이스라엘의 일반적인 유대인 시민들은 팔레스타인 사람들이 점령하에서 훨씬 더 나은 삶을 누리고 있으며, 폭력은 말할 것도 없고, 세상에 저항할 이유가 하나도 없다고 주장한다. 해외에서 이스라엘을 무비판적으로 지지하는 사람이라면 이런 억측도 받아들일 것이다.

그러나 이스라엘 사회 일부에서는 여기서 제기한 일부 주장의 타당성을 인정한다. 1990년대에 신념의 수준은 다양했지만 유대인 학자, 언론인, 예술가 상당수가 이스라엘을 민주주의로 정의하는 데에 의문을 표명했다. 자신이 속한 사회와 국가의 근본적인 신화에 도전하려면 상당한 용기가 필요하다. 그 때문에 많은 이들이 나중에 이 용감한 입장에서 물러나 일반적인 노선을 따르는 것이다. 그럼에도 불구하고 지난 세기의 마지막 10년 동안 '민주적인 이스라엘'이라는 가정에 도전하는 결과물들이 만들어졌다. 그들은 이스라엘이 다른 공동체에 속한다고 묘사했다. 바로 비민주 국가들의 공동체다. 그들 중 한 명인 벤구리온대학교의 지리학자 오렌 이프타첼Oren Yiftachel은 이스라엘을 '민족정치ethnocracy'*로 묘사했

---

* 국가 기관이 주도적인 민족 집단 또는 그룹에 의해 통제돼, 그들의 이익, 권력, 자원을 더욱 강화하는 유형의 정치 구조다.

다. 혼합 민족 국가이면서도 한 민족 집단을 다른 모든 민족 집단보다 법적, 공식적으로 선호하는 정권이라는 의미다.[152] 다른 이들은 더 나아가 이스라엘을 인종 차별 국가 또는 정착민 식민지 국가로 분류했다.[153] 한마디로 이들 비판적 학자들이 이스라엘을 어떻게 묘사했든 '민주주의'는 아니었다.

1993년 9월 13일, 이스라엘과 팔레스타인해방기구PLO는 빌클린턴 대통령의 주재로 백악관 잔디밭에서 '오슬로 협정'으로 알려진 원칙 선언서에 서명했다. PLO 지도자 야세르 아라파트Yasser Arafat와 이스라엘 총리 이츠하크 라빈, 이스라엘 외무 장관 쉬몬 페레스Shimon Peres는 이 협정으로 나중에 노벨 평화상까지 받았다. 1992년부터 시작한 오랜 협상은 이렇게 마무리됐다. 그 이전에는 이스라엘이 서안과 가자 지구의 운명을 두고, 또는 일반적인 팔레스타인 문제에 대해 PLO와 직접 협상하기를 거부해 왔다. 이스라엘 정부는 쭉 요르단과 협상하는 쪽을 선호했지만, 1980년대 중반부터는 PLO 대표단의 요르단 대표단 합류를 허용했다.

이스라엘이 PLO와 직접 협상이 가능하도록 입장을 바꾼 데에는 몇 가지 이유가 있다. 첫 번째는 (1977년 이후 처음으로) 1992년 선거에서 노동당이 승리했는데, 노동당 정부는 이전의 리쿠드당 정부에 비해 정치적 해결책에 더 관심을 가졌기 때문이다. 새 정부는 현지 팔레스타인 지도자와 자치권을 두고 협상하려 할 때마다 지체되는 이유가 모든 결정을 튀니스Tunis에 있는 PLO 본부의 검토를 받기 때문이라는 것을 알아차렸다. 그래서 PLO 본부와 직접 대화하는 편이 더 유용하다고 판단했다.

두 번째 이유는 걸프 전쟁 이후 마드리드 회담에서 추진되는 평화안 때문에 이스라엘이 불안했기 때문이다. 미국은 이스라엘, 팔레스타인, 아랍 세계 전체를 하나로 묶어 평화안을 추진하려고 했다. 조지 부시 대통령George Bush Sr.과 국무장관 제임스 베이커James Baker는 1991년에 이 내용을 처음 발의했다. 두 사람은 이스라엘이 평화에 장애가 된다고 주장하면서 이스라엘 정부에 정착촌 건설을 중단하여 '두 국가 해법'을 시도할 수 있게 하라고 압박했다. 당시 이스라엘과 미국의 관계는 전례없이 나빴다. 새로운 이스라엘 행정부 또한 PLO와 직접 접촉을 시작했다. 1991년 마드리드 회담과 그에 따라 진행된 평화를 위한 노력들은 아마도 미국이 처음으로 이스라엘의 철수를 전제로 서안과 가자 지구의 해결책을 찾으려 한 시도였을 것이다. 이스라엘의 정치 엘리트들은 이런 움직임의 싹을 아예 잘라 버리고 싶었다. 자신들이 평화안을 제안해서 팔레스타인인들에게 이를 받아들이도록 설득하는 쪽을 선호했다. 야세르 아라파트 또한 마드리드의 평화안이 불만족스러웠다. 그는 가자 지도자 하이다르 압델샤피Haidar Abdel-Shafi를 대표로, 예루살렘 출신의 파이살 알후세이니Faysal al-Husseini를 비롯한 점령지 팔레스타인 지도부가 협상을 추진하면서 자신의 리더십과 인기가 위협을 받는다고 생각했다.

그래서 튀니스의 PLO와 예루살렘의 이스라엘 외교부는 마드리드에서 평화를 위한 노력이 계속되는 동안 막후 협상을 시작했다. 그들은 오슬로에 본부를 둔 노르웨이 평화 연구소 파포연구재단Fafo에서 기꺼이 중재를 맡아 줄 사람을 찾았다. 양측은 1993년 8월 드디어 공개적으로 만났고, 미국의 참여로 원칙 선언Declaration of Principles, DOP을 마무리했다. DOP는 1993년 9월 백악관 잔디밭에서 그럴싸한 연출과 함께 서명됐고, 갈등의 종식으로 환영받았다.

오슬로 프로세스와 관련해서 두 가지 신화가 있다. 첫 번째는 그것이 진정한 평화를 위한 과정이었다는 것이고, 두 번째는 야세르 아라파트가 대對 이스라엘 테러 작전으로 2차 인티파다를 선동해 의도적으로 오슬로 협정 이행을 방해했다는 것이다.

첫 번째 신화는 1992년 해결책을 찾으려는 양측의 열망에서 탄생했다. 하지만 오슬로 협정이 실패로 돌아가자 금세 누구 잘못인지를 찾는 게임이 됐다. 이스라엘 강경파들은 팔레스타인 지도부를 지목했다. 보다 미묘하고 진보적인 시온주의자들은 야세르 아라파트를 탓했지만, 2004년 PLO 지도자 야세르 아라파트가 사망한 이후 교착 상태에 빠지자 이스라엘 우파, 특히 베냐민 네타냐후에게도 책임이 있다고 보았다. 어느 쪽이든 오슬로 협정이 비록 실패했지만 진짜 평화 프로세스였다고 간주한다. 그러나 진실은 훨씬 복잡하다. 협정 조건은 이행이 불가능했다. 1993년 협정에서 팔레스타인이 한 약속을 아라파트가 지키지 않았다는 주장에는 꺼림칙한 점이 있다. 지킬 수 없는 약속을 이행할 수는 없었다. 예를 들면, 팔레스타인 당국은 점령지 내에서 이스라엘의 보안 하청 업체 역할을 하면서 저항 활동이 없게 해야 했다. 보다 암묵적으로는 아라파트가 오슬로 협정에 따른 최종 합의에 대해 이스라엘 측 해석을 논쟁 없이 수용하기를 기대했다. 이스라엘은 이런 내용을 기정사실화하여, 2000년 여름 캠프 데이비드 정상 회담에서 아라파트가 에후드 바라크Ehud Barak 이스라엘 총리, 빌 클린턴Bill Clinton 미국 대통령과 최종 협상을 하고 있을 때 들이밀었다.

바라크는 비무장 팔레스타인 국가를 요구했고, 수도는 예루살렘 근처의 아부 디스Abu Dis에 두라고 했다. 그러고는 서안 중에서 요르단 계곡, 대형 유대인 정착촌 구역, 대예루살렘의 일부 지역은 제외하도록 했다. 그렇게 세워지는 국가는 독립적인 경제 및 외교 정책을 가지지 못하고, (교육 시스템 운영, 세금 징수, 지방 자치, 경찰 활동, 지역 기반 시설 유지 등) 국내 특정 영역에서만 자치권을 가지게 될 것이었다. 이 합의의 공식화는 분쟁의 종식을 의미함과 동시에, 이후 팔레스타인이 더 이상의 요구, 예를 들면 1948년 팔레스타인 난민의 귀환권을 청구하지 않는다는 의미였다.

평화 프로세스는 시작부터 엉망이었다. 오슬로의 실패를 이해하려면 협정 내내 해답을 찾지 못했던 두 원칙과 연결지어 분석 범위를 넓혀야 한다. 첫 번째 원칙은 평화를 위해서는 지리적 또는 영토적 분할이 우선적으로 이뤄져야만 한다는 것이고, 두 번째는 팔레스타인 난민의 귀환권을 거부하고 협상 테이블에서 이를 배제하는 것이다.

영토의 물리적 분할이 최선의 분쟁 해결책이라는 제안

은 1937년 영국왕립위원회의 필 보고서Peel Report에서 처음 등장했다. 당시 시온주의 운동은 요르단(당시에는 트란스요르단Transjordan)이 "팔레스타인의 아랍 지역"을 합병해야 한다고 제안했지만 팔레스타인인들이 이를 거부했다.[154] 이후 1947년 11월 유엔 분할 결의안에서도 영토 분할이 최선의 방안으로 다시 받아들여졌다. 유엔은 해결책을 찾기 위해 특별위원회UNSCOP를 구성했다. 위원회 위원들은 팔레스타인에 관심도 지식도 거의 없는 나라에서 온 이들이었다. 팔레스타인을 대표하는 기구인 아랍고등위원회와 아랍 연맹은 UNSCOP를 보이콧하고 협력하기를 거부했다. 이 때문에 UNSCOP의 해결책은 시온주의자 외교관들과 지도부가 내놓은 아이디어로 채워졌다. 시온주의자들은 팔레스타인의 80퍼센트를 차지하는 유대 국가 건립을 제안했고, 위원회는 이를 56퍼센트로 축소했다.[155] 이집트와 요르단은 (결국 이집트는 1979년, 요르단은 1994년에 체결한) 시온주의자들과의 양자 협정을 대가로 1948년 이스라엘의 팔레스타인 점령을 정당화시키려고 했다.

분할안은 1967년 이후 미국 주도의 평화를 위한 노력에서 명칭과 범위를 달리하여 다시 나타났다. 이는 "평화를 위한 영토"라는 새로운 담론 속에 내재돼 있었다. 모든 평화 협상가들이 이를 거룩한 원칙으로 간주했는데, 이스라엘이 더 많은 영토에서 철수할수록 더 큰 평화를 얻을 수 있었다. 이제 이스라엘이 철수할 수 있는 영토는 1948년에 차지하지 못했던 20퍼센트 내에 있었다. 따라서 본질적으로 남아 있는 20퍼센트를 이스라엘과 평화의 파트너로 인정한 누군가─1980년대 후반까지 요르단이었고, 이후에는 팔레스타인이었다─가 분할하여 평화를 구축한다는 아이디어였다.

그러므로 당연하게도 이것이 오슬로에서 초기 논의를 이끈 핵심 논리가 됐다. 하지만 역사적으로 분할안이 제안될 때마다 더 큰 유혈 사태가 발생하면서 열망하던 평화를 이루지 못했다는 사실은 쉽게 잊혀졌다. 실제로 팔레스타인 지도자들은 결코 분할을 요구한 적이 없다. 영토 분할은 언제나 시온주의자, 나중에는 이스라엘의 생각이었다. 게다가 이스라엘의 힘이 커짐에 따라 이스라엘이 요구하는 영토 비율도 늘어났다. 따라서 분할안이 점차 세계적인 지지를 얻으면서, 이는 팔레스타인 사람들에게 다른 방식의 공격 전략으로 보이기 시작했다. 팔레스타인 측이 협상 조건으로 이 상황을 차악으로 받아들인 것은 단지 대안이 없었기 때문이다. 1970년대 초 파타는 영토 분할을 완전한 해방으로 가기 위한 필요 수단으로 받아들였지만, 그 자체를 최종 합의로 인정하지는 않

았다.[156]

사실 극단적인 압박이 있지 않고서야 원주민 집단이 자발적으로 나서서 자기 땅을 정착민 집단과 나눌 이유가 없다. 그러므로 우리는 오슬로 협상이 공정하고 평등한 평화 추구의 과정이 아니라 패배하고 식민지화된 민족이 타협에 동의하는 과정이었음을 인정해야 한다. 결과적으로 팔레스타인인들은 자신들의 이익에 반하고 존재 자체를 위협하는 해결책을 억지로 모색해야 했다.

오슬로에서 제시된 '두 국가 해법'과 관련한 논의에 대해서도 같은 주장을 할 수 있다. '두 국가 해법'은 그저 다른 단어로 포장한 분할이다. 비록 논의의 표현 방식은 다르지만 이 시나리오에서도 이스라엘이 영토를 얼마나 양보할 것인지뿐 아니라 남겨 둔 영토에서 무슨 일이 일어날지도 결정하게 된다. 팔레스타인 국가 수립에 대한 약속은 처음에는 세계인과 팔레스타인 사람들에게 설득력 있게 들렸지만, 곧 허울 좋은 구실로 보였다. 그럼에도 불구하고 영토 철수와 국가 수립이라는 상호 연관된 두 개념은 1993년 오슬로 평화 협정의 일부로 성공적으로 포장됐다. 그러나 백악관 잔디밭에서 공동 서명이 이뤄진 지 불과 며칠 만에 불길한 조짐이 생겨났다. 9월 말 즈음 오슬로 협정에서 정한 모호한 원칙들은 소위 제

2차 오슬로 협정*(또는 타바 협정[157]) 조건하에서 이미 새로운 지정학적 현실로 바뀌었다. 이는 단순히 서안과 가자 지구를 '유대인'과 '팔레스타인인' 사이에서 분할하는 데 그치지 않고, 팔레스타인의 모든 지역을 더 작은 구역 내지는 분리 거주 구역Bantustan**으로 분할했다. 1995년의 평화안은 많은 평론가들이 스위스 치즈 같다고 표현한, 작게 쪼개진 팔레스타인인 구역들을 만들어 냈다.[158]

이 계획이 명확해지자 협상은 빠르게 위축됐다. 2000년 여름, 마지막 정상 회담 전에 팔레스타인 활동가, 학자, 정치인은 자신들이 지지한 이 평화 프로세스가 점령지에서의 이스라엘군 철수도 포함하지 않았고, 팔레스타인 국가 수립도 약속하지 않았다는 사실을 깨달았다. 이 속임수가 드러나자 평화 프로세스는 중단됐고, 그에 따른 절망감은 2000년 가을 제2차 팔레스타인 대항쟁제2차 인티파다을 촉발하는 원인이 됐다.

---

*   1995년 9월 28일에 맺어진 서안과 가자 지구에 관한 잠정 협정. 오슬로 협정의 후속인데 이집트 타바에서 체결돼 '타바 협정'이라고도 부른다.

**   반투스탄은 남아프리카공화국의 아파르트헤이트 정책의 하나로서 남서아프리카에 설치된 인종 분리 거주 지역이다.

오슬로 평화 프로세스가 실패한 것은 단순히 분할 원칙을 고수했기 때문이 아니다. 원래 협정에는 5년의 이행 기간이 성공적으로 끝나면 팔레스타인을 가장 괴롭히는 세 가지 문제, 즉 예루살렘, 난민, 유대인 정착촌 문제를 협상한다는 이스라엘의 약속이 있었다. 이 이행 기간 동안 팔레스타인은 이스라엘의 보안 하청 업체로서 이스라엘과 그 군대, 정착민과 시민에 대한 게릴라전이나 테러 공격을 효과적으로 방지할 수 있음을 증명해야 했다. 그러나 오슬로 DOP에서 약속한 바와는 달리, 5년, 즉 첫 단계가 끝났을 때 팔레스타인인들에게 더 중요한 문제들을 논의해야 할 두 번째 단계가 시작되지 않았다. 네타냐후 정부는 팔레스타인의 "잘못된 행동"(여기에는 '학교에서의 선동'이나 군인, 정착민, 시민을 향한 테러 공격에 처벌이 약한 것이 포함됐다) 때문에 두 번째 단계를 시작할 수 없다고 주장했다. 하지만 실제로 이 과정이 중단된 주 원인은 1995년 11월 이스라엘 총리 이츠하크 라빈이 암살됐기 때문이다. 암살 이후 1996년 총선에서 네타냐후가 이끄는 리쿠드당이 승리했다. 신임 총리는 협정을 노골적으로 반대하며 평화 프로세스에 제동을 걸었다. 심지어 미국이 협상 재개를 강요할 때에도 평화 프로세스는 1999년 에후드 바라크가 이끄는 노동당이 집권할 때까지 매우 느리게 진전됐다. 바라크 총리는 최종 평화 협정에 이르는 프로세스를 완료하려는 의지가 있었고, 클린턴 행정부의 전폭적인 지지를 받았다.

2000년 여름 캠프 데이비드에서 협상 중에 이스라엘의 최종 제안이 전달됐다. 이스라엘은 아부 디스를 수도로 하는 작은 팔레스타인 국가를 제안했다. 하지만 정착촌의 유의미한 해체도, 난민 귀환의 희망도 없었다. 팔레스타인이 이 제안을 거부하자, 이스라엘 외무 차관 요시 베일린이 비공식적으로 보다 합리적인 안을 제시했다. 그는 난민들이 미래에 수립될 팔레스타인 국가로 귀환하고, 상징적으로 이스라엘로 복귀하는 데 동의했다. 그러나 이스라엘은 이 비공식적 조건을 절대 비준하지 않았다(팔레스타인 문서로 알려진 주요 문서가 유출된 덕분에 우리는 이 협상의 본질을 더 잘 통찰할 수 있게 됐다. 2001년부터 2007년 사이에 이뤄진 협상의 다른 측면을 검토하고자 하는 독자라면 접근 가능한 이 자료를 참조하는 것이 좋다[159]). 그러나 협상이 결렬되면서 비난받은 쪽은 이스라엘 정치인들이 아닌 팔레스타인 지도부였다. 팔레스타인 지도부가 비타협적이어서 오슬로 협정이 취소됐다는 비난을 받았다. 이는 관련된 사람들에게 가혹할 뿐 아니라, 분할 과정이 얼마나 심각하게 고려됐는지를 무시하는 일이다.

팔레스타인 난민의 귀환권을 의제에서 제외한 것은 오슬

로 협정이 평화 프로세스와 관련이 없는 두 번째 이유다. 분할 원칙이 '팔레스타인'을 서안과 가자 지구로 축소시켰다면, 난민 문제와 이스라엘 내 팔레스타인 소수 민족 문제를 배제하면서 인구학적으로 '팔레스타인 국민'이 팔레스타인 국가 인구의 절반 미만으로 축소됐다. 난민 문제에 대한 관심 부족은 새롭지 않다. 영국 위임 통치 이후 팔레스타인의 평화 노력이 시작된 이래로 난민들은 탄압받고 방치당했다. 1948년 전쟁 후 팔레스타인의 첫 평화 회담인 1949년 4월 로잔 회담부터 난민 문제는 평화 의제에서 제외됐고, '팔레스타인 분쟁' 개념과 분리됐다. 이스라엘이 로잔 회담에 참여한 이유는 단지 그것이 유엔 정회원이 되기 위한 전제 조건이었기 때문이다.[160] 유엔은 또한 이스라엘에 결의안 194의 조건을 준수할 것을 약속하는 '5월 의정서May Protocol'에 서명하게 했다. 결의안 194는 팔레스타인 난민의 무조건적인 귀환이나 보상을 명시하고 있었다. 1949년 5월 의정서에 서명한 지 하루 만에 이스라엘은 유엔에 가입했고, 즉시 의정서를 철회했다.

1967년 6월 전쟁 이후, 세계는 대체로 팔레스타인 분쟁이 그 전쟁으로 시작됐으며 본질적으로 서안과 가자 지구를 둘러싼 다툼이라는 이스라엘의 주장을 받아들였다. 몇몇 아랍 정권도 이 개념을 받아들여 난민 문제를 이슈로 삼지 않았다.

그러나 난민 캠프는 곧 정치, 사회, 문화적 활동이 집중되는 장소가 됐다. 그 예로, 팔레스타인 해방 운동이 다시 태어난 곳도 난민 캠프였다. 유엔만이 여러 결의안을 통해 팔레스타인 난민들의 완전하고 무조건적인 복귀—1948년 결의안 194에서 처음 약속한 내용—를 보장해야 하는 국제 사회의 의무를 계속 언급했다. 오늘날에도 여전히 유엔에는 '팔레스타인 난민의 양도할 수 없는 권리 행사에 관한 유엔 위원회'*가 있지만, 평화 프로세스에는 거의 영향을 미치지 못했다.

오슬로 협정도 다르지 않았다. 협정서에서 난민 문제는 부속서 하위 조항에 파묻혀 거의 눈에 띄지 않았다. 협정에 참여한 팔레스타인 대표단이 일부러 알아보기 어렵게 만들었다기보다는 실수였을 테지만, 결과는 같았다. 난민 문제는 팔레스타인 분쟁의 핵심이자 팔레스타인인들과 팔레스타인 운동에 동조하는 모두가 인정하는 현실이었지만, 오슬로 협정서에서 소외됐다. 대신 이 문제는 한시적인 다자간 그룹에 맡겨졌는데, '6월 전쟁' 이후 추방되거나 떠난 1967년 난민에 초점을 맞추도록 했다. 사실 1991년 마드리드 평화 프로세스

---

*   영문명은 'The Committee for the inalienable rights of the Palestinian refugees'다.

에서 유엔 총회 결의안 194에 기초해 난민 문제를 논의할 다자간 그룹 구성을 시도했었는데, 오슬로 협정이 이 시도를 대체하게 됐다. 1994년 내내 이 그룹을 주도한 캐나다인들은 귀환권을 신화로 여겼고, 그룹은 조용히 사라졌다. 어쨌든 아무런 공식 발표도 없이 모임이 중단되면서, 1967년 난민(그중 30만 명 이상)의 운명도 버려졌다.[161]

1993년 이후 협정의 이행으로 상황은 더욱 악화됐다. 협정 내용에 따라 팔레스타인 지도부는 귀환권을 포기해야 했다. 따라서 '팔레스타인 독립체'가 작게 쪼개지고 분리 거주 구역으로 변모한 지 5년이 지나고서야 팔레스타인 지도부는 팔레스타인 문제의 영구적 해결을 위한 협상의 일환으로 난민 문제를 다루겠다는 의사를 표현할 수 있었다. 그럼에도 불구하고 이스라엘이 논의 조건을 정의할 수 있었기에, 이스라엘은 한편으로는 '난민 문제'를 팔레스타인의 합리적인 불만으로 받아들이고, 다른 한편으로는 '귀환권' 요구를 팔레스타인의 도발로 규정하여 구별하기로 했다.

합의를 지키려는 마지막 시도인 2000년 캠프 데이비드 정상 회담에서도 난민 문제는 진전이 없었다. 2000년 1월 바라크 정부는 미국 협상자들의 승인을 얻어 협상의 범위를 설명하는 문서를 제시했다. 이는 이스라엘의 일방적인 결정이었고, 여름에 정상 회담이 열릴 때까지 팔레스타인은 반대 제안을 내놓지 못했다. 최종 '협상'은 본질적으로 팔레스타인인이 이 문서를 받아들이도록 하려는 이스라엘과 미국의 공동 노력이었는데, 여기에는 팔레스타인인의 귀환권을 절대적이고 명확하게 거부하는 내용도 담겨 있었다. 논의가 열려 있던 부분은 팔레스타인 자치 정부가 관리하는 영토로 귀환이 가능한 난민 수였다. 하지만 관련자들 모두 이 밀집 지역에 더 이상 사람들을 수용할 수 없으며, 이에 반해 이스라엘 및 팔레스타인의 나머지 지역에 난민을 귀환시킬 공간이 충분하다는 것을 알고 있었다. 이 부분에 대한 논의는 실질적인 해결책은 제시하지 않으면서 비판을 잠재우기 위한 의미없는 제스처에 불과했다.

따라서 1990년대의 평화 프로세스는 사실 평화를 향한 과정이 아니었다. 분할을 고집하고 난민 문제를 의제에서 제외하면서, 오슬로 프로세스는 기껏해야 서안과 가자 지구에서 군대 이동과 이스라엘 통제를 재배치하는 데 불과했다. 최악의 경우 점령 지역의 팔레스타인 사람들의 삶을 이전보다 훨씬 더 악화시킬 새로운 통제 체계의 시작이었다.

1995년 이후, 오슬로 협정이 평화를 가져오기는커녕 팔레스타인 사회를 망가뜨리는 요인이 됐다는 사실이 분명했다.

1996년 라빈 암살과 네타냐후 당선 이후, 협정은 현실과 무관한 평화 담론이 됐다. 협상이 진행되던 1996년부터 1999년 사이에 더 많은 정착촌이 건설됐고, 팔레스타인 사람들에게 집단 처벌이 더 많이 가해졌다. 1999년 '두 국가 해법'을 믿는다 해도, 서안과 가자 지구를 한번 돌아보면 이스라엘 학자 메론 벤베니스티의 말을 받아들이게 될 것이다. 그는 자신의 책에서 이스라엘이 불가역적인 현실을 만들었고, '두 국가 해법'을 죽였다고 썼다.[162] 오슬로 프로세스는 진정한 평화 프로세스가 아니었기에, 팔레스타인이 여기에 참여하거나 계속하기를 꺼렸던 것도 비타협적인 태도나 폭력적 정치 문화의 표시가 아니었다. 이스라엘의 점령 지역 통제를 강화하고 심화시키려는 외교적 수작에 대한 자연스러운 반응이었다.

이것이 오슬로 협정에 관한 두 번째 신화로 이어진다. 아라파트의 완고함 때문에 2000년 캠프 데이비드 정상 회담이 실패했다는 것이다. 여기서 두 가지 질문에 답을 구해야 한다. 첫째, 2000년 여름 캠프 데이비드에서 무슨 일이 일어났고, 정상 회담 실패의 책임은 누구에게 있는가? 둘째, 제2차 인티파다의 폭력 행위는 누구의 책임인가? 이 두 질문은 아라파트가 전쟁광이어서 평화 프로세스를 망치려고 캠프 데이비드에 갔고, 인티파다를 새로 시작하겠다는 마음을 먹고 팔레스타인으로 돌아갔다는 흔한 가설을 직접 검토해 보는 데 도움이 될 것이다.

두 질문에 답하기 전에 우리는 아라파트가 캠프 데이비드로 떠날 당시 점령지 현실을 기억해야 한다. 여기서 나의 주된 논지는 아라파트가 현실을 바꾸기 위해 캠프 데이비드에 갔고, 이스라엘과 미국은 현실을 유지하기 위해 그곳에 도착했다는 것이다. 오슬로 프로세스는 점령 지역을 재앙의 지형으로 바꿨다. 이는 팔레스타인 사람들의 삶의 질이 협정 전보다 훨씬 악화됐음을 의미했다. 이미 1994년에 라빈 정부는 아라파트에게 협정을 이행하는 과정에서 이스라엘의 해석을 받아들이도록 강요했다. 서안은 악명 높은 A, B, C 지역으로 나뉘었다. 서안의 절반을 차지하는 C지역은 이스라엘이 직접 통치했다. 이들 지역 사이의 이동과 내부로의 이동은 거의 불가능했고, 서안은 가자 지구와 분리됐다. 가자 지구 역시 팔레스타인인과 유대 정착민 사이를 나누었다. 유대 정착민들은 수원지 대부분을 차지했고, 철조망으로 둘러싸인 폐쇄 공동체에 거주했다. 따라서 평화 프로세스여야 할 협상의 최종 결과는 팔레스타인인의 삶의 질 악화였다.

이것이 2000년 여름 아라파트가 캠프 데이비드에 도착했을 때의 현실이었다. 그는 돌이킬 수 없는 현실을 최종안으로 인정하라는 압박을 받았다. '두 국가 해법'은 팔레스타인에게 기껏해야 분리 거주 구역 두 곳만 허용하고, 최악의 경우 이스라엘이 더 많은 영토를 합병할 수 있게 허용하는 합의로 바뀌었다. 여기에 합의하면 이후에 다른 요구를 할 수 없었고, 대부분의 팔레스타인인들이 겪는 일상적인 어려움을 완화할 방법을 제안하는 것도 포기해야 했다.

캠프 데이비드에서 어떤 일이 벌어졌는지에 대해서는 미국 국무부의 후세인 아가Hussein Agha와 로버트 말리Robert Malley가 정확하고 신뢰할 수 있는 보고서를 내놓았다.[163] 이 상세한 보고서는 《뉴욕 리뷰 오브 북스New York Review of Books》에 실렸는데, 아라파트가 정상 회담을 망쳤다는 이스라엘의 주장을 반박하는 것으로 시작한다. 그리고 오슬로 이후 점령 지역 팔레스타인인들의 삶이 더욱 악화됐다는 점이 아라파트의 주요 문제였다고 지적한다. 이 두 사람에 따르면, 아라파트는 2주 안에 "분쟁을 단번에 끝내려고" 서두르는 대신, 팔레스타인인들이 평화 프로세스의 유용성과 이점에 대해 다시 신뢰할 수 있도록 이스라엘이 특정 조치를 취하는 데 동의하라고 상당히 합리적으로 제안했다. 공교롭게도 2주라는 기간은 이스라엘이 요구한 게 아니라, 빌 클린턴이 자신의 공적을 위해 우격다짐으로 정한 기간이었다.

아라파트가 잠재적 논의 영역으로 제시한 두 가지 주요 제안이 있었는데, 이 제안이 받아들여진다면 현실을 개선할 수 있을 터였다. 첫 번째는 오슬로 이후 늘어난 서안의 집중적인 식민지화를 완화하는 것이었다. 두 번째는 심각한 이동 제한, 잦은 집단 처벌, 재판 없는 체포, 검문소에서의 지속적인 모욕 등 팔레스타인 생활에서 일상적인 잔혹 행위를 없애는 것이었다. 이런 일은 팔레스타인 주민이 이스라엘 군대나 행정 기관(영토를 운영하는 기관)을 만나는 곳이면 어디에서나 발생했다.

미국 관리들의 증언에 따르면, 바라크는 유대인 식민지 정책이나, 팔레스타인인에 대한 일상적인 학대에 관련된 이스라엘의 정책을 바꾸기를 거부했다. 그는 아라파트가 선택할 수 있는 여지가 전혀 없는 어려운 입장을 취했다. 현실에서 즉각적인 변화를 약속할 수 없다면 바라크가 최종 합의안으로 무엇을 제안하든 별 의미가 없었다. 예상대로 아라파트는 캠프 데이비드에서 돌아온 직후, 제2차 인티파다를 부추겼다는 이유로 이스라엘과 그 동맹국들에게 전쟁광이라는 비난을 받았다. 여기서 신화는 제2차 인티파다를 야세르 아라파트가 지원한, 심지어 계획적인 테러 공격이라는 것이다. 진실은 이렇다. 제2차 인티파다는 오슬로의 배신에 대한 불만이 터져 나온 대규모 시위였고, 아리엘 샤론의 도발적인 행동이 더해져 악화됐다는 사실이다. 2000년 9월 샤론은 야당 지도자로서 대규모 경호원과 언론을 동원하여 성전산Temple Mount의 하람 알샤리프를 순례했는데, 이것이 항쟁의 도화선이 됐다.

팔레스타인인들은 처음에는 비폭력 시위로 분노를 표출했지만, 이스라엘은 물리력으로 인정사정없이 짓밟았다. 냉혹한 탄압은 절박한 대응으로 이어졌다. 지역에서 가장 강한 군사력과 대면하자 마지막 수단으로 자살 폭탄 테러리스트들이 등장했다. 비폭력 운동이었던 초기 인티파다가 이스라엘군에 진압됐다는 보도가 이스라엘 정부의 서사에 맞추기 위해 묻혔다는 이스라엘 신문 기자들의 증언이 있었다. 그중 한 명이 이스라엘의 주요 일간지인 〈예이도트 아흐로노트Yeidot Ahronoth〉의 부편집장이다. 그는 제2차 인티파다 초기에 이스라엘 언론이 만들어 낸 오보에 대해 책을 썼다.[164] 이스라엘 선동가들은 팔레스타인 사람들의 행동은 이스라엘 최고의 베테랑 외교관 아바 에반의 유명한 발언, 즉 "팔레스타인인들은 평화의 기회를 날려 버릴 기회를 놓치지 않는다."를 확인해 줄 뿐이라고 주장한다.

오늘날 우리는 무엇 때문에 이스라엘이 격렬한 반응을 보였는지 더 잘 이해하고 있다. 이스라엘의 고참 기자 오퍼 셸

라흐Ofer Shelah와 라비브 드러커Raviv Drucker 두 사람은《부메랑Boomerang》이라는 책에서 이스라엘 국방부 장관과 전략가들을 인터뷰하여 국방부 내부에서 이 문제를 어떻게 생각하고 있었는지를 전한다.[165] 그들의 결론은 2000년 여름 이스라엘군이 레바논에서 헤즈볼라에 굴욕적으로 패한 후 좌절감을 느꼈다는 것이다. 이 패배로 군이 약해 보일까 두려웠기 때문에 군사적 힘을 과시할 필요가 있었다. 점령 지역 내에서 지배력을 다시 분명히 함으로써 '무적' 이스라엘 군대에게 필요한 순수한 힘을 과시할 수 있었다. 전력을 다해 대응하라는 명령이 있었고, 이스라엘 군대는 그렇게 했다. 2002년 4월 네타냐Netanya 해변의 호텔에서 발생한 테러 공격(약 30명 사망)에 대한 이스라엘의 보복으로, 이스라엘군은 처음으로 항공기와 폭탄을 사용해 서안의 팔레스타인 밀집 도시와 난민 캠프를 공격했다. 테러 공격을 가한 개인을 추적하는 대신, 무고한 사람들에게 치명적인 중화기 공격을 퍼부은 것이다.

캠프 데이비드에서 실패한 이후 이스라엘과 미국이 책임을 전가하면서 공통적으로 언급한 내용 중 하나는 팔레스타인 지도자들이 결정적인 순간에 전쟁을 선동하는 고질적인 문제가 있다는 것이었다. "팔레스타인 측에 대화할 사람이 없다."라는 주장은 이 시기 이스라엘, 유럽, 미국 전문가 및 평론가 사이에서 공통된 분석으로 재조명됐다. 이런 주장들은 특히 냉소적이었다. 이스라엘 정부와 군대는 팔레스타인의 동의를 얻어 점령을 영구화하려는 의도로, 무력을 사용해 자신들 버전의 오슬로 협정을 강제하려고 들었다. 이는 쇠약해진 아라파트조차도 받아들일 수 없는 것이었다. 아라파트를 비롯해 화해를 이끌 수 있었던 많은 지도자들은 이스라엘의 표적이 됐고, 대부분―어쩌면 아라파트 본인도―암살당했다. 팔레스타인 지도자들을, 심지어 온건파까지도 암살하는 것은 분쟁 상황에서 새로운 현상이 아니었다. 이스라엘은 1972년 가산 카나파니Ghassan Kanafani를 암살할 때부터 이 정책을 사용했다. 시인이자 작가였던 가산 카나파니는 팔레스타인 민족을 화해로 이끌 수 있는 인물이었다. 그가 세속적인 좌파 활동가여서 암살의 표적이 됐다는 사실은, 이스라엘이 평화의 파트너가 될 법한 팔레스타인 사람들을 제거하는 역할을 수행했음을 상징적으로 보여 준다.

2001년 5월, 조지 부시George Bush Jr. 대통령은 조지 미첼 상원 의원을 중동 특사로 임명했다. 미첼은 제2차 인티파다의 원인에 대해 보고서를 작성했는데, 그는 "팔레스타인 자치 정부가 처음부터 의도적으로 폭력 시위를 계획했다고 결론 내릴 근거가 없으며, [이스라엘 정부가] 치명적인 무력으로 대응할 계획이었다고 결론 내릴 근거도 없다."[166]라는 판단을 내렸다. 반면, 그는 아리엘 샤론이 알아크사 사원과 이슬람 성지들의 신성성을 침해하며 불안을 조장했다고 비난했다.

요약하자면, 무력해진 아라파트조차도 2000년 이스라엘의 오슬로 해석은 팔레스타인인의 정상적인 삶에 희망을 없애고, 미래에 더 많은 고통을 가져오리라는 것을 알았다. 이 시나리오는 그가 보기에 도덕적으로 잘못됐을 뿐 아니라, 무장 투쟁이 팔레스타인 해방의 유일한 방법이라고 여기는 이들의 영향력을 강화시킬 게 뻔했다. 이스라엘은 언제라도 제2차 인티파다를 저지할 수 있었지만, 군대는 '성공'을 보여 주는 게 필요했다. 그래서 2002년의 잔인한 '방벽 작전Defensive Shield'*과 악명 높은 '아파르트헤이드 벽apartheid wall' 건설로 이 목적을 달성한 뒤에야 봉기를 일시적으로 진압했다.

---

* 2002년 4월 3일부터 10일간 이스라엘군이 예닌의 난민 수용소를 공격해 200여 명의 민간인들을 살해한 사건.

국제 사회에서 팔레스타인 문제라고 하면 가자 지구를 먼저 떠올린다. 2006년 이스라엘이 처음 가자 지구를 공격했을 때부터, 가깝게는 2014년 이 지역에 사는 180만 팔레스타인인들에게 가한 폭격에 이르기까지 가자 지구는 전 세계적으로 팔레스타인 문제를 상징한다. 이 장에서는 가자 지구에서 폭력이 계속되는 원인에 대해 대중을 오해하게 만드는 세 가지 신화를 제시한다. 이 신화들을 알면, 세계에서 가장 인구 밀도가 높은 땅에 갇힌 민족의 고통이 끝나기를 바라는 이들 누구나 느낄 수밖에 없는 무력감의 실체를 이해하게 된다.

첫 번째 신화는 가자 지구의 주요 주체 중 하나인 하마스 운동에 대한 것이다. 하마스hamas라는 이름은 '이슬람 저항 운동Islamic Resistance Movement'을 뜻하는 아랍어의 약자인데, 하마스라는 단어 자체는 '열정'을 의미한다. 이 단체는 1980년대 후반 이집트의 이슬람 근본주의 운동 조직인 무슬림 형제단Muslim Brotherhood의 지역 지부에서 시작됐다. 처음에는 자선 및 교육 단체로 시작했지만, 1987년 제1차 인티파다 동안에 정치 운동 단체로 바뀌었다. 이듬해에는 정치적 이슬람의 교리만이 팔레스타인을 해방시킬 수 있다고 주장하는 선언을 발표했다. 이런 교리가 어떻게 구현되는지, 그것이 실제로 의미하는 바가 무엇인지는 완전히 설명되거나 입증되지 않았다. 하마스는 출범 이후 지금까지 서구 세력, 이스라엘, 팔레스타인 자치 정부, 이집트와 맞서 실존적인 투쟁을 벌여왔다.

1980년대 후반 하마스가 등장했을 때, 가자 지구에서 주요 경쟁자는 파타 운동Fatah movement이었다. 파타는 PLO를 창설하고, 주요 조직으로 활동하고 있었다. 그들은 오슬로 협정 협상과 팔레스타인 자치 정부 설립—그래서 PLO 의장이 자치 정부의 수반이자 파타 대표다—과정에서 팔레스타인 사람들의 지지를 일부 잃었다. 파타는 좌익 성향이 강한 세속적 민족 운동으로, 1950년대와 1960년대 제3세계 해방 이데올로기의 영향을 받았다. 파타는 모두를 위한 민주적이고 세속적인 국가를 팔레스타인에 세우는 데 여전히 전념하고 있다. 하지만 파타는 1970년대부터 전략적으로 '두 국가 해법'을 지지해 왔다. 하마스는 이스라엘이 모든 점령지에서 완전히 철수하도록 하고, 10년의 휴전 기간을 거친 다음에서야 비로소 미래에 대한 어떠한 해결책이라도 논의할 용의가 있다.

하마스는 파타의 친親오슬로 정책에 이의를 제기했다. 오슬로 정책이 사회적·경제적 복지에 관심이 부족하고, 기본적으로 점령 종식에 실패했다는 점에서였다. 2000년대 중반 하마스가 지방 선거와 전국 선거에서 정당으로 출마하기로 하면서 이런 이의 제기는 더 중요해졌다. 하마스가 2000년 제2차 인티파다에서 눈에 띄는 역할을 한 덕택에 서안과 가자 지구 모두에서 인기가 높아졌다. 하마스 구성원들은 기꺼이 인간 폭탄이 되거나, 최소한 이스라엘의 점령에 저항하는 데 좀 더 적극적인 역할을 했다(우리는 인티파다 기간 동안 파타의 젊은 구성원들도 마찬가지로 저항과 헌신을 보여 주었고, 파타의 상징적 지도자 중 한 명인 마르완 바르구티Marwan Barghouti는 인티파다에 앞장섰다는 이유로 여전히 이스라엘 감옥에 수감돼 있다는 점에 주목해야 한다).

2004년 11월 야세르 아라파트의 사망으로 팔레스타인 지도부에는 정치적 공백이 생겼고, 팔레스타인 자치 정부는 자체 헌법에 따라 대통령 선거를 치러야 했다. 하마스는 이 선거가 오슬로 프로세스와 너무 밀접하게 연관되어 있어 민주주의와는 거리가 멀다고 주장하며 선거를 보이콧했다. 그러나 같은 해인 2005년 지방 선거에는 참여하여 점령지 3분의 1 이상에서 지방 자치 단체를 장악하는, 꽤 좋은 성과를 올렸다. 팔레스타인 자치 정부의 입법 의회를 구성하는 2006년 총선에서는 이보다 더 좋은 성과를 거뒀다. 충분한 표 차이로 과반수를 얻어 정부를 구성했는데, 이 정부는 곧 파타 및 이스라엘과 충돌했다. 이어진 분쟁에서 하마스는 서안에서 공식적인 정치 권력을 잃었지만, 가자 지구를 장악했다. 하마스가 오슬로 협정을 받아들이지 않고 이스라엘을 인정하지 않는 점, 그리고 무장 투쟁을 지속하려는 의지는 여기서 살펴보려고 하는 첫 번째 신화의 배경이다. 미디어와 법령에서는[*] 하마스를 테러리스트 조직으로 낙인찍었다. 나는 하마스는 해방 운동이고, 그런 의미에서 합법이라고 주장할 것이다.

두 번째로 살펴볼 신화는 하마스가 2006년 선거에서 승리하도록 했을 뿐 아니라 파타를 무력으로 몰아낼 수 있도록 가자 지구에 공백을 만든 이스라엘의 결정에 대해서다. 바로

---

[*] 이스라엘은 물론 미국, 유럽 연합, 영국, 캐나다, 일본, 호주, 뉴질랜드 등은 하마스 전체 또는 하마스 내 군부를 테러 단체로 규정하고 있다.

이스라엘이 거의 40년간의 점령 끝에 가자 지구에서 일방적으로 철수한 2005년의 일이다. 두 번째 신화는 이스라엘이 평화나 화해의 제스처로 철수했으나, 그 대답은 적대감과 폭력으로 돌아왔다는 내용이다. 이스라엘이 철수를 결정하게 된 원인이 무엇인지 논의하고, 이스라엘의 철수가 그 이후 지금까지 가자 지구에 미친 영향을 면밀히 살펴봐야 한다. 사실 나는 이 결정이 서안에서 이스라엘의 지배력을 강화하고 가자 지구를 외부에서 통제하고 감시할 수 있는 거대한 감옥으로 만들려는 전략의 일환이었다고 주장한다. 이스라엘은 가자 지구에서 군대와 비밀 정보 기관을 철수시켰을 뿐 아니라, 정부가 1969년부터 가자 지구로 보낸 유대인 정착민 수천 명도 매우 고통스러운 과정을 거치며 철수시켰다. 그렇기에 나는 이 결정을 평화의 제스처로 보는 게 신화라고 주장하려고 한다. 그것은 오히려 전략적 병력 배치에 가까우며, 이스라엘이 하마스의 승리에 강력하게 대응할 수 있게 했고, 가자 지구 주민들에게 비참한 결과를 초래했다.

그리고 실제로 세 번째이자 마지막 신화는 2006년 이후 이스라엘의 조치가 테러에 맞선 자기 방어 전쟁의 일환이라는 주장이다. 나는 다른 장에서처럼, 감히 이를 가자 지구 주민에 대한 '점진적인 대량 학살'이라고 부르겠다.

하마스는 테러 조직이다

2006년 총선에서 하마스가 승리하자 이스라엘 내에서는 이슬람 혐오 물결이 생겨났다. 이 시점부터 팔레스타인 사람들은 혐오스러운 '아랍인'으로 더욱 악마화됐고, '광신적인 무슬림'이라는 새로운 꼬리표가 달렸다. 혐오 표현과 함께 새로이 공격적인 반反팔레스타인 정책이 시행돼 이미 암울하고 잔혹했던 점령 지역의 상황을 더욱 악화시켰다.

과거에도 이스라엘에서 이슬람 혐오가 폭발한 일이 있었다. 첫 번째는 1980년대 후반에 있었다. 15만 명 규모의 공동체에서 40명에 불과했던 팔레스타인 노동자들이 유대인 고용주와 행인을 흉기로 찌른 사건에 연루됐을 때다. 사건 이후 이스라엘 학자, 언론인, 정치인은 이 사건을 이슬람 종교 및 문화와 연결지었지만 점령지와 그 주변에서 발달한 노예 노동 시장에 대해서는 언급하지 않았다.[167] 훨씬 더 심각한 이슬람 혐오 물결은 2000년 10월 제2차 인티파다 중에 발생했다. 무장봉기, 특히 자살 폭탄 테러를 수행하는 주체가 주로 이슬람 단체였기 때문에 이스라엘 정치 엘리트와 언론은 손쉽게 '이슬람'을 많은 이스라엘인들의 눈에 악마로 보이게 묘사할 수 있었다.[168] 세 번째 물결은 하마스가 팔레스타인 의회 선거에서 승리한 2006년에 시작됐다. 이전 두 물결의 특징이 이번에도 나타났다. 가장 주목할 점은 모든 이슬람교도를 폭력, 테러, 비인간성과 연결 짓는 환원주의적 관점이다.

나의 책《이스라엘의 개념 The Idea of Israel》[169]에서 제시했듯이, 1948년부터 1982년까지 팔레스타인 사람들은 나치와 비교되며 악마화됐다. 팔레스타인인을 '나치화'했던 같은 과정이 이제는 이슬람 일반, 그리고 특히 이슬람 활동가들에게 적용되고 있다. 하마스와 그 자매 조직인 이슬람 지하드Jihad가 군사, 게릴라, 테러 활동에 참여한 이래로 계속 그러했다. 극단적인 표현들로 팔레스타인 '정치적 이슬람'* 세력의 다채로운 역사는 물론, 하마스가 창설된 이래 수행해 온 광범위한 사회, 문화적 활동까지 완전히 지워 버렸다.

비교적 중립적인 분석을 살펴보면, 하마스가 무자비하고 미친 광신자 집단이라는 악마화된 이미지가 얼마나 터무니없는지 알 수 있다.[170] 다른 정치적 이슬람 운동들과 마찬가지로 하마스는 점령지의 가혹한 현실에 대한 복잡한 현지 반응

---

* 20세기에 부상한 이슬람주의를 정치적 정체성으로 삼아 이슬람 국가 건설을 목적으로 하는 대중 운동. 무슬림 형제단 팔레스타인 지부나 하마스가 이에 해당한다. 튀르키예나 이집트에서 정치적 이슬람은 민주화 운동의 형태로 부상하기도 했다.

을 반영하고, 과거 세속적이고 사회주의적인 팔레스타인 세력들이 보인 혼란스러운 행보에 대응했던 것이다. 이 상황을 좀 더 적극적으로 분석한 이들은 하마스의 2006년 총선 승리에 잘 대비하고 있었지만, 이스라엘, 미국, 유럽 정부는 그렇지 못했다. 역설적이게도 이스라엘 정치인과 정보기관장은 물론 전문가와 중동학자들이 이 선거 결과에 누구보다 놀랐다. 이스라엘의 이슬람 대가들이 특히 어리둥절했던 지점은 이 승리의 민주적 성격이었다. 그들이 공유하는 해석에 따르면, 광신적인 이슬람교도는 민주적이지도 대중적이지도 않아야 했다. 이 전문가들은 과거에도 비슷하게 오해했다. 이란과 아랍 세계에서 정치적 이슬람이 부상한 이래로, 이스라엘의 전문가 집단은 마치 불가능한 일이 눈앞에서 펼쳐졌다는 듯이 행동했다.

오랫동안 팔레스타인에 대한 이스라엘의 평가, 특히 팔레스타인 내 정치적 이슬람 세력에 대한 평가는 오해와 그에 따른 잘못된 예측으로 점철돼 있었다. 1976년 1차 라빈 정부는 서안과 가자 지구에서 지방 자치 선거를 실시하는 것을 허용했다. 이스라엘 정부는 서안에서는 친요르단 성향의 정치인들이, 가자 지구에서는 친이집트 성향의 기존 정치인들이 선출되리라고 오산했다. 하지만 유권자들은 압도적으로

PLO 후보를 선택했다.[171] 이스라엘 사람들은 선거 결과에 놀랐지만, 그럴 일이 아니었다. 결국 이스라엘이 팔레스타인 사회의 난민촌이나 점령 지역에서 세속적이고 사회주의적인 운동을 억제하거나 없애려고 노력하는 만큼 PLO의 권력과 인기는 높아졌다. 실제로 하마스가 현장에서 중요한 세력으로 떠오른 데에는, 세속적인 파타 운동이 지역 주민들을 장악하는 것을 견제하기 위해 이스라엘이 정책적으로 가자 지구 이슬람 교육 인프라 건설을 장려한 것도 부분적으로 기여했다.

하마스가 권력을 잡기 시작한 1980년대 후반부터 가자 지구에서 복무하며 점령 지역의 종교 문제를 담당했던 애브너 코헨Avner Cohen은 2009년 〈월 스트리트 저널〉에서 이렇게 말했다. "매우 유감스럽지만, 하마스는 이스라엘의 작품이다."[172] 코헨은 셰이크 야신Sheikh Yassin이 1979년에 설립한 자선 단체 알무자마 알이슬라미야al-Mujama al-Islamiya(이슬람 센터Islamic Society)가 강력한 정치 운동이 되고, 1987년 하마스가 출범하게 되는 과정에 이스라엘이 어떻게 도움을 줬는지 설명한다. 하반신 마비에 시각 장애가 있었던 이슬람 성직자 셰이크 야신은 하마스를 창설했으며, 2004년 암살될 때까지 하마스의 정신적 지도자였다. 원래 이스라엘이 야신에게 도움을 제안하며 접근해 확장을 허가해 주겠다고 약속했다. 이스라엘인들은 이 카리스마 있는 지도자 야신이 자선 활동과 교육 활동을 통해 가자 지구 안팎에서 세속적인 파타를 견제하는 힘이 돼 주길 바랐다. 1970년대 후반에는 이스라엘뿐 아니라 미국과 영국도 세속적인 국가 운동을 (지금은 없어서 아쉬워하지만) 서방 최대의 적으로 간주했다.

이스라엘 기자 쉴로미 엘다르Shlomi Eldar는 자신의 저서 《하마스 바로 알기To know the Hamas》에서 야신과 이스라엘 사이의 강력한 연결 고리에 대해 비슷한 이야기를 들려준다.[173] 이스라엘이 승인하고 지원한 '센터'는 1979년에 대학을 설립했고, 독립적인 학교 체계를 구축했으며, 단체와 모스크의 네트워크를 만들었다. 2014년 〈워싱턴 포스트〉도 이슬람 센터가 1988년 하마스로 탈바꿈하기 전까지 이스라엘과 매우 긴밀한 관계였다는 비슷한 결론을 내렸다.[174] 1993년 하마스는 오슬로 협정의 주요 반대 세력이 됐다. 오슬로 협정은 여전히 지지를 받았지만, 인기가 떨어지는 게 보였다. 그러나 이스라엘이 협상 중에 했던 거의 모든 약속을 어기기 시작하면서 다시 한 번 하마스에 대한 지지가 높아졌다. 특히 이스라엘의 정착 정책과 영토 내 민간인에 대한 과도한 무력 사용이 주요했다.

하지만 팔레스타인 사람들 사이에서 하마스가 인기 있었던 이유가 오슬로 협정의 성공이나 실패 때문만은 아니다. 이스라엘 점령하에서 살아가는 일상적 괴로움을 해결할 방법을 세속적 현대성을 통해 찾지 못했기 때문에 하마스가 (점령지의 대다수를 차지하는) 많은 이슬람교도의 마음을 사로잡게 됐다. 아랍 세계의 다른 정치적 이슬람 단체와 마찬가지로, 세속 운동이 고용, 복지, 경제적 안정성을 제공하는 데 실패하자 많은 사람들이 다시 종교로 돌아갔다. 종교는 위안을 줄 뿐만 아니라 자선과 연대의 네트워크도 제공했다. 전 세계적으로 그러하듯이 중동 전체에서도 현대화 및 세속화로 일부 소수는 혜택을 누렸지만, 나머지 많은 사람들은 불행하고 가난하며 비통했다. 종교는 만병통치약 같았고, 심지어 정치적 선택지로 보일 때도 있었다.

아라파트가 아직 생존해 있는 동안 하마스는 대중의 지지를 얻으려 열심히 노력했지만, 2004년 아라파트가 사망하고 생긴 공백을 바로 채우지는 못했다. 아라파트의 후계자인 마흐무드 압바스Mahmoud Abbas(아부 마젠Abu Mazen)는 전임자만큼의 합법성을 인정받거나 존경을 받지 못했다. 이스라엘과 서방이 아라파트를 부정한 반면, 아부 마젠은 팔레스타인 대통령으로 인정했다는 사실 때문에 팔레스타인의 젊은 세대,

개발이 역행한 농촌 지역, 빈곤한 난민 캠프에서는 아부 마젠의 인기가 형편없었다. 제2차 인티파다 중에 이스라엘이 도입한 새로운 탄압 방식—특히 장벽 건설, 바리케이드, 표적 암살—탓에 팔레스타인 자치 정부에 대한 지지는 더욱 약화되고 하마스의 인기와 명성이 높아졌다. 그러므로 역대 이스라엘 정부가 팔레스타인인에게 다른 선택지를 주지 않고, 점령에 저항할 준비가 된 유일한 집단에 투표하도록 몰아갔다고 결론을 내려야 합당할 것이다. 미국의 유명 저술가 마이클 셰이본Michael Chabon은 이스라엘의 팔레스타인 점령을 "내가 평생 본 것 중 가장 심각한 불의"라고 묘사했다.[175]

하마스의 부상에 대해 이스라엘의 소위 팔레스타인 문제 '전문가들'이 기관 안팎에서 제시한 유일한 설명은 새뮤얼 헌팅턴Samuel Huntington이 역사 작동 방식을 신보수주의적으로 해석한 "문명의 충돌" 모델에 맞춘 것이었다. 헌팅턴은 세계를 이성적인 문화와 비이성적인 문화로 나누고, 이 두 문화는 필연적으로 충돌한다고 봤다. 팔레스타인인들이 하마스에 투표한 것은 자신들이 역사의 '비이성적인' 측면에 서 있음을 입증하는 일이었으며, 그들의 종교와 문화를 생각하면 필연적인 결과였다는 입장이다. 베냐민 네타냐후는 두 민족을 갈라놓은 문화적, 도덕적 심연에 대해 더욱 거

친 표현을 사용했다.[176]

이스라엘과의 협상을 약속하며 두각을 나타낸 팔레스타인 단체와 개인들은 협상이 명백히 실패로 돌아가자 대안이 없는 게 분명해 보였다. 이러한 상황에서 이슬람 무장 단체들이 가자 지구에서 이스라엘을 몰아내는 데 성공한 듯 보이자 약간의 희망이 생겼다. 하지만 그게 전부는 아니었다. 하마스는 교육, 의료, 복지를 제공하여 보통 사람들의 고통을 완화하고자 진정으로 노력했고, 그 덕분에 지금은 팔레스타인 사회에 깊이 뿌리내릴 수 있었다. 또한, 팔레스타인 자치 정부와 달리 하마스가 1948년 난민의 귀환권에 대해 명확하고 확고한 입장을 보였다는 점도 마찬가지로 중요하다. 하마스는 귀환권을 공개적으로 지지한 반면, 팔레스타인 자치 정부는 모호한 메시지를 내보냈다. 그 가운데는 아부 마젠이 자신의 고향 사파드Safad로 돌아갈 권리를 철회하는 연설도 있었다.

이스라엘의 철수는 평화를 위한 조치였다

가자 지구는 팔레스타인 전체 면적의 2퍼센트가 약간 넘는다. 이 작은 사실은 가자 지구가 뉴스에 등장할 때 언급된 적이 없으며, 서구 언론이 2014년 여름 가자 지구에서 일어난 드라마 같은 사건*을 보도할 때에도 말한 적이 없다. 실제로 가자 지구는 과거에 독립된 지역으로 존재한 적이 없을 정도로 작은 지역이다. 1948년 팔레스타인이 시온화되기 전, 가자의 역사는 팔레스타인의 나머지 지역과 별반 다르지 않았다. 행정적으로나 정치적으로 나머지 지역과 항상 연결돼 있었다. 가자는 팔레스타인이 세계로 통하는 주요 육로 및 해상 관문의 하나여서 비교적 유연하고 국제적인 생활 방식이 발전했는데, 이는 현대 동지중해의 다른 관문 사회들과 마찬가지였다. 이 지역은 이집트에서 레바논으로 이어지는 해안과 비아 마리스Via Maris** 덕에 번영과 안정을 누렸다. 1948년에 팔레스타인 종족 청소로 발전이 방해받고 거의 파괴될 때까지는 말이다.

가자 지구가 만들어진 때는 1948년 전쟁의 마지막 며칠이

---

* 2014년 6월 파타와 하마스의 통합 정부가 구성된 직후, 이스라엘 소년 3명의 의문사에 대한 보복으로 이스라엘이 폭격을 시작했고, 극우 이스라엘인들의 보복 범죄가 일어났다. 2014년 7월 13일부터 가자 지구 내부로 특수 부대들을 포함한 6만 명의 지상군을 투입하면서 전면전으로 확전됐다.

** 오늘날 이집트, 이스라엘, 튀르키예, 시리아 등의 동지중해 연안을 잇는 길로서 고대 무역로다.

었다. 이스라엘 군대는 야파에서 베르셰바까지 이르는 팔레스타인 남부 지역에서 수십만 명의 팔레스타인 사람들을 가자 지구로 강제로 밀어 넣었다. 1950년까지 이어진 종족 청소의 마지막 단계에 마즈달Majdal(아슈켈론Ashkelon) 같은 도시에서 추방된 이들도 있었다. 그리하여 팔레스타인의 작은 전원 도시가 지구상에서 가장 큰 난민 캠프로 바뀌었다. 이곳은 오늘날에도 여전히 그렇다. 이 거대한 난민 캠프는 1948년부터 1967년까지 이스라엘과 이집트 각각의 정책에 따라* 경계가 구분되고 엄격하게 제한됐다. 두 국가 모두 가자 지구 밖으로의 인구 이동을 금지했고, 그 결과 주민 수가 두 배로 늘어나 생활 환경은 더욱 열악해졌다. 1967년 이스라엘이 점령하기 직전에는 이 강제적인 인구통계학적 변화가 몰고 온 재앙적 성격이 뚜렷했다. 한때 팔레스타인 남부의 전원 지역이던 이 해안가는 20년 만에 세계에서 가장 인구 밀도가 높은 지역 중 한 곳이 됐으며, 이를 뒷받침할 경제적 인프라는

---

* 가자 지구는 1948년 아랍-이스라엘 전쟁의 결과로 축소된 이집트 권한하의 영토로, 1949년부터 1967년까지 이집트의 군사 통치를 받았다. 1967년 '6일 전쟁' 중 이스라엘에 재점령당한 후 1994년까지 이스라엘 군이 통치했다.

없었다.

이스라엘은 점령 후 첫 20년 동안은 울타리로 구분된 이 구역 밖으로 사람들이 일부 이동할 수 있게 허용했다. 수만 명의 팔레스타인인들이 미숙련 저임금 노동자로서 이스라엘 노동 시장에 합류했다. 이스라엘은 그 대가로 완전한 항복을 요구했고, 팔레스타인인이 이에 순응하지 않자 노동자들의 자유로운 이동은 철회됐다. 1993년 오슬로 협정을 앞두고 이스라엘은 가자 지구를 고립된 지역으로 만들려고 시도했는데, 평화 진영은 이 지역이 자치권을 갖거나 이집트 영토가 되기를 바랐다. 한편 민족주의 우파 진영은 그들이 팔레스타인에서 꿈꾸는 '에레츠 이스라엘'에 가자 지구를 포함시키고 싶었다.

오슬로 협정의 결과로 이스라엘은 가자 지구의 특별한 지정학적 실체를 다시 확인할 수 있었다. 가자 지구는 팔레스타인 전체 뿐 아니라 서안과도 별개였다. 표면적으로는 가자 지구나 서안 모두 팔레스타인 자치 정부가 통치하고 있었지만, 두 지역 사이의 인적 이동은 이스라엘의 호의에 달려 있었다. 당시 상황에서 인적 이동 허가는 매우 드물었고, 그나마도 1996년 네타냐후가 권력을 잡은 이후에는 거의 사라졌다. 동시에 이스라엘은 물과 전기 인프라를 통제했는데, 이는 지금까지도 마찬가지다. 1993년부터 이스라엘은 이 통제권을 이용해 한편으로는 이스라엘 정착민 공동체의 복지를 보장하고, 다른 한편으로는 팔레스타인 주민들을 협박하여 복종시키려 했다. 그리하여 지난 50년 동안 가자 지구 사람들은 이 살기 힘든 공간에서 억류자, 인질, 혹은 죄수로 살아야 했다.

우리는 2006년부터 이어진 이스라엘과 하마스 사이의 무력 충돌을 이런 역사적 맥락에서 바라봐야 한다. 이런 맥락에서 우리는 이스라엘의 행위를 '테러와의 전쟁' 또는 '자기 방어 전쟁'의 일환으로 서술하기를 거부해야 한다. 또한 하마스를 알카에다al-Qaeda의 연장선이나, 이슬람 국가IS 네트워크의 일부, 또는 이 지역을 통제하려는 이란의 선동 음모의 단순 앞잡이로 받아들여서는 안 된다. 가자 지구에서 하마스의 존재에 추악한 면이 있다면, 2005년부터 2007년까지 다른 팔레스타인 세력에 대응하여 보인 초반의 행동일 것이다. 주로 가자 지구 내 파타와의 충돌이었고, 갈등의 원인은 양쪽 모두에게 있었다. 결국 공개적인 내전으로 분출됐다. 둘 사이의 충돌은 하마스가 2006년 총선에서 승리해 정부를 구성한 후에 발생했다. 하마스 장관이 보안군을 책임지게 됐는데, 압바스 대통령이 하마스를 약화시키려고 보안군 책임자를 파타 당원인 팔레스타인 비밀 기관 수장으로 바꾼 것이다. 이에 하마스는 자체 보안군을 가자 지구에 배치했다.

2006년 12월 라파Rafah 교차로에서 일어난 대통령 경호대와 하마스 보안군 사이의 무력 대치는 2007년 여름까지 이어지는 대립의 도화선이 됐다. 대통령 경호대는 3,000여 명 규모의 파타 군부대로 대부분 압바스에 충성하는 병력으로 구성됐고, 이집트와 요르단에서 미국 군사 고문에게 훈련을 받았다(미국은 이 부대의 유지비로 거의 6,000만 달러를 배정했다). 분쟁은 하마스 총리 이스마일 하니예Ismail Haniyeh가 가자 지구에 들어가는 것을 이스라엘이 거부하면서 시작됐다. 당시 하니예는 아랍 세계로부터 기부받은 현금 수천만 달러를 소지하고 있었던 것으로 알려졌다. 하마스 군대는 대통령 경호대가 지키던 국경 검문소를 습격했고, 전투가 발발했다.[177]

이후 상황은 급격히 악화됐다. 하니예의 차량은 가자 지구로 들어간 뒤 공격을 받았다. 하마스는 공격의 책임을 파타에게 돌렸다. 가자 지구는 물론 서안에서도 충돌이 발생했다. 같은 달, 팔레스타인 자치 정부는 하마스가 주도하는 정부를 해산시키고 비상 내각으로 교체하기로 결정했다. 이로 인해 양측 간에 전례 없는 심각한 충돌이 발생했는데, 이는 2007년 5월 말까지 지속됐고, 수십 명이 사망하고 많은 부상자가 발생했다(사망자는 120명으로 추산된다). 이 갈등은 팔레스타인 정부가 둘로 나뉘어 라말라와 가자 지구에 각각 세워지고 나

서야 끝났다.[178]

　양쪽 모두 살육에 대해 책임이 있었지만, (2007년 〈알 자지라 Al Jazeera〉에 유출된 팔레스타인 문건에서 알 수 있듯이) 파타와 하마스를 대결하게 만든 외부 요인도 있었다. 이미 2004년에 영국 정보국 MI6는 파타에게 이스라엘이 철수한 뒤 가자 지구에서 하마스가 거점으로 삼을 만한 장소를 미리 선점하라는 아이디어를 제공했다. MI6는 "반대파(이 문건에서 나중에 하마스라고 명시됨)의 역량을 저하시켜서⋯ 팔레스타인 자치 정부가 보안 의무를 완전히 수행할 수 있도록 독려하고 돕기 위한" 안보 계획을 작성했다.[179] 당시 영국 총리였던 토니 블레어Tony Blair는 팔레스타인 문제에 특별한 관심을 가지고 있었다. 그는 팔레스타인에 영향력을 행사해, 이라크에서의 처참한 실패를 정당화하거나 용서받을 수 있기를 바랐다.*〈가디언〉은 블레어 총리가 파타에게 하마스를 단속하도록 부추겼다고 보도했다.[180] 이스라엘과 미국도 하마스가 가자 지구를 장악하지 못하도록 파타에게 비슷한 조언을 건넸다. 그러나 사태가 복잡해지면서 이런 선제적 계획은 여러 면에서 역

＊　2003~2011년 이라크 전쟁 당시 영국은 미국 다음으로 많은 병력을 파견했다. 2015년 블레어 총리는 이라크전 참전이 실수였다고 시인했다.

효과를 냈다.

　어떤 면에서는 민주적으로 선출된 정치인들과, 여전히 대중의 판단을 받아들이기 힘들어하는 이들 사이의 갈등이었다. 그러나 그게 전부는 아니었다. 가자 지구에서 펼쳐진 것은 미국과 이스라엘의 현지 대리인들―주로 파타와 자치 정부 구성원으로 대부분은 무의식적으로 대리인이 됐지만 어쨌든 이스라엘의 장단에 춤을 춘 이들―과 그들을 반대하는 이들 간의 전투였다. 하마스가 다른 세력에 대해 저지른 행동은 자치 정부가 서안에서 그대로 하마스에게 되갚았다. 이런 양측의 행동을 묵인하거나 응원하기는 매우 어렵다. 그렇지만 세속적인 팔레스타인인들이 신권 정치theocracy에 반대하는 이유는 충분히 이해할 수 있으며, 중동의 다른 많은 지역에서처럼 팔레스타인에서도 종교와 전통의 사회적 역할에 대한 투쟁은 계속될 것이다. 그러나 당분간 하마스는 이스라엘에 맞서 줄기차게 투쟁한다는 사실 때문에 세속적 팔레스타인인들의 지지를 얻을 뿐 아니라, 여러 면에서 존경을 받을 것이다. 사실 그 투쟁이 진짜 쟁점이다. 이스라엘 정부의 공식 서사에서 하마스는 가자 지구에서 철수한, 평화를 사랑하는 이스라엘을 상대로 악랄한 행위를 저지르는 테러 조직이다. 그런데 이스라엘은 평화를 위해 철수했는가? 대답은 전혀 '아니오'이다.

이 문제를 더 잘 이해하기 위해서 우리는 하마스의 지도자 압둘 아지즈 알란티시Abdul Aziz al-Rantissi가 암살된 다음 날인 2004년 4월 18일로 돌아가야 한다. 그날 이스라엘 국회 외교 국방위원회 위원장이자 베냐민 네타냐후의 측근인 유발 슈타이니츠Yuval Steinitz가 이스라엘 라디오와 인터뷰를 했다. 그는 정치인이 되기 전에 하이파대학교에서 서양 철학을 가르쳤던 인물이다. 슈타이니츠는 자신의 세계관이 데카르트 철학을 통해 형성됐다고 주장했지만, 정치인으로서는 고비노* 나 피히테** 같은 낭만적 민족주의자의 영향을 더 많이 받은 것 같았다. 이 사상가들은 민족 우수성의 전제 조건으로 인종적 순수성을 강조했다.[181] 슈타이니츠가 유럽의 인종적 우월성 개념을 이스라엘 맥락에서 해석하고 있다는 사실은

---

* 아르튀르 드 고비노(Arthur de Gobineau, 1816~1882)는 프랑스의 작가이자 외교관, 민족학자다. 나치의 민족 이론에 영향을 준 《인종 불평등론》을 썼다.

** 요한 고틀리프 피히테(Johann Gottlieb Fichte, 1762~1814)는 독일 관념론을 대표하는 사상가다. 칸트의 비판 철학의 계승자다. 1799년 예나대학교 교수직에서 물러난 이후 베를린에서 낭만파 사람들과 교류했고. 이 과정에서 사상적으로 신비적이고 종교적 색채가 더해졌다.

한 인터뷰 중에 분명해졌다. 그는 남아 있는 팔레스타인 지도자들에 대한 정부의 계획을 질문받았는데, 인터뷰 진행자와 그는 현 지도부 전체, 즉 4만 명에 달하는 팔레스타인 자치정부의 모든 구성원을 암살하거나 추방해야 한다는 데 동의하면서 키득거렸다. 슈타이니츠는 "미국인들이 드디어 정신을 차리고 우리 정책을 전적으로 지지하게 돼서 무척 기쁩니다."라고 말했다.[182] 같은 날, 벤구리온대학교의 베니 모리스는 팔레스타인 종족 청소에 대한 지지를 거듭 밝히며, 이것이 분쟁을 해결하는 최선의 방안이라고 주장했다.[183]

　한때 어떻게 봐도 비주류이고 심지어 미친 생각으로까지 여겨졌던 의견들이 이제 이스라엘 유대인 여론의 중심에 놓였고, 주류 학자들은 황금 시간대 텔레비전에서 이것을 하나뿐인 진실로 전파했다. 2004년 이스라엘은 사회가 어떤 비용을 치르더라도 힘과 파괴로 분쟁을 종식시키겠다고 마음먹은 편집증적인 사회였다. 미국 정부와 서구 정치 지도자들만이 이들을 지지했고, 보다 양심적인 세계의 관찰자들은 무기력하고 당황스럽게 바라보고만 있었다. 이스라엘은 자동 항법 장치로 날아가는 비행기 같았다. 경로는 미리 계획돼 있고, 속도도 결정돼 있었다. 목표는 서안 절반과 가자 지구의 작은 부분을 포함하는 (그리하여 역사적 팔레스타인의 약 90퍼센트에 달하는) 대이스라엘을 만드는 것이었다. 높은 장벽으로 원주민을 차단하여, 팔레스타인인이 존재하지 않는 대이스라엘이다. 그리고 원주민들은 가자 지구와 남아 있는 서안이라는 두 거대한 수용소에 몰아넣을 것이었다. 이러한 미래에서 이스라엘의 팔레스타인인들이 할 수 있는 일은 수용소에서 고통받는 수백만 난민 대열에 합류하거나, 차별과 학대가 이뤄지는 인종 차별 체제에 복종하는 것뿐이었다.

같은 해인 2004년에 미국은 소위 평화 '로드맵'* 의 실행을 감독했다. 이 로드맵은 부시 대통령이 2002년 여름에 처음 제시한 터무니없는 생각이었고, 오슬로 협정보다도 훨씬 더 억지스러웠다. 팔레스타인에 경제 회복 계획을 제시하고, 점령 지역 일부에서 약 3년 동안 이스라엘 군대를 축소한다는 안이었다. 그리고 난 후에 또 다른 정상 회담을 열어 어떻게든 갈등을 한번에 완전히 종식시키려고 했다.

서방 세계의 여러 언론은 이 로드맵과 이스라엘의 대이스

---

*　중동 평화 로드맵. 미국과 유엔, 러시아, 유럽 연합 등 이른바 중동 평화 4대 중재자(중동 콰르텟)가 이스라엘, 팔레스타인 사이의 유혈 사태를 종식시키기 위해 작성한 중동 평화 계획이다. 2003년에 전달됐으나 이스라엘과 팔레스타인 간의 잇따른 폭력 사태로 사문화됐다. 미국은 2004년 5월부터 적극적으로 중동 평화 로드맵 실행을 촉구했다.

라엘 계획(팔레스타인 자치 구역 포함)을 동일한 것으로 여기고, 둘 다 평화와 안정으로 가는 안전한 길이라고 떠들었다. 이 계획을 현실로 만드는 임무는 '콰르텟Quartet'(다른 이름으로 '중동 콰르텟', 또는 '마드리드 콰르텟')에 맡겨졌다. 유엔, 미국, 러시아, 유럽 연합은 이스라엘-팔레스타인 지역 평화를 위해 협력하고자 2002년에 콰르텟을 결성했다. 기본적으로 4개 주체의 외교부 장관으로 구성된 조정 기구로, 2007년 토니 블레어를 중동 특사로 임명하면서 더욱 활발해졌다. 블레어 총리는 예루살렘에 있는 전설적인 아메리칸 콜로니 호텔* 신축 건물 전체를 본부로 삼았다. 콰르텟 본부는 블레어의 급여만큼이나 비쌌지만, 아무것도 만들어 내지 못했다.

콰르텟의 대변인들은 이스라엘의 완전한 철수, 유대인 정착촌 종식, 두 국가 해법을 내용으로 하는 평화 담론을 채택하여, 여전히 이 담론이 타당하다고 믿는 일부 관찰자들에게 희망을 불어넣었다. 그러나 실제로는 오슬로 협정 때와 마찬가지로 이스라엘이 이 로드맵을 통해서도 대이스라엘 창설이라는 일방적인 계획을 계속 추진할 수 있었다. 다른 점이

---

* 아메리칸 콜로니 호텔(American Colony Hotel)은 1860년에 건설된 5성급 호텔이다.

있다면, 이번에는 라빈, 페레스 또는 네타냐후보다 훨씬 더 집중력 있고 결단력 있는 아리엘 샤론이 설계했다는 점이었다. 샤론에게는 거의 아무도 예상하지 못한 놀라운 전략이 있었다. 바로 가자 지구에서 이스라엘 정착촌을 철수시키겠다는 제안이었다. 샤론은 2003년에 이 제안을 던지고, 동료들에게 이를 채택하도록 압력을 가했다. 이 제안은 1년 반 후에 채택됐다. 2005년에는 군대를 보내서 내키지 않아 하는 정착민들을 강제로 철수시켰다. 이런 결정의 배경에는 무엇이 있었을까?

역대 이스라엘 정부는 서안의 미래에 대해서는 입장이 매우 명확했지만, 가자 지구에 대해서는 어떻게 해야 할지 그리 확신이 없었다.[184] 서안에 대해서는 직접적이든 간접적이든 이스라엘의 지배하에 놓겠다는 전략이었다. 샤론 정부를 포함해 1967년 이후 대부분의 이스라엘 정부는 서안 통치를 '평화 프로세스'의 일부로 준비하고자 했다. 이런 관점에서라면 서안은 반투스탄bantustan, 분리 거주 구역으로 남아 있는 한 국가가 될 수 있었다. 팔레스타인인이 밀집한 지역은 외부에서 통제해야 한다는 것이 이갈 알론과 모셰 다얀이 1967년부터 갖고 있던 오랜 생각이었다. 하지만 가자 지구로 오면 상황이 달랐다. 샤론은 초기 정부, 주로 노동당 정부가 가자 지구 중심부에 정착민을 보내기로 했던 원래 결정에 동의했었다. 시나이반도에 정착촌을 세우는 안을 지지했던 것과 마찬가지였다. 물론 이 정착촌은 이집트와의 평화 조약으로 몽땅 철거됐지만 말이다. 21세기에 들어서 샤론은 서안을 지키기 위해 가자 지구에서 철수할 수도 있다는 리쿠드당과 노동당 지도층의 실용적 견해를 받아들이게 됐다.[185]

오슬로 협정 이전에는 가자 지구 내 유대 정착민의 존재가 복잡한 문제가 아니었다. 하지만 일단 팔레스타인 자치 정부라는 새로운 개념이 등장하자, 유대 정착민은 이스라엘의 자산이 아닌 부채가 됐다. 결과적으로 이스라엘의 수많은 정책 입안자들은, 정착민의 퇴거를 즉각적으로 받아들이지 않던 이들조차 가자 지구를 마음과 생각에서 배제할 방법을 찾기 시작했다. 이는 오슬로 협정이 체결된 뒤, 가자 지구가 철조망으로 둘러싸이고 가자 지구 노동자들의 이스라엘이나 서안으로의 이동이 엄격하게 제한됐을 때 분명해졌다. 전략적으로는 새로운 환경에서 가자 지구를 외부에서 통제하기가 더 수월해졌지만, 가자 지구 내부에 정착민 공동체가 남아 있는 한 완전히 가능하지는 않았다.

한 가지 해결책은 가자 지구를 이스라엘에 직접 연결되는 유대인 구역과 팔레스타인 구역으로 나누는 것이었다. 이 방법은 제2차 인티파다가 발생할 때까지 잘 작동했다. 가자 지구 내 정착촌 구시 카티프Gush Qatif 블럭을 연결하는 도로는 저항 운동이 공격하기 쉬운 목표물이었다. 정착민들의 취약함이 완전히 드러났다. 분쟁 기간 동안 이스라엘 군대는 팔레스타인 저항 지역을 대규모로 폭격하고 파괴하는 전술을 썼고, 이는 2002년 4월 서안의 예닌 난민촌에서 무고한 팔레스타인인을 학살하는 사건으로 이어졌다. 유대인 정착민들이 섞여 있는 밀집된 가자 지구에서는 쉽게 실행할 수 없는 전술이었다. 따라서 서안에서 가장 잔혹한 군사 공격이었던 '방벽 작전'이 이행된 지 1년이 지난 시점에 샤론이 보복 정책이 용이해지도록 가자의 유대 정착민 철수를 생각한 것도 놀랍지 않다. 그러나 가자 지구에 자신의 정치적 의지를 억지로 관철할 수 없었기 때문에 2004년 샤론은 하마스 지도자들을 연쇄 암살할 것을 명령했다. 샤론은 두 주요 지도자, 압둘 알란티시Abdul al-Rantisi와 셰이크 아흐마드 야신Sheikh Ahmed Yassin(2004년 3월 16일 제거)을 암살해 미래를 바꾸고자 했다. 〈하아레츠〉 같은 신중한 매체조차 이러한 지도자들이 암살당하면 하마스가 가자 지구에서 권력 기반을 잃고 무력한 존재로 전락해 다마스쿠스로 가리라 예상했고, 필요하다면 이스라엘이 다마스쿠스도 공격할 수 있다고 생각했다. 또한, 〈하아레츠〉는 미국이 암살을 지지한 데에 깊은 인상을 받았다(물론 나중에는 〈하아레츠〉도 미국도 이 정책을 훨씬 덜 지지하게 됐다).[186]

이런 암살이 이뤄진 때는 하마스가 2006년 선거에서 승리하고 가자 지구를 장악하기 전이었다. 즉, 이스라엘의 암살 정책은 하마스를 약화시키지 못했고, 오히려 하마스의 인기가 높아지고 권력이 강화됐다. 샤론은 팔레스타인 자치 정부가 가자 지구를 통제하고 서안의 A구역*처럼 다뤘으면 했지만, 이 바람은 실현되지 않았다. 그래서 샤론은 가자 지구에 대해 둘 중 하나를 선택해야 했다. 하나는 이스라엘 시민이 다칠 염려 없이 하마스에게 보복할 수 있도록 정착민을 철수시키는 것이고, 다른 하나는 가자 지구에서 완전히 철수해 서안 병합에 집중하는 방법이었다. 샤론은 두 번째 안이 국제적으로 확실히 인정받을 수 있도록 모두가 홀딱 속아 넘어갈 만한 일을 꾸몄다. 샤론이 가자 지구에서 정착민을 철수시킬 뜻을 비추기 시작하자, 구시 에무님은 이를 홀로코스트에 비

---

* 팔레스타인이 단독 관리하는 18퍼센트의 면적. 인구가 가장 많은 지역이다. 라말라, 베들레헴, 나블루스, 예닌, 툴카름 등의 도시가 포함돼 있다.

교했고 정착민이 집에서 물리적으로 내쫓길 때는 TV용 쇼를 연출했다. 이스라엘에 마치 정착민을 지지하는 사람들과, 샤론의 평화 계획을 지지하는 좌파―그중에는 과거 샤론의 강력한 적들도 있었다―사이에 내전이 있는 듯 보였다.[187]

이스라엘 내부의 이런 움직임은 반대파의 목소리를 약화시키거나, 어떤 경우에는 완전히 지워 버렸다. 샤론은 가자 지구에서 이스라엘이 철수하고 하마스가 부상하면, 오슬로 협정 같은 원대한 구상을 밀어붙일 필요가 없어진다고 말했다. 샤론은 당분간 현 상태를 유지하자고 제안했고, 2007년 샤론의 건강이 악화되자 그의 뒤를 이은 에후드 올메르트Ehud Olmert가 이에 동의했다. 가자 지구에서는 하마스를 견제할 필요가 있었지만, 서안에 대한 해결책을 서둘러 찾을 필요는 없었다. 올메르트는 이 정책을 '일방주의'라고 불렀다. 가까운 미래에 팔레스타인과 의미있는 협상을 진행하지 않을 예정이기 때문에, 서안의 어느 지역을 병합하고 어느 땅을 팔레스타인 자치 정부가 자율적으로 통치할지를 이스라엘이 일방적으로 정한다는 뜻이다. 공개적으로 선언하지는 않았지만, 이스라엘 정책 입안자들 사이에는, 적어도 당시 현장에서는, 콰르텟과 팔레스타인 자치 정부 양쪽이 이 행동 방침을 수용하리라는 인식이 있었다. 지금까지는 효과가 있는 것 같다.

　강력한 국제적 압박도 없고, 허약한 팔레스타인 자치 정부를 이웃으로 둔 상황이어서 이스라엘인 대부분은 서안 전략을 대단히 중요한 관심사로 여기지 않았다. 2005년 이후의 선거 캠페인에서 알 수 있듯이 유대 사회는 사회 경제적 문제, 사회에서 종교의 역할, 하마스와 헤즈볼라와의 전쟁을 두고 논쟁을 벌이는 것을 더 선호했다. 주요 야당인 노동당은 연립 정부의 비전을 어느 정도 공유하고 있어서 2005년부터는 정부 안팎에서 모두 활동해 왔다. 서안이나 팔레스타인 문제의 해결책에 대해서는 이스라엘 유대 사회는 합의에 이른 것처럼 보였다. 이런 합의를 공고히 한 일이 샤론 우익 행정부의 가자 지구 정착민 퇴거였다. 스스로를 리쿠드당의 좌파라고 생각했던 사람들 눈에 샤론의 움직임은 평화의 제스처이자 정착민을 상대로 용감하게 대치하는 것이었다. 마치 평화를 위해 알제리에서 피에 누아르Pied Noir*를 빼내 온 드골처럼, 샤론은 좌파와 중도 우파의 영웅이 됐다. 그때부터 가

----

*　알제리에 살던 백인을 피에 누아르라고 불렀다. 알제리 전쟁 당시 드골 정부는 90만명의 피에 누아르와 10만 명의 유대인을 프랑스로 이주시켰다.

자 지구에서 팔레스타인의 반응과 팔레스타인 자치 정부의 이스라엘 정책 비판은 평화를 논의할 분별 있고 믿을 만한 팔레스타인 파트너가 없다는 증거로 여겨졌다.

〈하아레츠〉의 기드온 레비Gideon Levy와 아미라 하스Amira Hass 같은 용감한 언론인, 좌파 시온주의 소수 정당 메레츠Meretz의 몇 사람, 일부 반시온주의 단체를 제외하고 이스라엘의 유대인 사회가 사실상 침묵했고, 2005년 이후 정부는 팔레스타인에 대해 어떤 정책이든 펼칠 수 있는 전권을 부여받았다. 그리하여 2011년 이스라엘 700만 인구 중 50만 명이 나서서 정부 정책에 항의하며 시위할 때에도 점령과 점령지의 참상은 의제에 들어가지 않았다. 이렇게 공개적 담론이나 비판이 없었기 때문에 샤론은 집권 마지막 해인 2005년에 무장하지 않은 팔레스타인인들을 살해하도록 이미 허락했고, 통행금지와 장기 폐쇄 등의 수단으로 점령 중인 사회를 굶주리도록 했다. 그리고 점령지의 팔레스타인인들이 때로 반란을 일으키면, 정부는 훨씬 더 강력하고 단호하게 대응할 정당성을 부여받았다.

이전 미국 정부들은 이스라엘의 정책이 팔레스타인인들에게 어떻게 인식되고 어떤 영향을 미치는지 상관하지 않고 그것들을 지지했다. 그러나 이 지원을 위해서는 협상과 약간의 타협이 필요했다. 2000년 10월, 제2차 인티파다가 발발한 이후에도 미국 정부는 항쟁에 대한 이스라엘의 대응에 거리를 두려고 했다. 한동안 미국인들은 하루에도 몇 명씩 팔레스타인 사람들이 죽임을 당하고, 희생자 상당수가 어린이라는 사실에 불편해했다. 집단 처벌, 주택 철거, 재판 없는 체포에 대해서도 어느 정도 불편함을 느꼈다. 하지만 미국 정부는 곧 이런 일들에 익숙해졌다. 2002년 4월, 이스라엘 유대인 여론이 서안에 대한 공격*—잔인한 점령사에서도 전례없는 잔혹한 일이었다—에 동의했을 때에도, 미국 행정부는 유럽 연합-미국이 주관하는 로드맵에서 금지된 일방적 합병과 정착 행위에 대해서만 이의를 제기했다.

2004년, 샤론은 가자 지구에서 철수하는 대가로 미국과 영국에 서안 식민지화에 대한 지지를 요청했고, 이를 얻어 냈다. 샤론의 계획이 이스라엘에서는 합의된 평화 계획이라는 이유로 통과됐지만, 미국은 처음에 비생산적이라는 이유로

---

* 네타냐에서 하마스의 유월절 폭탄 테러로 21명이 사망하는 사건에 대응해 이스라엘이 '테러 근절'이라는 명목으로 2002년 3월 29일부터 서안 공격을 시작했다. 라말라, 나블루스, 툴카름, 베들레헴 등 서안 주요 도시를 봉쇄하고 무차별적 학살을 벌였다.

거부했다(다른 나라들은 더 강력한 용어로 비난했다). 그러나 이스라엘인들은 미국과 영국이 이라크에서 수행하는 일과 이스라엘이 팔레스타인에 대한 정책이 유사하다는 점*을 내세워 미국이 입장을 바꾸기를 바랐고, 그 생각은 옳았다. 미국 정부가 마지막 순간까지 가자 지구 철수 허가를 망설였다는 점은 주목할 만하다. 2004년 4월 13일, 벤구리온 공항 활주로에서 기묘한 장면이 펼쳐졌다. 총리 전용기가 출발 예정 시간이 지나고도 몇 시간 동안이나 움직이지 않았다. 비행기 안에는 샤론 총리가 타고 있었는데, 그가 새로 내놓은 소위 '철수' 계획안을 미국이 승인해 줄 때까지 워싱턴으로 이륙하기를 거부했다. 부시 대통령은 철수 자체는 지지했다. 부시 대통령의 보좌관들이 받아들이기 어려워했던 것은 샤론이 미국의 지지 표시로 서명해 달라고 요청한 서한이었다. 그 서한에는 이후 협상 과정에서 미국이 이스라엘을 압박하지 않겠다는 약속과, 협상에서 귀환권을 배제한다는 내용이 들어 있었다. 샤론은 미국의 지지 없이는 철수 프로그램에 대한 이스라엘 여론을 모을 수 없다며 부시의 보좌관들을 설득했다.[188]

---

*　　이라크전도 9.11 테러 이후 테러와의 전쟁을 명분으로 시작됐다.

과거 미국 관료들이 이스라엘 정치인이 요청하는 합의 서한을 처리하는 데는 보통 얼마간의 시간이 걸렸다. 이번에는 단 세 시간밖에 걸리지 않았다. 이제 우리는 샤론이 서둘러야 했던 또 다른 이유를 알고 있다. 샤론은 심각한 부패 혐의로 경찰의 수사를 받고 있었고, 판결을 기다리는 법정 소송이 코앞으로 다가오자 이스라엘 국민들을 설득해 신뢰를 얻어야만 했다. 좌파 의원 요시 사리드Yossi Sarid는 "수사 범위가 넓어질수록 철수 범위도 넓어진다."라며 샤론의 법정 문제와 철수 약속 사이의 연관성을 언급했다.[189] 미국 행정부는 훨씬 더 오랜 시간을 들여 결정을 내려야 했다. 본질적으로 샤론은 부시 대통령에게 미국이 팔레스타인에 대해 약속한 거의 모두를 포기하라고 요청한 것이다. 샤론의 계획은 이스라엘이 가자 지구에서 철수하고 가자 지구와 서안의 몇 안 되는 정착촌을 폐쇄하면서, 그 대가로 서안 정착촌 대부분을 이스라엘에 합병하겠다는 것이었다. 미국인들도 이 퍼즐의 또 다른 결정적인 조각이 어떻게 맞춰질지 알고 있었다. 샤론의 입장에서는, 그가 탐내는 서안 합병은 2003년에 건설을 시작한 장벽, 즉 서안의 팔레스타인 지구를 가로질러 나누는 분리 장벽을 완성해야만 가능했다. 샤론은 국제적인 반대를 예상하지 못했다. 이 장벽은 국제사법재판소가 인권 침해라고 판결할 정도로 이스라엘 점령의 가장 대표적인 상징이 됐다. 이것이 의미 있는 이정표가 될지는 시간이 말해 줄 것이다.[190]

샤론이 전용기 안에서 기다리는 동안, 미국 정부는 서안 대부분을 이스라엘 손에 맡기고 모든 난민을 망명 상태로 두는 계획에 지지를 표했으며, 장벽에 대해서도 묵시적으로 동의했다. 샤론은 자신의 새로운 계획을 추진하기 위한 잠재적 동맹으로 이상적인 미국 대통령을 택했다. 조지 W. 부시 대통령은 기독교 시온주의자의 영향을 크게 받았고, 어쩌면 유대인의 성지 귀환이 그리스도의 재림을 알리는 종말 시나리오의 일부라는 견해도 공유했을지도 모른다. 부시의 더 세속적인 네오콘 보좌관들은 이스라엘이 철수 및 평화 약속을 하면서 동시에 하마스와 전쟁을 벌이는 데에 깊은 인상을 받았다. 겉보기에는 성공적인 이스라엘의 작전―주로 2004년에 이뤄진 표적 암살 작전들―은 미국이 벌이는 '테러와의 전쟁'이 반드시 승리할 것이라는 간접적인 증거였다. 사실 이스라엘의 '성공'에는 현지의 실상이 냉소적으로 왜곡돼 있다. 팔레스타인 게릴라와 테러 활동이 상대적으로 감소한 까닭은 통행금지와 폐쇄령 때문이었고, 200만 명 이상이 오랜 기간 일이나 음식 없이 집에 갇혀 있었기 때문이었다. 네오콘들이라도 이런 방식으로는 이라크에서든 팔레스타인에서든 점령 세력이 유발한 적대감과 폭력을 장기적으로 해결할 수 없다는 점을 알아차렸어야 했다.

　부시의 공보 보좌관들은 샤론의 계획을 승인했다. 그들은 샤론의 계획을 평화로 가는 또 다른 조치라고 발표하여, 점점 커져 가는 이라크에서의 실패에서 눈을 돌리는 수단으로 이용했다. 아마 비교적 공평한 보좌관들에게도 그 계획이 받아들일 만했던 것 같다. 그들은 그 계획을 평화와 더 나은 미래를 위한 기회로 확신할 만한 몇 가지 진일보한 점들을 필사적으로 찾았다. 이 사람들은 이미 오래전에 언어의 매혹적인 힘과 그것이 묘사하는 현실을 구별하는 법을 잊어 버렸다. 계획에 "철수"라는 마법의 단어가 포함돼 있어서 본질적으로 좋은 일처럼 보였다. 보통 때에는 냉철한 미국의 기자들과, (신성한 합의라는 이름으로 샤론 정부에 합류할 생각이 있는) 이스라엘 노동당 지도부, 새로 선출된 이스라엘 좌파 정당 메레츠의 요시 베일린Yossi Beilin에게도 그렇게 보였다.[191]

　2004년 말, 샤론은 외부 압력을 두려워할 이유가 없음을 깨달았다. 유럽과 미국 정부는 점령을 가로막고 더 이상의 팔레스타인인 말살을 막을 의지도, 능력도 없었다. 점령 반대 운동에 기꺼이 참여하려는 이스라엘인들은 새로운 합의를 앞두고 수적으로 열세였고 사기도 떨어진 상태였다. 그 무렵

유럽과 미국의 시민 사회가 분쟁에 주요 역할을 할 수 있음을 깨닫고, '보이콧, 투자 철회 및 제재BDS 운동'에 나선 사실은 놀랍지 않다. 상당수의 단체, 노동조합, 개인들은 샤론이 추진하는 것과 같은 정책에는 대가가 따른다는 사실을 이스라엘 사람들에게 이해시키는 데 최선을 다하겠다고 다짐하며 새로운 활동에 전념했다.

그때부터 학계의 보이콧에서 경제 제재까지 서구에서 가능한 한 모든 수단이 동원됐다. 시민 사회 본국에서의 메시지도 분명했다. 팔레스타인 국민에게 가해진 과거, 현재, 미래의 재앙에 대해 그들의 정부도 이스라엘 못지않은 책임이 있다는 것이다. BDS 운동은 샤론의 일방적인 전략에 대응할 수 있는 새로운 정책을 요구했다. 이는 도덕적, 역사적 이유뿐 아니라 서구의 안보와 심지어는 생존을 위해서였다. 2001년 9월 11일 사건 이후 벌어진 폭력 사태가 고통스럽게 보여주듯이, 팔레스타인 분쟁은 서구 사회의 다문화적 구조를 훼손시켰고, 또한 미국과 이슬람 세계를 점점 더 멀어지게 하여 악몽 같은 관계로 몰아갔다. 이스라엘에 압력을 가하는 일은 세계 평화, 지역 안정, 팔레스타인에서의 화해를 위한 작은 대가로 보였다.

그러므로 이스라엘의 가자 지구 철수는 평화 계획의 일부가 아니었다. 공식적인 서사에 따르면, 이는 평화의 제스처였는데 배은망덕한 팔레스타인인들이 먼저 하마스를 선출하고 이스라엘을 향한 미사일 발사로 화답한 일이다. 그러므로 점령했던 팔레스타인 영토에서 더 철수해 봤자 아무런 소용도 타당성도 없었다. 이스라엘이 할 수 있는 일은 스스로를 방어하는 것뿐이었다. 게다가 "내전으로 이어질 뻔한" 그 "트라우마"는 이것이 되풀이해서는 안 될 사건이라고 이스라엘 사회를 설득할 것이었다.

가자 전쟁은 자기 방어 차원이다?

내가 노엄 촘스키와 《가자 전쟁The War on Gaza》이라는 제목의 책을 공동 저술했지만, 2006년부터 시작된 이스라엘의 가자 지구 공격을 '전쟁'이라는 용어로 설명하는 게 적절한지 확신이 서지를 않는다. 사실 2009년 '캐스트 레드 작전'* 이

＊　2008년 12월 30일 〈한국경제〉가 주한 이스라엘 대사관을 취재해 보도한 내용에 따르면, '캐스트 레드(Cast Lead)'는 하누카 때 즐기는 팽이놀이에서 착안한 것으로 보인다. 하누카는 예수를 메시아로 인정하지 않는 유대교에서 크리스마스 대신 보내는 명절로서, 12월 25일부터 8일 동안 계속된다. 이스라엘군이 가자 지구를 공격한 시점이 바로 이 하누카

시작된 이후로 나는 이스라엘의 정책을 "점진적 대량 학살"이라고 부르기로 했다. 매우 민감한 용어여서 사용을 망설였지만, 무슨 일이 일어났는지 정확히 설명할 다른 용어를 찾을 수가 없다. 몇몇 주요 인권 운동가들을 비롯해 다른 사람들이 다소 불편하다는 반응을 보여서 잠시 다시 생각해 보기도 했지만, 최근에는 더 강한 확신을 가지고 다시 이 용어를 사용하기 시작했다. 이스라엘 군대가 2006년부터 가자 지구에서 해 온 일은 이렇게밖에 설명할 수 없기 때문이다.

2006년 12월 28일, 이스라엘 인권 단체 비티셀렘은 점령 지역에서 자행된 잔학 행위에 대한 연례 보고서를 발간했다. 그해 이스라엘군은 660명의 시민을 살해했는데, 이는 전년도에 팔레스타인인 약 200명을 살해한 것보다 3배 이상 많은 수치다. 비티셀렘에 따르면, 2006년 사망자 중 어린이는 141명이었다. 사상자 대부분은 이스라엘군이 공격한 가자 지구에서 발생했는데, 이스라엘군은 가자 지구에서 거의 300채의 집을 파괴하고 가족 전체를 짓밟았다. 이는 2000년 이후

때다. 유대인들은 하누카가 시작되기 2~3주 전부터 '드라이델'이라는 팽이놀이를 즐기는데, 이때 납으로 만들어진 사각 형태의 팽이를 사용한다.

거의 4,000명의 팔레스타인인이 이스라엘군에 의해 살해됐으며, 그중 절반은 어린이라는 의미다. 부상자는 2만 명에 달한다.[192]

비티셀렘은 보수적인 조직이므로 사망자와 부상자의 수는 더 많을 수 있다. 하지만 문제는 단순히 고의적 살인의 증가에 관한 게 아니라, 그러한 행위 뒤에 있는 전략에 관한 것이다. 지난 10년 동안 이스라엘 정책 입안자들은 서안과 가자 지구에서 상당히 다른 두 현실을 마주했다. 서안에서는 동부 국경 건설을 거의 완료했다. 내부 이데올로기 논쟁은 끝났고, 서안 절반을 합병하는 마스터플랜이 속도를 높여 추진됐다. '로드맵' 약정에 따라 새로운 정착촌를 건설하지 않겠다는 이스라엘의 약속 때문에 마지막 단계는 지연됐다. 그러나 정책 입안자들은 이러한 금지 조항을 우회할 방법 두 가지를 금세 찾아 냈다. 먼저 서안의 3분의 1을 대예루살렘의 일부로 재정의해 새로운 합병 지역 내에 마을과 커뮤니티 센터를 건설할 수 있게 했다. 다른 하나는 새로운 정착촌를 건설할 필요가 없을 정도로 기존 정착촌을 확장하는 것이었다.

종합하면 정착촌, 군사 기지, 도로, 장벽들로 인해 이스라엘은 필요할 때마다 공식적으로 서안의 거의 절반을 합병할 수 있게 됐다. 이 영토 내에는 상당수의 팔레스타인인들이 있었으며, 이스라엘 당국은 이들에 대해 느리고 점진적인 팔레스타인인 이주 정책을 계속 시행할 계획이었다. 이는 서구 언론에게 너무 지루한 주제였고, 인권 단체가 일반적인 지적을 하기에는 너무 애매했다. 이스라엘인들은 서두르지 않았다. 우위를 점하고 있었기 때문이다. 군대와 관료주의라는 이중 매커니즘이 일상적으로 학대와 인간성 말살을 자행하면서 어느 때보다 효과적으로 강탈 과정에 기여했다.

샤론의 전략적 사고는 그가 이끄는 마지막 정부에 참여한 모든 사람들뿐 아니라, 그의 후임자인 에후드 올메르트에게도 받아들여졌다. 샤론은 심지어 리쿠드당을 떠나 점령지 정책에 대한 이런 합의를 반영하는 중도 정당 카디마를 창당했는데도 말이다.[193] 한편, 샤론도, 그를 따르는 어느 누구도 가자 지구에 대한 이스라엘의 전략을 명확히 제시할 수 없었다. 이스라엘인의 눈에 가자 지구는 서안과는 매우 다른 지정학적 실체다. 분할된 서안*은 이스라엘과 미국의 승인을 받은

---

*   1995년 제2차 오슬로 협정에 따라 서안은 A, B, C 구역으로 분할됐다. A구역은 팔레스타인 자치 정부가 단독 관리하고, B구역은 팔레스타인 자치 정부와 이스라엘이 공동 관리하며, C구역은 이스라엘 단독 관리한다.

팔레스타인 자치 정부가 통치하는 것처럼 보이지만, 가자 지구는 하마스의 손에 있다. 가자 지구에는 이스라엘이 탐내는 땅도 없고, 팔레스타인 사람들을 추방해서 보낼 요르단 같은 배후지도 없다. 종족 청소도 여기서는 효과적인 해결책이 아니다.

초반 전략은 가자 지구에 팔레스타인인들을 격리시키는 것이었지만, 효과가 없었다. 갇힌 공동체는 이스라엘을 향해 원시적인 미사일을 발사하며 삶에 대한 의지를 표현했다. 이 공동체를 향한 다음 공격은 훨씬 더 끔찍하고 야만적일 때가 많았다. 2005년 9월 12일, 이스라엘군이 가자 지구에서 철수했다. 동시에 이스라엘군은 서안의 툴카름Tul-Karim에 침공해 하마스의 동맹인 이슬람 지하드의 활동가들을 대규모로 체포하고 몇 명은 살해했다. 지하드는 미사일 9발을 발사했지만 아무도 죽이지 못했다. 이스라엘은 '첫 비First Rain' 작전으로 응수했다.[194] 이 작전 성격에 대해서 잠시 생각해 볼 가치가 있다. 처음에는 식민주의 세력이, 그다음에는 독재 정권이 수감된 반체제 인사나 추방된 집단들에게 행한 가학 행위에서 영감을 받은 '첫 비 작전'은, 초음속 전투기가 가자 상공을 비행하며 그곳 사람들 모두를 공포에 떨게 하는 것으로 시작했다. 그리고 바다, 하늘, 땅으로부터 광범위한 지역을 향해 대대적인 폭격을 가했다. 이스라엘군 대변인은 로켓 발사 세력을 지지하는 가자 지역 사회를 압박하는 것이라며, 작전의 타당성을 설명했다.[195] 예상대로, 특히 이스라엘 사람들이 기대한 대로 이 작전은 무장 세력에 대한 지지를 강화시키기만 했고, 그들의 다음 시도에 추진력을 더해 주었다. 이 작전의 진짜 목적은 실험이었다. 이스라엘 장군들은 이런 작전이 국내에서, 지역 전반에서, 그리고 더 넓게는 세계에서 어떻게 받아들여질지 알고 싶었다. 국제적인 비난은 매우 제한적이고 단기적으로 이뤄졌고, 그들은 결과에 만족했다.

'첫 비 작전' 이후 후속 작전들은 모두 유사한 패턴을 따랐다. 차이가 있다면 강도가 세졌다는 점이다. 화력도, 인명 피해도, 부수적인 피해도 더 커졌다. 그리고 예상대로 더 많은 카삼Qassam 미사일이 대응 차원에서 날아 왔다. 2006년 이후로는 또 다른 차원의 조치가 추가됐다. 이스라엘은 보이콧과 출입 차단이라는 더욱 사악한 수단으로 가자 지구 주민들을 단단히 봉쇄했다. 2006년 6월 이스라엘 방위군 군인인 길라드 샬리트Gilad Shalit를 납치한 사건은 하마스와 이스라엘 사이의 힘의 균형을 바꾸지 못했고, 이스라엘이 전술적이고 징벌적인 임무를 더 확대할 계기만을 제공했다. 결국 끝없이 응징을 계속하는 방법 외에는 무엇을 할지 전략적으로 명확하지 않았다.

이스라엘은 또한 자신들의 작전에 우스꽝스럽고, 심지어 사악한 이름들을 계속 붙였다. '첫 비'라는 작전명에 이어, 2006년 6월에 시작된 응징 작전에는 '여름비 Summer Rains'라는 이름이 붙었다. '여름비 작전'은 가자 지구 일부 지역을 육로로 침공하는 새로운 방식을 도입했다. 이를 통해 이스라엘 군은 시민들을 더 효과적으로 살해할 수 있었으며, 인구 밀집 지역 내에서 치열한 전투의 결과라고 내세울 수 있었다. 민간인 살해가 이스라엘의 정책이 아니라 불가피한 상황의 결과라는 듯이 말이다. 여름이 끝나자 더욱 효율적인 '가을 구름 Autumn Clouds' 작전이 시작됐다. 2006년 11월 1일, 48시간도 되지 않아 민간인 70여 명이 사망했다. 그달 말까지 거의 200명이 사망했고, 그중 절반은 여성과 아이였다. 작전의 일부는 이스라엘의 레바논 공격과 병행돼, 외부의 비난은커녕 큰 관심도 받지 않고 쉽게 작전을 완료할 수 있었다.

우리는 '첫 비' 작전부터 '가을 구름' 작전에 이르기까지 모든 영역에서 악화되는 모습을 볼 수 있다. 첫째, '민간인'과 '비민간인' 표적 사이의 구분이 사라졌다. 분별없는 살인으로 인구 전체가 작전의 주요 표적이 됐다. 둘째, 이스라엘 군대가 보유한 모든 살상 무기를 확대하여 사용했다. 셋째, 사상자수가 눈에 띄게 증가했다. 마지막으로, 가장 중요한 점인데, 작전이 점차 전략으로 구체화됐다. 이스라엘이 향후 가자 지구 문제를 해결하려는 방식, 즉 바로 계산된 대량 학살 정책을 드러낸 것이었다. 하지만 가자 지구 주민들은 계속해서 저항했다. 이스라엘은 더 많은 대량 학살 작전으로 응수했지만, 지금도 그 지역을 차지하지 못했다.

2008년, '여름비'와 '가을 구름' 작전에 이은 '뜨거운 겨울Hot Winter' 작전이 실행됐다. 예상한 대로 새로운 공격으로 가자 지구에서 민간인 사망자가 100명 넘게 더 발생했고, 가자 지구는 다시 한 번 하늘, 바다, 땅으로부터 폭격을 받고 침공당했다. 적어도 이번에는 국제 사회가 잠시 주목하는 것처럼 보였다. 유럽 연합과 유엔은 이스라엘의 "불균형한 무력 사용"을 비난하고, 국제법 위반이라고 지적했다. 미국이 비판하는 부분은 "균형"이었다. 그러나 이는 휴전으로 이어지기에는 충분했다. 물론 다른 때처럼 또 다른 이스라엘의 공격으로 때때로 중단될 휴전이었다.[196] 하마스는 휴전을 연장할 의향이 있었고, '타하디아tahadiah'라고 부르는 종교적 용어로 이 전략을 승인했다. 타하디아는 아랍어로 '소강 상태'를 뜻하고 이념적으로는 '매우 긴 평화의 기간'을 뜻하는 말이다. 하마스는 또, 이스라엘을 향해 로켓을 발사하는 대부분의 파

벌을 설득하는 데 성공했다. 이스라엘 정부 대변인 마크 레게브Mark Regev도 이를 인정했다.[197]

이스라엘의 봉쇄가 진짜 완화됐다면 휴전은 확실히 성공했을 것이다. 실질적으로 가자 지구에 허용되는 물품의 양을 늘리고 사람들의 출입을 완화했다면 말이다. 하지만 이스라엘은 이와 관련한 약속을 지키지 않았다. 이스라엘 관리들은 미국 측에 가자 경제를 "붕괴 직전"의 상태로 유지할 계획이라고 매우 솔직하게 말했다.[198] 봉쇄의 강도와 이스라엘을 향한 로켓 발사의 강도 사이에는 직접적인 상관관계가 있는데, 카터 평화 센터Carter Peace Center가 준비한 도표가 이를 아주 잘 설명하고 있다.

이스라엘은 하마스가 판 땅굴을 발견했다는 구실로 2008년 11월 4일 휴전을 파기했다. 하마스가 또 다른 납치 작전을 위해 판 땅굴이라고 이스라엘은 주장했다. 하마스는 식량을 반입하고 사람들을 대피시키기 위해, 그리고 실제로 저항 전략의 일환으로 가자 게토 밖에 땅굴을 만들고 있었다. 휴전 파기의 핑계로 땅굴을 들먹이는 것은 마치 하마스가 이스라엘 군사 기지가 국경 근처에 있어서 휴전을 파기하겠다고 하는 것이나 다름없다. 하마스 관계자들은 문제의 땅굴을 방어 목적으로 건설했다고 주장했다. 그들은 경우에 따라 땅굴의 다

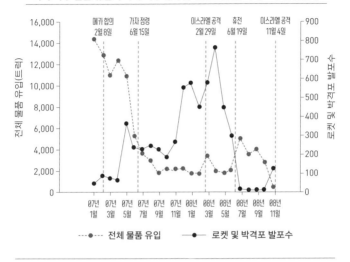

가자 지구 물품 유입과 가자 지구에서 발사된 로켓 및 박격포의 상관관계

출처: 카터 평화 센터, "가자 타임라인 분석: 동향과 사상자", 2009

른 기능을 거리낌없이 자랑했으니, 이것이 사실일 수도 있다. 아일랜드의 팔레스타인 연대 단체인 사다카Sadaka는 이스라엘 장교들이 땅굴에 어떤 위협 요소도 없다는 사실을 인지하고 있었다는 증거를 수집해 매우 상세한 보고서를 발표했다. 이스라엘 정부는 하마스를 파괴하려는 또 다른 시도에 핑계가 필요했을 뿐이었다.[199]

하마스는 이스라엘의 공격에 아무도 다치게 하거나 죽

이지 않는 미사일을 퍼부어 대응했다. 이스라엘은 단기간의 공격을 중단하고 자신들의 조건에 따라 휴전에 동의할 것을 하마스에 요구했다. 하마스가 이를 거부하자, 2008년 말 그 악명 높은 '캐스트 레드' 작전이 시작됐다(작전명은 이제 훨씬 더 사악해졌다). 이번 예비 폭격은 전례 없는 수준이었다. 많은 사람들이 2003년 이라크에 대한 융단 폭격을 떠올렸다. 주요 목표는 민간 기반 시설이었고, 예외는 없었다. 병원, 학교, 모스크. 모든 것이 공격을 받고 파괴됐다. 하마스는 베르셰바나 아슈도드Ashdod처럼 이전에는 목표로 삼지 않았던 이스라엘 도시로 미사일을 발사하며 대응했다. 소수의 민간인 사망자가 발생했지만, 총 13명의 이스라엘 사망자의 대부분은 아군의 사격으로 인해 죽은 군인들이었다. 그에 반해 이 작전으로 목숨을 잃은 팔레스타인인은 1,500명에 달했다.[200]

이제 새로운 차원이 더해졌다. 국제 사회와 아랍의 기부자들이 이스라엘이 나중에 또 파괴할 곳을 재건하는 데에 수십억 달러에 달하는 원조를 약속한 것이다. 최악의 재난이라도 이득이 될 수 있었다.

다음 라운드는 2012년에 시행된 두 번의 작전이었다. 이전 공격들에 비해 규모가 작았던 '돌아오는 메아리Returning Echo'

작전이 하나였고, 2012년 7월에 진행된 더 중요한 작전 '방어 기둥 Pillar of Defense'이 다른 하나였다. '방어 기둥 작전'은 경제 및 사회 정책에 실패한 이스라엘 정부를 무너뜨릴 수도 있었던 그해 여름의 사회 저항 운동을 종식시켰다. 젊은 이스라엘 사람들이 시위를 중단하고 고국을 지키러 나서도록 설득하는 데에 남부에서의 전쟁만한 것이 없다. 이전에도 효과가 있었고, 이번에도 마찬가지였다.

2012년 하마스는 처음으로 텔아비브로 미사일을 발사했는데, 피해가 거의 없었고 사상자도 없었다. 반면 어린이 수십 명을 포함해 200여 명의 팔레스타인인이 살해당했다. 이제 이런 불균형은 익숙해졌다. 이스라엘에게 나쁘지 않은 해였다. 지쳐 있던 유럽 연합과 미국 정부는 2012년의 공격을 비난조차 하지 않았다. 사실 그들은 "이스라엘이 스스로를 방어할 권리"를 반복해서 주장했다. 2년 후 이스라엘이 더 나아가도 되겠다고 생각한 것도 당연하다. 2014년 여름의 '방어의 날 Protective Edge' 작전은 2년 동안 준비한 것이었다. 서안 정착민 3명이 납치당해 죽은 사건이 작전 실행의 구실이 됐고, 작전으로 인해 팔레스타인인 2,200명이 사망했다. 하마스의 로켓이 벤구리온 공항까지 이르면서 이스라엘 자신들도 한동안 마비 상태가 됐다.

처음으로 이스라엘군이 가자 지구에서 팔레스타인 게릴라들과 정면으로 맞서 싸웠고, 이 과정에서 66명의 군인을 잃었다. 길고 잔인한 봉쇄에 분노하며 벽을 등지고 필사적으로 싸우는 팔레스타인 사람들과 이스라엘 군대 간의 전투에서 팔레스타인인들이 우위를 점했다. 마치 외부에서 주로 통제하던 경비가 삼엄한 교도소에 경찰이 들어갔다가, 체계적으로 굶주리고 목 졸리던 수감자들의 절박함과 반발에 마주하게 된 상황과 같았다. 용감한 하마스 전사들과의 이번 충돌 이후 이스라엘이 어떤 작전에 도달할지 예측하기가 두렵다.

시리아 전쟁과 그에 따른 난민 위기 때문에 가자 지구에 대한 국제적 행동이나 관심의 여지가 많이 남아 있지 않았다. 하지만 가자 지구 주민들에 대한 또 다른 공격이 준비돼 있는 것 같다. 유엔은 현재의 파괴 속도로 볼 때 2020년에는 가자 지구에 사람이 살 수 없게 되리라고 예측했다. 이는 군사력에 의해서뿐 아니라 유엔이 말하는 "역개발", 즉 개발이 역전되는 과정에 의해서도 진행되고 있다.

지난 6년간 세 차례에 걸친 이스라엘의 군사 작전과 8년간의 경제 봉쇄로 인해 이미 취약했던 가자 지구의 기반 시설은 피폐해졌고, 생산 기반은 산산조각 났다. 의미 있는 재건이나 경제 회복에 필요한 시간을 주지 않고 가자 지구의 팔레스타인 인구를 빈곤하게 만들어, 경제적 복지economic wellbeing * 상태가 20년 전보다도 더 악화됐다.[201]

이 사형 선고는 이집트 군사 쿠데타 이후 더욱 확실해졌다. 가자 지구에서 이스라엘이 아닌 곳으로 가는 유일한 통로를 이집트의 새 정권이 닫아 버렸다. 2010년부터 시민 사회 단체들은 구호선단을 보내 연대를 표시하고 봉쇄를 무너뜨리려 했다. 그중 하나인 마비 마르마라Mavi Marmara호는 이스라엘 특공대의 잔인한 공격을 받아 승객 9명이 숨지고, 나머지 사람들은 체포된 바 있다.** 다른 구호선들은 비교적 나은 대접을 받았다. 하지만 2020년에도 여전히 그 가능성이 남아

---

* 가구와 개인의 객관적인 경제적 여건과 주관적인 평가를 모두 포함하고 있는 개념.

** 2010년 5월 31일 이스라엘 해병 특공대가 선박 6척으로 구성된 국제 구호선단의 가자 지구 입항을 저지, 나포하는 과정에서 튀르키예인 구호 활동가 9명이 사망했다. 특히 이스라엘 특공대가 공해상에 있던 배에 올라 승선자들을 구타하는 장면이 촬영돼 인터넷에 게시되면서 전 세계적인 비난을 받았다. 튀르키예는 이에 강력히 반발했고, 2011년 이스라엘 대사를 추방했다. 양국의 관계 정상화에는 6년이 걸렸다.

있다. 천천히 죽음을 강요당하고 있는 가자 지구 주민들에게
는 평화로운 구호선단 이상의 무언가가 필요할 것으로 보인
다. 이스라엘이 물러나도록 설득하기 위해서 말이다.

PART III.

잘못된 신화 : 미래

이 친숙한 신화는 보통 긍정적인 목소리로 전달된다. 이스라엘-팔레스타인 분쟁에 해결책이 있으며, 그게 바로 우리 코앞에서 기다리고 있다는 메시지를 담고 있다. 그러나 현재 이스라엘이 서안을 대규모로 식민지화하고 있는 현실에서 '두 국가 해법'은 거의 불가능한 전망이다. 기껏해야 팔레스타인 반투스탄* 정도를 기대해 볼 수 있겠다. 이런 정치적 합의로는 적절한 주권이 없고, 여러 주로 나뉘고, 이스라엘로부터 독립하여 스스로를 보호하거나 유지할 수단이 없는 국가나

─────────────

*   자치 구역.

만들게 된다. 이스라엘이 기적적으로 마음을 바꿔서 보다 독립적인 국가를 기대하더라도 '두 국가 해법'이 분쟁의 최종 해결책이 되지는 못한다. 이제 거의 150년이 된 민족 해방 투쟁이 고작 국토의 20퍼센트에 대한 조건부 자치로 마무리된다는 것도 생각하기 힘들다. 게다가 어떠한 외교 협정이나 문서도 누가 협정의 일부이고 누구는 아닌지를 규정할 수 없다. 예컨대 서안에 거주하는 사람들은 팔레스타인인이지만 가자 지구에 사는 사람들은 아니라고 할 수는 없다. 이것이 바로 현재의 상황인데, 가자 지구와 예루살렘의 많은 부분이 협상에서 배제돼 있으며, 구상 중인 국가에도 포함되지 않기 때문이다.

앞서 언급했듯이 '두 국가 해법'은 동그라미를 네모로 만들려는 이스라엘의 발명품이다. 서안에 사는 사람들을 배제하고 서안을 이스라엘의 통치하에 둘 방법으로 찾아낸 것이다. 그래서 서안 일부를 자치 지역, 준準 국가로 만든다는 제안이 나왔다. 그 대가로 팔레스타인 사람들은 귀환이나, 이스라엘 내에서 팔레스타인인들의 평등한 권리, 예루살렘의 운명, 고향에서 인간으로서 정상적인 삶을 영위할 희망 모두를 포기해야 한다.

이 신화를 비판하면 반유대주의로 낙인찍힐 때가 많다. 그러나 여러 면에서 그 반대가 사실이다. 이 신화 자체가 새로운 반유대주의와 연관되어 있다. '두 국가 해법'은 유대 국가가 유대인 문제를 해결하는 제일 좋은 방법이라는 생각에 기초하고 있다. 즉, 유대인은 다른 곳이 아닌 팔레스타인에서만 살아야 한다는 의미다. 이 개념은 반유대주의의 핵심에 가깝다. 간접적으로 말하자면, '두 국가 해법'은 이스라엘과 유대교가 같다는 가정에 기반해 있다. 따라서 이스라엘은 자신들이 하는 일이 유대교의 이름으로 하는 일이라 고집하고, 그것이 세계 각국에서 거부당하면 이스라엘뿐 아니라 유대교를 향한 비판이라고 주장한다. 영국 노동당 제러미 코빈Jeremy Corbyn 대표는 네타냐후의 정책 때문에 유대교를 비판하는 것은 이슬람 국가가 하는 일 때문에 이슬람을 비판하는 것과 마찬가지라고 설명해 많은 비난을 받았는데, 내 생각에는 코빈이 옳다. 일부 사람들의 예민한 부분을 건드렸을지 몰라도, 타당한 비교다.[202]

'두 국가 해법'은 가끔 영안실에서 시체를 꺼내어 잘 차려입히고 살아 있는 존재처럼 내세우는 것과 같다. 생명이 남아있지 않다고 다시 한 번 입증되면 영안실로 돌아가는 것이다. 미래에 뭔가가 바뀐다면 유엔이 팔레스타인을 정회원으로 인정하는 일뿐일 것이다.* 동시에 우리는 이스라엘이 서안의 50퍼센트 이상을 차지하는 C구역을 완전히 점령하는 것을 보게 될 수도 있다. 유엔 안전보장이사회에서의 상징적 행동과 현지의 현실, 둘 사이의 긴장감은 국제 사회가 감당하기 힘들 만큼 클지도 모른다. 상상할 수 있는 최고의 시나리오는, 그러한 상황 아래서 모든 사람들이 다시 처음으로 돌아가 갈등을 해결책의 첫 번째 원칙부터 다시 생각하는 것이다.

이 뻔한 수작질은 곧 끝날 것이다. 평화롭게든 폭력으로든, 어떤 방식이든 고통스럽게 말이다. 이제 이스라엘이 서안 식민지화를 완료하고 가자 지구를 계속 봉쇄하는 짓을 아무도 막지 못할 듯하다. 이는 국제 사회의 승인을 받아야만 이뤄질 수 있는 일이지만, 이스라엘에는 그런 승인이 없어도 이를 기꺼이 계속하려는 정치인들이 충분히 많다. 어느 쪽이든 이스

---

* 팔레스타인은 1974년 이후 유엔에서 비회원 옵서버 독립체(entity) 지위였다가, 2012년 11월 옵서버 국가(state) 지위를 얻게 됐다. 이는 사실상 국가의 지위를 인정받은 것으로 해석됐다. 유엔 정회원이 되기 위해서는 안정보장이사회 15개 이사국 중 9개 이사국의 찬성을 얻어야 하며, 유엔 총회에서 전체 회원국 가운데 3분의 2 이상의 동의를 얻어야 한다. 팔레스타인은 2011년에 이어 2024년 4월에 다시 유엔 정회원 가입을 신청했으나, 미국의 반대로 부결됐다.

라엘은 서안 절반을 합병하고, 나머지 절반과 가자 지구를 격리 구역으로 만들며, 자국 내 팔레스타인인 시민들에게 일종의 인종 격리 체제를 도입하는 등 자신들이 생각하는 "해법"을 실현하기 위해 잔혹한 무력을 사용해야 할 것이다. 이런 상황에서 '두 국가 해법'에 대한 논의는 무의미하고, 시대에 뒤처져 쓸모가 없어진다.

고대에는 사람이 죽으면 그가 아끼던 소지품과 같이 묻었다. 이번 장례식도 아마 비슷한 의식을 따를 것이다. 2미터 아래에 묻힐 가장 중요한 물품은, '평화 프로세스', '중동 유일의 민주주의', '평화를 사랑하는 국가', '동등과 호혜', '난민 문제에 대한 인간적인 해결책' 같은 목록으로 유명한 환상과 기만의 사전이다. 이를 대체하는 사전이 여러 해 동안 만들어졌는데, 시온주의를 식민주의로, 이스라엘을 인종 차별 국가로, 나크바를 종족 청소로 재정의하고 있다. 일단 '두 국가 해법'에 사망 선고가 내려지면, 새 사전을 일반적으로 사용하기가 훨씬 쉬워질 것이다.[203]

죽은 해법의 지도들도 시체 옆에 놓일 것이다. 팔레스타인을 역사적 실체의 10분의 1로 축소하여 그것을 평화의 지도로 내세웠던 지도 제작법은 영원히 사라지기 바란다. 대체 지도는 준비할 필요가 없다. 갈등의 지형은 자유주의적 시온주의 정치인, 언론인, 학자의 담론에서는 끊임없이 변해 왔지만, 실제로는 1967년 이후 전혀 변하지 않았다. 팔레스타인은 항상 요르단강에서 지중해까지의 땅이었다. 지금도 그렇다. 운명의 변화를 결정한 것은 지형이 아니라 인구 변동이었다. 19세기 말에 이 지역에 도래한 정착 운동으로 인해 지금은 인구의 절반을 차지하고, 나머지 절반의 사람들을 인종 차별 이데올로기와 인종 격리 정책으로 통제하고 있다. 평화는 인구통계학적 변화의 문제도, 지도를 다시 그리는 문제도 아니다. 이런 이데올로기와 정책을 제거하는 일이다. 어쩌면 지금 이를 실현하는 게 그 어느 때보다 쉬울지도 모른다.

이 장례식은 2012년 이스라엘 내 대규모 저항 운동이 지닌 오류를 드러내는 동시에 긍정적인 잠재성을 부각시킬 것이다. 그해 여름 7주간 이스라엘의 중산층 유대인들은 정부의 사회 경제 정책에 항의해 대규모 시위를 벌였다. 시위 규모를 최대한 키우기 위해 시위 지도부나 조직가들은 점령이나 식민지화, 인종 격리에 대해서는 감히 언급하지 못했다. 그들은 모든 악의 근원이 정부의 잔인한 자본주의 정책이라고 주장했다. 어느 정도는 일리가 있었다. 이들 정책은 이스라엘의 지배 민족이 팔레스타인을 짓밟고 강탈한 성과를 완전하고 공평하게 나누지 못하게 방해했다. 하지만 약탈품을 더 공정하게 나눈다고 해서 유대인이나 팔레스타인인에게 정상적인 삶을 보장할 수 없다. 약탈과 강탈을 끝내야만 가능한 일이다. 그러나 시위자들은 언론과 정치인이 말하는 사회 경제적 현실에 대해 회의와 불신을 표명하기도 했다. 이는 여러 해 동안 "분쟁"과 "국가 안보"에 대해 들어온 거짓말을 더 잘 이해하도록 길을 열어 줄 것이다.

'두 국가 해법'의 장례식은 우리 모두가 예전처럼 과업을 분배하도록 힘을 줄 것이다. 팔레스타인인들은 그 어느 때보다 긴급하게 대표성 문제를 해결해야 한다. 그리고 세계의 진보적 유대인 세력들은 보다 집중적으로 '보이콧, 투자 철회 및 제재BDS' 운동과 연대 캠페인에 참여해야 한다. 팔레스타인 자체에서도 '한 국가 해법' 논의를 정치적 행동으로 옮기고, 어쩌면 새로운 사전을 채택할 때가 왔다. 어디에서나 강탈이 있기에, 회복과 화해도 어디에서나 있어야 한다. 유대인과 팔레스타인 사이의 관계가 정의와 민주적 기반으로 다시 구성된다면, 우리는 '두 국가 해법'의 낡고 땅에 묻힌 지도도, 그것이 추구하는 분할 논리도 받아들일 수 없을 것이다. 이는 또한 1967년 이전의 유대 정착지와 1967년 이후 서안 내 유대 정착지 사이의 성스러운 구분도 무덤 속에 넣어야 한다는 뜻이다. 대신 그 구분은 현재 거주하는 곳과 관계 없이 관계의 재정립, 체제의 변화, 동등한 지위 등을 논의할 의사가 있는 유대인들과 그렇지 않은 유대인들 사이에서 이뤄져야 한다.

현대 이스라엘-팔레스타인의 인간적이고도 정치적인 구조를 연구하다 보면 이런 측면에서 놀라운 현상이 몇 가지가 있다. 대화에 참여하려는 의지는 때로 그린 라인* 안쪽보다 그 밖에서 더 분명하게 나타난다. 정권 교체, 대표성 문제, BDS 캠페인에 관한 대화는 모두 팔레스타인에 정의와 평화를 가져오기 위한 동일한 노력의 일부다. 일단 '두 국가 해법'이 땅에 묻히면, 이스라엘과 팔레스타인에 정의로운 평화를 가져오는 데 커다란 장애물 하나가 사라질 것이다.

---

* 팔레스타인 점령 지역과 이스라엘 영토를 분리하는 경계선. 1949년 휴전 국경으로 요르단령 예루살렘 및 서안과 이스라엘을 나누다가 1967년 이스라엘이 팔레스타인 영토를 모두 점령한 이후에 군사 분계선으로서의 의미는 사라졌다. 그린 라인 안쪽은 이스라엘, 바깥쪽은 1967년 이후 점령지다.

TEN
MYTHS
ABOUT
ISRAEL

21세기의 '정착 식민지 국가' 이스라엘

2017년이면 이스라엘이 서안과 가자 지구를 점령한 지 50년이 된다. 그토록 긴 시간이 흐르면서 '점령'이라는 용어는 다소 불필요하고 상관없게 여겨진다. 팔레스타인인들은 이미 두 세대가 이 체제하에서 살아왔다. 팔레스타인 사람들 스스로는 여전히 점령이라고 부르겠지만, 그들이 겪고 있는 일은 더 극복하기 어렵고 바꾸기 힘든 무언가에 뿌리를 두고 있다. 바로 식민지화다. 서문에서 언급했듯이, '식민지화'라는 용어는 현재에 적용하기가 쉽지 않다. 보통 과거의 사건들과 연결돼 있기 때문이다. 이것이 이스라엘에 대해 글을 쓰는 학자들이 흥미로운 최근 연구의 도움을 받아 '정착 식민주의settler colonialism'라는 다른 용어를 더 자주 사용하는 이유다.

식민주의는 유럽인들이 세계 각지로 이동하여 한때 원주민들이 자신들만의 왕국을 세운 곳에 새로운 '백인' 국가를 만드는 일로 설명할 수 있다. 이러한 국가 성립은 정착민이 두 가지 논리를 채택해야만 가능했다. 하나는 제거 논리. 대량 학살을 포함한 모든 수단을 동원해 원주민을 없애는 것을 말한다. 다른 하나는 인간성 말살의 논리. 비유럽인을 열등한 존재로 간주해 정착민과 동일한 권리를 누릴 자격이 없다고 보는 것이다. 남아프리카공화국에서는 이 쌍둥이 논리로 1948년 아파르트헤이트 체제가 공식적으로 탄생했고, 같은 해 시온주의 운동은 동일한 논리를 팔레스타인 종족 청소 작전으로 옮겼다.

이 책에서는 정착 식민주의 관점에서 볼 때 서안과 가자지구 점령, 오슬로 프로세스, 2005년 가자 지구 철수 등의 사건은 모두 최소한의 팔레스타인인만 남기고 최대한 많이 팔레스타인을 차지하려는 이스라엘의 전략의 일부임을 보여주려고 했다. 이 목표를 달성하기 위한 수단은 시간이 지나면서 달라졌으며, 아직 완성되지 않았다. 그러나 이것이 분쟁의 불을 지피는 주요 연료다.

이런 식으로 인간성 말살과 제거 논리의 끔찍한 결합은 유럽의 정착 식민주의가 전 세계적으로 확산되면서 분명하게 드러났는데, 중동의 권위주의 국가로 먼저 유입됐다. 여러 사례 가운데서도 사담 후세인이 쿠르드족을 학살할 때나, 2012년 아사드Assad 정권을 응징할 때 무자비하게 나타났다. 그 정권에 반대하는 집단도 이를 받아들였다. IS의 대량 학살 정책이 그중 최악의 사례다.

중동에서 볼 수 있는 이런 야만화된 인간 관계는 오직 그 지역 사람들만이 멈출 수 있다. 그러나 외부 세계가 그들을 도와야 한다. 이 지역은 다 함께 "공존 공영"이 원칙이었던 그리 멀지 않은 과거로 돌아가야 한다. 이 지역 전체의 인권 침해를 종식시키는 문제를 진지하게 논의하고자 한다면 팔레스타인에서 100년간 지속된 인권 침해를 이야기하지 않을 수 없다. 이 두 가지는 밀접하게 연결돼 있다. 이스라엘, 그리고 그 이전에 시온주의 운동이 누렸던 예외주의는 아랍 세계에서 벌어지고 있는 인권 침해에 대한 서구의 비판을 조롱거리로 만들어 버린다. 팔레스타인 인권 침해에 대해 논의하려면, 시온주의 같은 정착 식민주의에 따른 불가피한 결과를 이해해야 한다. 유대 정착민은 이제 이 땅의 유기적이고 필수적인 일부가 됐다. 그들은 제거할 수도 없고, 제거되지도 않을 것이다. 유대 정착민도 이 지역 미래의 일부가 돼야 하지만, 그렇다고 팔레스타인 사람들에 대한 끊임없는 억압과 강탈을 기반으로 해서는 안 된다.

우리는 위에 설명한 문제와 '두 국가 해법'이 어떤 관련이 있는 것처럼 이야기하며 여러 해를 허비했다. 그러나 번영하는 문화, 성공적인 첨단 기술 산업, 강력한 군대를 가졌을지라도 다른 민족을 배척하는 기초 위에 국가를 세운다면, 도덕적 정당성이 항상 의문시된다는 점을 이스라엘 유대인과 전 세계를 설득하는 데 시간이 필요했다. 정당성 문제를 이스라엘이 1967년에 점령한 영토에만 국한해서는 문제의 핵심을 해결하는 데 도움이 되지 않는다. 물론 이스라엘이 서안에서 철수한다면 도움이 될 테지만, 2006년 이래 가자 지구를 감시해 온 것과 마찬가지 방식으로 이스라엘이 철수 이후에도 서안을 감시할 가능성이 있다. 이것은 갈등 종식을 앞당기지 못하고, 그저 다른 종류의 갈등으로 형태만 바꿀 뿐이다.

해결책을 찾기 위해 진정성 있는 시도가 이뤄지려면, 역사의 단면을 깊이 다뤄야 한다. 시오니즘은 제2차 세계 대전 이후 식민지 프로젝트로 변모할 수 있었다. 문명 사회에서 식민주의를 거부하던 그 시기에 말이다. 유대 국가의 설립이 유럽, 특히 서독 입장에서는 사상 최악의 반유대주의에서 벗어날 수 있는 쉬운 길이었기 때문이다. 이스라엘은 "새로운 독일"을 인정한다고 처음으로 선언한 국가였다. 그 대가로 이스라엘은 많은 돈을 받았지만, 훨씬 더 중요한 것은 팔레스타인 전체를 이스라엘로 바꿀 수 있는 백지 위임장을 받았다는 점이다. 시온주의는 스스로를 반유대주의의 해결책이라고 제안했지만, 반유대주의가 계속 존재하게 만드는 주요 원인이 되기도 했다. 이 '합의'는 여전히 유럽의 중심부에 자리 잡은 인종 차별과 외국인 혐오를 근절하지 못했다. 인종 차별과 외국인 혐오는 유럽 대륙에서 나치즘을, 대륙 밖에서는 잔혹한 식민주의를 만들어 낸 원인이다. 이제 인종 차별과 외국인 혐오는 이슬람교도와 이슬람을 적대하는 방향으로 바뀌었다. 이는 이스라엘-팔레스타인 문제와 밀접하게 연결돼 있기에, 이 문제에 대한 진정한 해결책을 찾아 내면 문제를 축소시킬 수 있을 것이다.

우리 모두는 홀로코스트 이야기에 대해 더 좋은 결말을 기대할 자격이 있다. 강력한 다문화주의 사회인 독일이 유럽의 다른 지역에 나아갈 길을 보여 줄 수도 있고, 미국 사회가 오늘날까지 반향을 일으키는 과거의 인종 차별적 범죄를 용감하게 다룰 수도 있다. 아랍 세계가 야만성과 비인간성을 씻어 내는 결말일 수도 있다.

이런 일은 우리가 신화를 진실로 취급하는 함정에 계속 빠져서는 일어날 수 없다. 팔레스타인은 비어 있지 않았고, 유대 민족에게는 조국이 있었다. 팔레스타인은 "구원"받은 게 아니라 식민지화됐다. 팔레스타인 사람들은 1948년에 자발적으로 떠난 게 아니라 강탈당했다.

심지어 유엔 헌장에서도 식민지화된 민족은 해방을 위해 군대까지 동원해 싸울 권리가 있고, 그 투쟁의 성공적인 결말은 모든 주민을 포함하는 민주주의 국가의 건립에 있다. 이스라엘에 대한 열 가지 신화에서 벗어나 미래를 논의하여 이스라엘과 팔레스타인에 평화를 가져오는 데 기여하고, 유럽이 제2차 세계 대전의 공포와 암울한 식민주의 시대를 적절하게 마무리하는 데 도움이 되기를 바란다.

약속의 땅, 예루살렘, 통곡의 벽, 그리고 중동의 화약고 가자 지구와 서안. 이스라엘과 팔레스타인에 대해 떠오르는 것들이다. 기억 속에 이 지역은 늘 분쟁 중이었기에 2023년 10월 7일에 하마스가 이스라엘을 향해 대규모 공격을 가하고, 다음 날 이스라엘이 전면전을 선포했을 때도 새롭게 느껴지지 않을 정도였다.

2000년 동안 나라 없이 떠돌아다니던 유대인이 신에게 약속받은 옛 조상의 땅에 세운 유대 국가가 이스라엘이고, 이에 반대하는 아랍인들과 계속 갈등을 빚는다는 것이 일반적인 인식이 아닐까. 그렇기에 이스라엘-팔레스타인 분쟁은 종교 분쟁으로도, 민족 갈등으로도 느껴진다. 이 책은 그 일반적인 인식과 당연하다고 여겼던 명제에 대해 의문을 제기한다. 성서 시대부터 시작하여 2005년 이스라엘이 가자 정착촌에서 철수한 후 2015년까지 벌인 종족 학살까지, 긴 시간 동안 생겨난 신화들과 잘못된 인식을 수많은 학자들의 연구 결과에 근거하여 깨부순다. 신화는 이스라엘 정부가 만들어 낸 내러티브이거나 우리가 흔히 가지는 오해다.

저자 일란 파페는 이스라엘 출신의 유대인이다. 팔레스타인 해방을 지지해 온 역사가인 그는 10월 7일 사건 이후로 수차례 언론에 입장문을 기고했고, 안타깝고 괴로운 감정을 고스란히 담아 이 책의 한국어판 서문을 보내 왔다. (거기에 더하여 이 책에서 다루는 지역이나 인물, 사건에 대해 보충 설명을 요청하는 역자의 문의에도 적극적으로 답해 주었다. 답변 내용은 각주에 반영되어 있다.) 저자는 이스라엘의 가자 지구 공격을 순수 유대 국가를 만들기 위한 종족 청소의 일환으로, 팔레스타인 사람들의 저항을 식민 지배를 받는 민족의 해방 운동으로 바라본다. 그의 글은 이스라엘을 비판하지만, 조국 이스라엘을 사랑하는 마음으로 이스라엘이 정의롭고 민주적인 국가가 되기를 바라는 소망을 담고 있다.

저자가 서문에서 언급했듯이 이스라엘에 대한 신화는 현재 진행형으로 만들어지고 있다. 이스라엘은 하마스의 공격을 '홀로코스트'라고 부르며 세계인의 마음속에 죄책감으로 자리 잡은 대량 학살의 기억을 자극한다. 그러나 이번 전쟁에서 이스라엘의 공격으로 사망한 가자 지구 민간인의 수는 하마스의 공격으로 인한 사망자 수의 10배를 넘긴 지 오래다. 오래전 기독교 세계에서 게토에 격리됐던 유대인들이 지금은 분리 장벽 안에 팔레스타인 사람들을 격리시키고 봉쇄하고 있다. 지금 이스라엘 정부는 이스라엘을 비판하고 가자 지구 전쟁에 반대하는 움직임을 반유대주의로 규정해 버린다.

이 책은 우리가 흔히 알고 있는 이스라엘에 대한 신화가 등장한 배경과, 그에 가려진 진실을 폭넓게 제시하고 있다. 2023년 하마스-이스라엘 전쟁이 발발한 이유와 이후 이스라엘의 반응을 해석하고 예측하는 데 도움이 되리라 믿는다.

백선

타임라인

1881	- 러시아 포그롬유대인 대박해가 1884년까지 이어짐.
	- 유럽에서 시온주의 운동이 나타남.
1882	- 제1차 알리야(1882~1904).
	- 팔레스타인에 농업 정착지 리숀 레지온Rishon LeZion, 지크론 야코브Zichron Yaacov, 로쉬 피나Rosh Pina 설립.
1897	- 바젤에서 제1차 시온주의 세계 대회 개최.
	- 세계 시온주의 대회 창설.
1898	- 제2차 시온주의 세계 대회.
1899	- 제3차 시온주의 세계 대회.
1901	- 유대민족기금JNF 창립.
1904	- 제2차 알리야(1904~1914).
1908	- 팔레스타인 사무소 설립(1929년에 유대 기구로 변경).
1909	- 제1차 키부츠(키부츠 드가니아Kvutzat Degania) 설립. 텔아비브 건설.
	- 유대인 자기 방어 단체 하쇼머Hashomer 설립.

1915~16	– 후세인-맥마흔Hussein-McMahon 서한 교환.
1916	– 사이크스-피코Sykes-Picot 협정.
1917	– 밸푸어 선언Balfour Declaration.
	– (1920년까지) 영국이 팔레스타인 점령 및 군정 통치.
1920	– 정착촌 경찰 하가나Haganah 설립.
	– 유대인 노동 조합 히스타드루트Histadrut 설립.
	– 산레모 회의San Remo Conference에서 영국에게 팔레스타인 위임 통치권 부여.
1922	– 영국이 트란스요르단Transjordan을 별도의 정치적 실체로 인정하고 아미르 압둘라Amir Abdullah를 지도자로 인정.
	– 미국 의회가 밸푸어 선언을 지지.
1923	– 영국의 팔레스타인 및 트란스요르단 위임 통치권이 국제 연맹, 그리고 로잔 조약에서 승인됨.
1931	– 시온주의 무장 단체 이르군Irugun이 하가나에서 분리.
1936	– 아랍 반란이 발발해 1939년까지 지속.
1937	– 필 위원회The Peel Royal Commission.
1940	– 시온주의 테러 조직 '레히Lehi'(슈테른 갱)가 이르군에서 분리.
	– 마을 파일 프로젝트 시작.
1946	– 영미 조사 위원회.
1947	– 영국이 위임 통치 종료를 발표하고 팔레스타인 문제를 유엔에 이관. 유엔은 유엔팔레스타인특별위원회UNSCOP를 구성, 분할을 권고. 이는 유엔 총회에서 승인됨(결의안 181).
1948	– **팔레스타인의 종족 청소**: 영국 위임 통치 종료, 이스라엘 국가 선포 및 미국과 소련의 인정. 이스라엘은 주변 아랍 국가들에서 팔레스타인으로 진입하는 군대와의 전쟁을 벌이는 동시에 팔레스타인 인구의 절반을 추방하고 마을의 절반을 파괴하며 12개 도시 중 11개 도시를 비우고 파괴함.

1949	– 유엔 총회 결의안 194(팔레스타인 난민의 귀환 요구).
	– 이스라엘, 이집트, 요르단, 레바논, 이집트 간의 휴전 협정.
	– 이스라엘 내 남아 있는 팔레스타인 시민을 군정 통치하기 시작했으며, 이는 1966년까지 유지됨.
1950	– 아랍 국가들로부터의 유대인 이민 시작.
1956	– 이스라엘은 영국 및 프랑스와 연합해 이집트의 나세르를 상대로 전쟁을 벌여 시나이반도와 가자 지구를 점령.
	– 카프르 카심Kafr Qasim 대학살.
1959	– 와디 살리브Wadi Salib 폭동(하이파에서 차별에 항의하는 미즈라히 Mizrahi 폭동).
1963	– 벤구리온 시대 종료.
1967	– **6일 전쟁**: 이스라엘이 시나이와 가자 지구, 골란 고원, 동예 루살렘, 요르단강 서안을 점령함. 유엔 안전보장이사회 결의안 242는 이스라엘에 점령한 모든 영토에서 철수를 요구. 이스라엘은 요르단강 서안과 가자 지구에 정착촌 프로젝트를 시작.
1973	– **10월 전쟁**: 이스라엘이 이집트 본토의 일부를 점령하고 예상치 못한 혈투 끝에 골란 고원의 통제를 유지.
1974	– 유엔 안전보장이사회 결의안 338은 팔레스타인인의 자결권과 국가 독립권을 재확인.
1976	– 갈릴리의 유대화에 반대하는 이스라엘 내 팔레스타인인의 '땅의 날' 시위.
1977	– 리쿠드당의 메나헴 베긴이 노동당의 30년 집권 끝에 국가 선거에서 승리.
	– 이집트의 안와르 사다트 대통령이 예루살렘을 방문하고 이스라엘과 양자 회담을 시작.
1978	– 이스라엘과 이집트 간의 평화 조약 체결.

	- PLO가 텔아비브를 공격하고 이스라엘은 '리타니Litani 작전'으로 이에 대응하여 남부 레바논의 일부를 점령함.
1981	- 골란 고원을 이스라엘로 합병.
1982	- 시나이가 이집트에 반환됨.
	- '갈릴리 평화' 작전에서 이스라엘은 PLO를 파괴하기 위해 레바논을 침공.
1987	- 제1차 팔레스타인 인티파다.
1989	- 소련의 붕괴와 동구권 전역에서 유대인 및 비유대인의 대규모 이스라엘 이민.
1991	- 첫 번째 걸프전. 미국은 마드리드에서 팔레스타인에 관한 국제 회의를 소집.
1992	- 노동당이 정권을 회복하고 이츠하크 라빈이 두 번째로 총리가 됨.
1993	- PLO와 이스라엘이 백악관에서 오슬로 선언문에 서명.
1994	- 팔레스타인 국가 권력 기구Palestinian National Authority가 구성되고 PLO 의장인 야세르 아라파트가 점령된 영토로 돌아와 PNA 대통령이 됨. 이스라엘과 요르단이 평화 조약에 서명.
1995	- 오슬로 II 서명(요르단강 서안과 가자 지구 일부의 팔레스타인 통제를 위한 임시 협정).
	- 이츠하크 라빈이 암살됨.
1996	- 리쿠드당이 정권을 잡고 첫 번째 베냐민 네타냐후 정부가 구성됨.
1999	- 노동당의 에후드 바크가 총리로 선출됨.
2000	- 이스라엘, 남부 레바논에서 철수.
	- 제2차 인티파다 발발.
2001	- 리쿠드당 당수 아리엘 샤론이 총리로 선출됨. 나중에 자신의 정당(카디마)을 창당하고 2005년 선거에서 승리.

2002	- 요르단강 서안 장벽 프로젝트 승인. 2003년 구현 시작.
2005	- 샤론 재선. 보이콧, 투자 철회 및 제재BDS 운동이 시작됨.
	- 이스라엘이 가자 지구 정착촌과 군사 기지에서 철수.
2006	- 하마스가 제2차 팔레스타인 입법위원회PLC 선거에서 승리함.
	- 이스라엘, 중동 콰르텟 회담(미국, 러시아, 유엔, 유럽 연합), 몇몇 서방 국가들, 그리고 아랍 국가들은 팔레스타인 정부에 대한 제재를 가하고 모든 외국 원조를 중단.
	- 가자 봉쇄 시작.
	- 제2차 레바논 전쟁과 가자 지구에 대한 이스라엘의 공격.
2006	- 에후드 올메르트가 총리로 선출됨. (2016년 2월 올메르트는 뇌물 수수와 사법 방해 혐의로 19개월의 징역을 살기 시작.)
2008	- **가자 전쟁**: '캐스트 레드Cast Lead' 작전. 유엔과 인권 단체 집계에 따르면, 무장하지 않은 민간인 926명을 포함해 1,400명 이상의 팔레스타인 사망. 이스라엘 민간인 3명이 죽고 6명의 군인이 사망.
2009~13	- 두 번째 네타냐후 정부.
2011	- 이스라엘 전역에서 사회적 항의 운동(텐트 운동Tent Movement) 발생.
2012	- **'구름 기둥' 작전**: 팔레스타인 로켓 공격으로 이스라엘 민간인 4명과 군인 2명이 사망함. 유엔에 따르면, 총 174명의 팔레스타인인이 사망했고, 그중 107명이 민간인임.
2013~15	- 세 번째 네타냐후 정부.
2014	- **'프로텍티브 엣지' 작전**: 주요 추정에 따르면, 2,125~2,310명의 가자 주민이 사망 (그중 1,492명은 민간인, 551명은 어린이, 299명은 여성 포함)하고 1만 626~1만 895명이 부상을 입었음(그중 3,374명은 어린이로, 1,000명 이상이 영구적으로 장애를 입음). 66명의 이스라엘 군인, 5명의 이스라엘 민간인(어린이 1명 포함), 태

국 민간인 1명이 사망했으며, 469명의 이스라엘 군인과 261명의 이스라엘 민간인이 부상을 입음. 이스라엘은 약 1만 7,000채의 주택을 파괴하고 3만 채를 부분적으로 파괴함.

2015   – 네 번째 네타냐후 정부.

이 타임라인을 정리해 준
내 친구 마르셀로 사비르스키에게 감사를 표한다.

주석

1 Yonathan Mendel, *The Creation of Israeli Arabic: Political and Security Considerations in the Making of Arabic Language Studies in Israel*, London: Palgrave Macmillan, 2014, p.188.

2 이스라엘 외교부 공식 사이트 mfa.gov.il에서 발췌.

3 예루살렘의 오스만 역사에 대한 현재 고등학교 커리큘럼이 그 좋은 예다. 다음 사이트에서 찾아볼 수 있다. cms.education.gov.il.

4 이러한 무역 관계에 초점을 맞춘 연구는 다음을 참조. Beshara Doumani, *Rediscovering Palestine: Merchants and Peasants in Jabal Nablus, 1700–1900*, Berkeley: University of California Press, 1995.

5 Rashid Khalidi, *Palestinian Identity: The Construction of Modern National Consciousness*, New York: Columbia University Press, 2010; Muhammad Muslih, *The Origins of Palestinian Nationalism*, Institute for Palestine Studies, 1989.

6 〈필라스틴〉 신문과 민족 운동에서 가진 역할에 대한 더 자세한 내용은 Rashid Khalidi, *Palestinian Identity* 참조.

7 팔레스타인 근대화의 다른 가능성에 대한 훌륭한 논의가 다음 논문

집에 담겨 있다. Salim Tamari, *The Mountain Against the Sea: Essays on Palestinian Society and Culture*, Berkeley: University of California Press, 2008.

8   Butrus Abu-Manneh, "The Rise of the Sanjaq of Jerusalem in the Nineteenth Century," 참조. Ilan Pappe (ed.), *The Israel/Palestine Question*, London and New York: Routledge, 2007, pp. 40 – 50에서 인용.

9   더 자세한 분석은 다음 참조. Ilan Pappe, *A History of Modern Palestine: One Land, Two Peoples*, Cambridge: Cambridge University Press, 2006, pp. 14 – 60.

10   Shlomo Sand, *The Invention of the Jewish People*, London and New York: Verso, 2010.

11   Thomas Brightman, *The Revelation of St. John Illustrated with an Analysis and Scholions* [sic], 4th edn, London, 1644, p. 544.

12   1665년 12월 4일 스피노자에게 쓴 편지. 프란츠 코블러의 다음 책에서 인용.
     Franz Kobler, *The Vision Was There: The History of the British Movement for the Restoration of the Jews to Palestine*, London: Birt Am Publications, 1956, pp. 25 – 6.

13   Hagai Baruch, *Le Sionisme Politique: Precurseurs et Militants: Le Prince De Linge*, Paris: Beresnik, 1920, p. 20.

14   Suja R. Sawafta, "Mapping the Middle East: From Bonaparte's Egypt to Chateaubriand's Palestine". 2013년 노스캐롤라이나대학교 채플힐에 제출한 박사 학위 논문 주제.

15   A. W. C. Crawford, Lord Lindsay, *Letters on Egypt, Edom and the Holy Land*, Vol. 2, London, 1847, p. 71.

16   다음에서 재인용. Anthony Julius, *Trials of the Diaspora: A History of Anti-Semitism in England*, Oxford: Oxford University Press, 2010, p. 432.

17   "Jews in America: President John Adams Embraces a Jewish Homeland"(1819), jewishvirtuallibrary.org에서 인용.

18   Donald Lewis, *The Origins of Christian Zionism: Lord Shaftesbury and*

Evangelical Support for a Jewish Homeland, Cambridge: Cambridge University Press, 2014, p. 380.

19 섀프츠베리 백작 앤서니 애슐리의 일기. 다음에서 인용. Edwin Hodder, *The Life and Work of the Seventh Earl of Shaftesbury*, London, 1886, Vol. 1, pp. 310-11.

다음도 참조. Geoffrey B. A. M. Finlayson, *The Seventh Earl of Shaftesbury*, London: Eyre Methuen, 1981, p. 114; The National Register Archives, London, Shaftesbury (Broadlands) MSS, SHA/PD/2, 1840년 8월 1일.

20 다음에서 인용. Gertrude Himmelfarb, *The People of the Book: Philosemitism in England*, From Cromwell to Churchill, New York: Encounter Books, 2011, p. 119.

21 *The London Quarterly Review*, Vol. 64, pp. 104 – 5.

22 위의 글.

23 위의 글.

24 *The Times of London*, 1840년 8월 17일.

25 다음에서 인용. Geoffrey Lewis, *Balfour and Weizmann: The Zionist, The Zealot and the Emergence of Israel*, London: Continuum books, 2009, p. 19.

26 Deborah J. Schmidle, "Anthony Ashley-Cooper, Seventh Earl of Shaftsbury," in Hugh D. Hindman (ed.), *The World of Child Labour: An Historical and Regional Survey*, London and New York: M. E. Sharpe, 2009, p. 569.

27 나는 이 생각을 좀 더 발전시켜서 다음 책에 썼다. Ilan Pappe, *The Rise and Fall of a Palestinian Dynasty: The Husaynis, 1700–1948*, London: Saqi Books, 2010, pp. 84, 117.

28 템플러에 대한 연구는 대부분 독일어나 히브리어로 돼 있다. 영어로 된 몇 안 되는 연구 중 하나를 소개한다. Helmut Glenk, *From Desert Sands to Golden Oranges: The History of the German Templers Settlement of Sarona in Palestine*, Toronto: Trafford, 2005.

29 Alexander Schölch, *Palestine in Transformation, 1856–1882: Studies in Social, Economic, and Political Development*, Washington: Institute of Palestine Studies, 2006.

30   Pappe, *The Rise and Fall of a Palestinian Dynasty*, p. 115.

31   베르테의 1970년 연구는 다음 책으로 재출간됐다. "The Balfour
      Declaration and Its Makers" in N. Rose (ed.), *From Palmerston to Balfour:
      Collected Essays of Mayer Verte*, London: Frank Cass, 1992, pp. 1 – 38.

32   J. M. N Jeffries, *Palestine: The Reality*, Washington: Institute of Palestine
      Studies, 2013.

33   쾨슬러의 책은 다음과 같이 재출간됐다. Arthur Koestler, *The Khazar
      Empire and its Heritage*, New York: Random House, 1999.

34   Keith Whitelam, in *The Invention of Ancient Israel,* London and New
      York: Routledge, 1999, and Thomas L. Thompson, in *The Mythical Past:
      Biblical Archaeology and the Myth of Israel*, London: Basic Books, 1999.

35   Shlomo Sand, *The Invention of the Jewish People*, and *The Invention of the
      Land of Israel: From Holy Land to Homeland*, London and New York:
      Verso, 2014.

36   Gershom Scholem, *From Berlin to Jerusalem: Youth Memoirs, Jerusalem:
      Am Oved, 1982, p. 34(히브리어)

37   다음의 인용문은 개혁주의자들의 비판적이고 친시오니즘적인 입장에
      대한 평가에서 나온 것이지만, 그럼에도 불구하고 전체적으로 매우 유
      익한 문서다. Ami Isserof, "Opposition of Reform Judaism to Zionism: A
      History," 2005년 8월 12일, zionism–israel.com.

38   Walter Lacquer, *The History of Zionism*, New York: Tauris Park Paperback,
      2003, pp. 338 – 98.

39   다음이 유대인 사회주의 운동에 관한 가장 최신 논문이다.
      Yoav Peled, *Class and Ethnicity in the Pale: The Political Economy of
      Jewish Workers' Nationalism in Late Imperial Russia*, London: St. Martin's
      Press, 1989.

40   M. W. Weisgal and J. Carmichael (eds.), *Chaim Weizmann: A Biography
      by Several Hands*, New York: Oxford University Press, 1963.

41   Elie Kedourie, *Nationalism*, Oxford: Blackwell, 1993, p. 70.

42   Shlomo Avineri, *The Making of Modern Zionism: Intellectual Origins of*

the Jewish State, New York: Basic Books, 1981, pp. 187–209.

43 이 책은 다음에서 다운로드받을 수 있다. jewishvirtuallibrary.org.

44 다음을 참조. Eliezer Shweid, *Homeland and the Promised Land*, Tel Aviv: Am Oved, 1979, p. 218 (히브리어).

45 Micha Yosef Berdichevsky, "On Both Sides". 다음에서 인용. Asaf Sagiv, "The Fathers of Zionism and the Myth of the Birth of the Nation", Techelt, 5 (1998), p. 93 (히브리어).

46 다음에서 이런 대안에 대한 훌륭한 논의를 찾아볼 수 있다. Adam Rovner, *In the Shadow of Zion: Promised Lands Before Israel*, New York: NYU Press, 2014.

47 Stephen Sizer의 다음 기사는 이 점에 대해 적절한 참고 자료와 함께 훌륭하게 요약한다. "The Road to Balfour: The History of Christian Zionism", balfourproject.org.

48 Ingrid Hjelm and Thomas Thompson (eds.), *History, Archaeology and the Bible, Forty Years after "Historicity"*, London and New York: Routledge, 2016.

49 Ilan Pappe, "Shtetl Colonialism: First and Last Impressions of Indigeneity by Colonised Colonisers", *Settler Colonial Studies*, 2:1 (2012), pp. 39–58.

50 다음 책은 두 번째 알리야의 일기와 편지 및 기사를 모은 가장 큰 규모의 출판물이다.
Moshe Bellinson, "Rebelling Against Reality", *The Book of the Second Aliya*, Tel Aviv: Am Oved, 1947 (히브리어), p. 48.

51 Yona Hurewitz, "From Kibush Ha-Avoda to Settlement", *The Book of the Second Aliya*, p. 210.

52 Ilan Pappe, "The Bible in the Service of Zionism" in Hjelm and Thompson, *History, Archaeology and the Bible*, pp. 205–18.

53 이들 연구에 대한 논의와 시오니즘 연구에 있어 식민주의 패러다임의 초기 도입에 대해서는 다음을 참조. Uri Ram, "The Colonisation Perspective in Israeli Sociology," in Ilan Pappe (ed.), *The Israel/Palestine Question*, London and New York: Routledge, 1999, pp. 53-77.

54   Michael Prior, *The Bible and Colonialism: A Moral Critique*, London: Bloomsbury 1997.

55   다음은 이 주제에 대해 길게 논의한 훌륭한 책인데, 아쉽게도 히브리어로 돼 있다.

Sefi Rachlevski, *The Messiah's Donkey*, Tel Aviv: Yeditot Achronot, 1998.

56   2014년 7월 1일 샤케드의 공식 페이스북 페이지에 올라왔으며, 이스라엘 언론에 널리 인용됐다.

57   다음에 인용. Jonathan K. Crane, "Faltering Dialogue? Religious Rhetoric of Mohandas Ghandi and Martin Buber", *Anaskati Darshan*, 3:1 (2007), pp.34‒52.

다음도 참조. A. K. Ramakrishnan, "Mahatma Ghandi Rejected Zionism", *The Wisdom Fund*, 2001년 8월 15일, twf.org.

58   다음에서 인용. Avner Falk, "Buber and Ghandi", *Ghandi Marg*, 7th year, 1963년 10월, p. 2. 에서 인용. Ghandi Archives를 비롯해 몇몇 웹사이트에서 전체 대화를 볼 수 있음.

59   벤지온 디나부르크의 *The People of Israel in their Land: From the Beginning of Israel to the Babylonian Exile*은 1936년 헤브루에서 출간됐다. 두 번째 책인 *Israel in Exile*은 1946년에 나왔다.

60   Martin Gilbert, *The Atlas of the Arab-Israeli Conflict*, Oxford: Oxford University Press, 1993.

61   이 편지는 공식 웹사이트에 올라와 있다. 2014년 11월 29일.

62   Tom Segev, *One Palestine, Complete*, London: Abacus, 2001, p. 401.

63   Benjamin Beit‒Hallahmi, *Original Sins: Reflections on the History of Zionism and Israel*, London: Palgrave Macmillan, 1992, p. 74.

64   Patrick Wolfe, "Settler Colonialism and the Logic of Elimination of the Native," *Journal of Genocide Research*, 8:4 (2006), pp. 387‒409.

65   위의 책.

66   다음을 참조. Pappe, "Shtetl Colonialism".

67   이들 연구에 대한 논의와 시온주의 연구에 식민주의 패러다임 도입 초기의 내용은 다음을 참조. Ram, "The Colonisation Perspective in Israeli

Sociology".

68   Natan Hofshi, "A Pact with the Land," in *The Book of the Second Aliya*, p. 239.

69   다음 책에서 이런 관계에 대해 상세히 다뤘다. *A History of Modern Palestine*, pp. 108 – 16.

70   Khalidi, *Palestinian Identity*, p. 239.

71   다음을 참조. Pappe, *A History of Modern Palestine*, pp. 109 – 16.

72   다음을 참조. Ilan Pappe, *The Ethnic Cleansing of Palestine*, Oxford: Oneworld, 2006, pp. 29 – 39.

73   다음을 참조. Pappe, *The Rise and Fall of a Palestinian Dynasty*, pp. 283 – 7.

74   더 자세한 분석은 다음을 참조. Ilan Pappe, *The Idea of Israel: A History of Power and Knowledge*, London and New York: Verso, 2010, pp. 153 – 78.

75   Nur Masalha, *Expulsion of the Palestinians: The Concept of "Transfer" in Zionist Political Thought, 1882–1948*, Washington: Institute for Palestine Studies, 1992.

76   다음을 참조. Shapira, *Land and Power*, New York: Oxford University Press, 1992, pp. 285 – 6.

77   다음에서 인용. David Ben-Gurion, *The Roads of Our State*, Am Oved: Tel Aviv, 1938, pp. 179 – 180 (히브리어).

78   위의 책.

79   다음에서 이 편지의 번역본을 볼 수 있다. palestineremembered.com.

80   Yosef Gorny, *The Arab Question and the Jewish Problem*, Am Oved: Tel Aviv, 1985, p. 433 (히브리어).

81   Benny Morris, *Righteous Victims: A History of the Zionist-Arab Conflict, 1881–1999*, New York: Random House, 2001, p. 142.

82   Masalha, *Expulsion of the Palestinians*, p. 117.

83   다음 기사 참조. Eric Bender, *Maariv*, 2008년 3월 31일.

84   Berl Katznelson, *Writings*, Tel Aviv: Davar, 1947, Vol. 5, p. 112.

85   Central Zionist Archives, Minutes of the Jewish Agency Executive, 1944

년 5월 7일, pp. 17 – 19.

86　Central Zionist Archives, Minutes of the Jewish Agency Executive, 1938
　　년 6월 12일, pp. 31 – 2.

87　위의 책.

88　Shay Hazkani, "Catastrophic Thinking: Did Ben-Gurion Try to Re-
　　write History?", *Haaretz*, 2013년 5월 16일.

89　Shay Hazkani, "Catastrophic Thinking: Did Ben-Gurion Try to Re-
　　write History?", *Haaretz*, 2013년 5월 16일.

90　위의 글.

91　위의 글.

92　아랍이 요청했다는 주장에 처음으로 논박한 사람은 아일랜드 기자 어
　　스킨 차일더스다. Erskine Childers, *The Spectator*, 1961년 5월 12일.

93　Ilan Pappe, "Why were they Expelled?: The History, Historiography
　　and Relevance of the Refugee Problem" in Ghada Karmi and Eugene
　　Cortan(eds.), *The Palestinian Exodus, 1948–1988*, London: Ithaca 1999,
　　pp. 37 – 63.

94　다음을 참조. Pappe, *The Ethnic Cleansing of Palestine*.

95　Avi Shlaim, *The Iron Wall : Israel and the Arab World*, London: Penguin,
　　2014.

96　위의 책.

97　Avi Shlaim, *Collusion Across the Jordan: King Abdullah, the Zionist
　　Movement and the Partition of Palestine*, New York: Columbia University
　　Press, 1988.

98　이에 대해서는 다음 책에서 상당히 설득력 있게 증명하고 있다. Simha
　　Flapan, *The Birth of Israel: Myths and Realities*, New York: Pantheon,
　　1988.

99　최근에 다음에서 이에 관한 새롭고 더 심오한 자료들이 공개됐다. Irene
　　Gendzier, *Dying to Forget: Oil, Power, Palestine, and the Foundations
　　of US Policy in the Middle East*, New York: Columbia University Press,
　　2015.

100 Ahmad Sa'di, "The Incorporation of the Palestinian Minority by the Israeli State, 1948 – 1970: On the Nature, Transformation and Constraints of Collaboration", *Social Text*, 21:2 (2003), pp. 75 – 94.

101 Walid Khalidi, "Plan Dalet: Master Plan for the Conquest of Palestine", *Journal of Palestine Studies*, 18:1 (1988), pp. 4-33.

102 Benny Morris, *The Birth of the Palestinian Refugee Problem Revisited*, Cambridge: Cambridge University Press, 2004, p. 426.

103 US State Department, Special Report on Ethnic Cleansing, 1999년 5월 10일.

104 다음 책에서 상세히 다뤘다. *The Ethnic Cleansing of Palestine*.

105 모두가 이에 동의하지는 않는다. 다음을 참조. Avi Shlaim, *Israel and Palestine: Reprisals, Revisions, Refutations*, New York and London: Verso, 2010.

106 Shlaim, *Collusion Across the Jordan*.

107 이 로비와 작업에 대해서 더 알고 싶으면 다음을 참조.
Tom Segev, *1967: Israel and the War That Transformed the Middle East*, New York: Holt and Company, 2008
Ilan Pappe, "The Junior Partner: Israel's Role in the 1958 Crisis" in Roger Louis and Roger Owen (eds.), *A Revolutionary Year: The Middle East in 1958*, London and New York: I. B. Tauris 2002, pp. 245-74.

108 Pappe, "The Junior Partner"

109 위의 책.

110 위의 책.

111 Ben-Gurion Archive, Ben-Gurion Dairy, 1958년 8월 19일.

112 이들 사건들에 대한 아주 솔직한 버전은 다음을 참조.
David Shaham, *Israel: The First Forty Years*, Tel Aviv: Am Oved 1991, pp. 239 – 47 (히브리어).

113 다음을 참조. Shalim, *The Iron Wall*, pp. 95 – 142.

114 Pappe, "The Junior Partner", pp. 251 – 2.

115 Ami Gluska, *The Israeli Military and the Origins of the 1967 War:*

Government, Armed Forces and Defence Policy, 1963–1967, London and New York: Routledge 2007, pp. 121 – 2.

116 자세한 내용은 다음 책에서 다룬다. Ilan Pappe, "Revisiting 1967: The False Paradigm of Peace, Partition and Parity", *Settler Colonial Studies*, 3:3 – 4 (2013), pp. 341 – 51.

117 노먼 핀켈슈타인(Norman Finkelstein)은 이스라엘 최고의 대변인 아바 에반(Abba Eban)이 제시한 이스라엘의 공식 서사를 늘 하던 대로 무너뜨린다. Norman Finkelstein, *Image and Reality of the Israel-Palestine Conflict*, London and New York: Verso, 2003, pp. 135 – 45. 참조. (한국어판은《이스라엘 팔레스타인 분쟁의 이미지와 현실》이라는 제목으로 2004년에 출간됐다.)

118 1967년 5월 12일 라빈이 시리아 정권을 무너뜨리겠다고 위협하면서 〈UPI 뉴스〉와의 인터뷰에서 한 말. Jeremy Bowen, *Six Days: How the 1967 War Shaped the Middle East*, London: Simon and Schuster UK, 2004, pp. 32 – 3. 참조.

119 위의 책.

120 Avi Shlaim, "Walking the Tight Rope," in Avi Shlaim and Wm. Roger Louis (eds.), *The 1967 Arab-Israeli War: Origins and Consequences*, Cambridge: Cambridge University Press, 2012, p. 114. 참조.

121 Finkelstein, *Image and Reality*, pp. 125 – 35.

122 Moshe Shemesh, *Arab Politics, Palestinian Nationalism and the Six Day War*, Brighton: Sussex Academic Press, 2008, p. 117.

123 Israel State Archives, minutes of government meetings, 1967년 6월 11일과 18일.

124 Valerie Zink, "A Quiet Transfer: The Judaization of Jerusalem," *Contemporary Arab Affairs*, 2:1 (2009), pp. 122 – 33.

125 Israel State Archives, minutes of government meetings, 1967년 6월 26일.

126 *Haaretz*, 1967년 6월 23일

127 Dan Bavli, *Dreams and Missed Opportunities, 1967–1973*, Jerusalem: Carmel 2002(히브리어)

128 위의 책. p. 16.

129 Noam Chomsky "Chomsky: Why the Israel-Palestine 'Negotiation' are a Complete Farce," Alternet.org, 2013년 9월 2일.

130 Idith Zertal and Akiva Eldar, *The Lords of the Land: The War Over Israel's Settlements in the Occupied Territories, 1967–2007*, New York: Nation Books, 2009.

131 Mazin Qumsiyeh, *Popular Resistance in Palestine: A History of Hope and Empowerment*, London: Pluto Press, 2011.

132 이런 삶에 대한 상세한 설명은 다음 책에서 찾아볼 수 있다. Ilan Pappe, *The Forgotten Palestinians: A History of the Palestinians in Israel*, New Haven and London: Yale University Press, 2013, pp. 46 - 93.

133 Morris, *The Birth of the Palestinian Refugee Problem Revisited*, p. 471.

134 Pappe, *The Ethnic Cleansing of Palestine*, pp. 181 - 7.

135 Shira Robinson, "Local Struggle, National Struggle: Palestinian Responses to the Kafr Qasim Massacre and its Aftermath, 1956 - 66", *International Journal of Middle East Studies*, 35 (2003), pp. 393 - 416.

136 Natan Alterman, "A Matter of No Importance", *Davar*, 1951년 9월 7일.

137 Natan Alterman, "Two Security Measures", *The Seventh Column*, Vol. 1, p. 291 (히브리어).

138 이에 대한 목록을 다음 책에 적었다. *The Forgotten Palestinians*.

139 다음을 참조. Pappe, *The Forgotten Palestinians*, p. 65.

140 다음 보고서 참조. Adalah, "An Anti-Human Rights Year for the Israeli Supreme Court", 2015년 12월 10일, adalah.org.

141 *The Jerusalem Post*, 2011년 11월 24일.

142 Ilan Pappe, "In Upper Nazareth: Judaisation", *London Review of Books*, 2009년 9월 10일. 참조.

143 다음을 참조. Amnon Sella, "Custodians and Redeemers: Israel's Leaders' Perceptions of Peace, 1967 - 1979", *Middle East Studies*, 22:2 (1986), pp. 236 - 51.

144 Motti Golani, *Palestine Between Politics and Terror, 1945–1947*, Brandeis: Brandeis University Press, 2013, p. 201.

145 이렇게 파괴된 거의 모든 경우에 대해 끔찍하고 상세한 설명을 ichad. org 웹사이트 내 Israeli Committee Against House Demolitions에서 볼 수 있다.

146 이스라엘 NGO 예시 딘(Yesh Din)의 다음 보고서를 참조할 것. "Law Enforcement on Israeli Civilians in the West Bank", yesh-din.org.

147 amnesty.org 사이트의 "Israel and Occupied Palestinian Territories" 참조.

148 사망자수는 1987년 더 정확해졌지만, 해당 기간 전체에 대해 신뢰할 만 한 출처가 있다. B'Tselem의 사망자 보고서와 btselem.org의 통계 페이 지 참조. 다른 출처로는 IMEMC와 UN OCHA 보고서가 있다.

149 수감자수에 대한 더욱 면밀한 보고는 다음에서 볼 수 있다. Mohammad Ma'ri, "Israeli Forces Arrested 800,000 Palestinians since 1967", *The Saudi Gazette*, 2012년 12월 12일.

150 trumanlibrary.org.에서 다음 문서를 참조. "The War Relocation Authority and the Incarceration of the Japanese-Americans in the Second World War".

151 middleeastmonitor.com.에서 "Torture in Israeli Prisons" 참조. 2014년 10 월 29일.

152 Oren Yiftachel and As'ad Ghanem, "Towards a Theory of Ethnocratic Regimes: Learning from the Judaisation of Israel/Palestine" in E. Kaufman (ed.), *Rethinking Ethnicity, Majority Groups and Dominant Minorities*, London and New York: Routledge, 2004, pp. 179–97.

153 Uri Davis, *Apartheid Israel: Possibilities for the Struggle from Within*, London: Zed Books, 2004 참조.

154 Masalha, *Expulsion of the Palestinians*, p. 107.

155 Walid Khalidi, "Revisiting the UNGA Partition Resolution", *Journal of Palestine Studies*, 27:1 (1997), pp. 5–21.

156 오슬로 협정을 이끌어 낸 전개 과정에 대한 최고의 설명은 다음 글이다. Hilde Henriksen Waage, "Postscript to Oslo: The Mystery of Norway's Missing Files", *Journal of Palestine Studies*, 38:1 (2008), pp. 54–65.

157 israelipalestinian.procon.org에서 다음을 참조. "1993 Oslo Interim

Agreement".

158 다음을 참조. Ian Black, "How the Oslo Accord Robbed the Palestinians", *Guardian*, 2013년 2월 4일.

159 다음을 참조. "Meeting Minutes: Taba Summit—Plenary Session", thepalestinepapers.com.

160 Ilan Pappe, *The Making of the Arab-Israeli Conflict, 1948–1951*, London and New York: I.B. Tauris, 1992, pp. 203–43.

161 Robert Bowker, *Palestinian Refugees: Mythology, Identity and the Search for Peace*, Boulder: Lynne Rienner Publishers, 2003, p. 157.

162 Meron Benvenisti, *West Bank Data Project: A Survey of Israel's Politics*, Jerusalem: AEI Press, 1984.

163 Robert Malley and Hussein Agha, "Camp David: The Tragedy of Errors", *New York Review of Books*, 2001년 8월 9일.

164 Daniel Dor, *The Suppression of Guilt: The Israeli Media and the Reoccupation of the West Bank*, London: Pluto Press, 2005.

165 Raviv Drucker and Ofer Shelah, *Boomerang, Jerusalem*: Keter, 2005 (히브리어).

166 전문은 eeas.europa.eu.에서 다음을 참조. "Sharm El-Sheikh Fact-Finding Committee Report: 'Mitchell Report'", 2001년 4월 30일.

167 Ilan Pappe, "The Loner Desparado: Oppression, Nationalism and Islam in Occupied Palestine," in Marco Demchiles (ed.), *A Struggle to Define a Nation*, Gorgias Press, 2017.

168 Pappe, *The Idea of Israel*, pp. 27–47.

169 위의 책. pp. 153–78.

170 하마스에 대한 참신한 견해를 다음에서 찾아볼 수 있다. Sara Roy, *Hamas and Civil Society in Gaza: Engaging the Islamist Social Sector*, Princeton: Princeton University Press, 2011.

171 Yehuda Lukacs, *Israel, Jordan, and the Peace Process*, Albany: Syracuse University Press, 1999, p. 141.

172 다음에서 인용. Andrew Higgins, "How Israel Helped to Spawn Hamas",

Wall Street Journal, 2009년 1월 24일.

173 Shlomi Eldar, *To Know the Hamas*, Tel Aviv: Keter, 2012 (히브리어).

174 Ishaan Tharoor, "How Israel Helped to Create Hamas", *Washington Post*, 2014년 7월 30일.

175 *Haaretz*와의 인터뷰. 2016년 4월 25일.

176 다음은 네타냐후가 '문명의 충돌'을 어떻게 활용했는지를 잘 분석한 한 대학생의 글이다. Joshua R. Fattal, "Israel vs. Hamas: A Clash of Civilizations?", *The World Post*, 2014년 8월 22일, huffingtonpost.com.

177 "Hamas Accuses Fatah over Attack", *Al Jazeera*, 2006년 12월 15일.

178 다음은 그 시기의 많은 목격담 중 하나다. Ibrahim Razzaq, "Reporter's Family was Caught in the Gunfire", *Boston Globe*, 2007년 5월 17일.

179 "Palestine Papers: UK's MI6 'tried to weaken Hamas'", *BBC News*, 2011년 1월 25일, bbc.co.uk.

180 Ian Black, "Palestine Papers Reveal MI6 Drew up Plan for Crackdown on Hamas", *Guardian*, 2011년 1월 25일.

181 그의 관점은 다음 기사에서 엿볼 수 있다. Yuval Steinitz, "How Palestinian Hate Prevents Peace", *New York Times*, 2013년 10월 15일.

182 Reshet Bet, Israel Broadcast, 2004년 4월 18일.

183 다음을 참조.
     Benny Morris, *Channel One*, 2004년 4월 18일.
     Joel Beinin, "No More Tears: Benny Morris and the Road Back from Liberal Zionism," *MERIP*, 230(2004년 봄).

184 Pappe, "Revisiting 1967"

185 Ari Shavit, "PM Aide: Gaza Plan Aims to Freeze the Peace Process", *Haaretz*, 2004년 10월 6일.

186 *Haaretz*, 2004년 4월 17일.

187 Pappe, "Revisiting 1967"

188 이 날에 대해 쓴 훌륭한 분석 기사로 다음을 참조. Ali Abunimah, "Why All the Fuss About the Bush – Sharon Meeting", *Electronic Intifada*, 2014년 4월 14일.

189 다음에서 인용. Yediot Ahronoth, 2014년 4월 22일.

190 "Legal Consequences of the Construction of a Wall in the Occupied Palestinian Territory", 국제사법재판소 웹사이트, icj-cij.org 참조.

191 2004년 3월 베일린은 처음에는 철수에 반대했지만, 2004년 7월부터는 공개적으로 지지했다. (2004년 7월 4일 〈Channel One〉 인터뷰).

192 비티셀렘 웹사이트 btselem.org의 사망자 통계 참조.

193 Leslie Susser, "The Rise and Fall of the Kadima Party," *Jerusalem Post*, 2012년 8월 8일.

194 John Dugard, *Report of the Special Rapporteur on the Situation of the Human Rights in the Palestinian Territories Occupied by Israel since 1967*, 유엔 인권위원회, 스위스 제네바, 2005년 3월 3일.

195 다음의 분석을 참조. Roni Sofer, *Ma'ariv*, 2005년 9월 27일.

196 Anne Penketh, "US and Arab States Clash at the UN Security Council", *Independent*, 2008년 3월 3일.

197 David Morrison, "The Israel-Hamas Ceasefire", *Sadaka*, 2nd edition, 2010년 3월, web.archive.org.

198 "WikiLeaks: Israel Aimed to Keep Gaza Economy on the Brink of Collapse", *Reuters*, 2011년 1월 5일.

199 Morrison, "The Israel-Hamas Ceasefire".

200 다음의 비티셀렘 보고서를 참조. "Fatalities during Operation Cast Lead", btselem.org.

201 "Gaza Could Become Uninhabitable in Less Than Five Years Due to Ongoing 'De-development'", *UN News Centre*, 2015년 9월 1일, un.org.

202 Daniel Clinton, "Jeremy Corbyn Appears to Compare Supporters of Israel with ISIS at Release of Anti-Semitism Report", *Jerusalem Post*, 2016년 6월 30일.

203 사전에 대해서는 다음 참조. Noam Chomsky and Ilan Pappe, *On Palestine*, London: Penguin, 2016.